青年法学学术著作
资助出版项目

青年法学学术著作
资助出版项目

地区平等问题研究

中央与地方关系的视角

Research on the Equality among Regions

Focusing on the Central-Local Relationship

胡健 著

法律出版社
LAW PRESS·CHINA

青年法学学术著作出版基金
资助出版说明

法律出版社作为全国规模最大的法律专业出版机构，一直秉承“为人民传播法律”的理念，与学术界共同推动法学研究的繁荣与发展。2018年5月，法律出版社设立青年法学学术著作出版基金，用于资助法学学术著作出版和奖励优秀法学图书，旨在支持优秀法学学术著作出版，扶持具有较大潜力的青年学者。

经过法律出版社学术委员会委员推荐、专家匿名评审和法律出版社编辑委员会评审，共有7部作品获得法律出版社首届(2018年)青年法学学术出版基金资助。

期待更多年轻法律人的优秀学术作品！

法律出版社

2019年5月

序　言

王振民*

长期以来，人们一直有一个梦想，那就是实现法律面前人人平等，这早已成为神圣的宪法原则，以此来判断政府行为和法律的正当性和合理性。有关研究著述更是汗牛充栋，史不绝书。然而与此密切相关的地区平等问题却一直没有引起足够重视。地区平等不仅是宪法"人人平等"原则的逻辑延伸和自然拓展，而且往往也是无法实现公民人人平等的重要原因。作者当年选择这一课题作为博士论文选题，我立即表示支持。我认为这项研究有利于拓展宪法学研究的视野和范围，深化对平等权和央地关系的研究，也具有很强的现实意义，关系到一国之内不同区域之间平等协调发展的问题。

2018 年 11 月 18 日，中共中央、国务院出台了《关于建立更加有效的区域协调发展新机制的意见》，明确提出实施区域协调发展是新时代国家重大战略之一。京津冀协同发展、长江经

---

* 清华大学法学院教授、博士生导师；清华大学国家治理研究院院长、港澳研究中心主任；中国法学会香港基本法澳门基本法研究会会长。

济带发展、粤港澳大湾区建设、长三角区域一体化发展、黄河流域生态保护和高质量发展等重大战略，对我国西部、东北、中部、东部四大板块经济社会发展必将产生重大影响，对央地关系、地区平等也提出了一系列新问题和新挑战，亟须从宪法学的视角对如何保障地区平等、促进区域协调发展提出理论阐释和政策建议。

作者长期关注、研究央地关系和地区平等问题。以他的博士论文为基础形成的这本专著具有很强的思想性、创新性，其学术价值包括：第一，明确提出了“地区平等”这一中国宪法学上的新概念，初步论证了引入“地区平等”概念的可能性、必要性和重要性。第二，对我国客观存在的地区不平等进行了全面梳理和深层次分析，特别是借鉴国外经验，提出要用法治思维和法治方式去调整和解决地区不平等问题。第三，详细研究了地区平等的宪法内涵，包括地区宪法主体资格的平等；地区基本权利不能被随意剥夺或区别对待；中央制定法律法规、出台地区政策应当充分听取地区意见，注重地区公平参与，符合平等原则等。国家如果对于地区之间采取差别对待，应有合理理由，并经过正当程序、符合比例原则。而公民享有的权利不应取决于其出生或生活的地区。第四，对于如何落实地区平等原则，作者也提出了有说服力的建议，包括保障地区利益表达与政治参与的平等是地区平等的源头环节和政治基础；财政转移支付是地区平等的财政保障；基本公共服务均等化是地区平等的民生底线；“先行先试”规范化是地区平等的制度保障；地区合作共赢包括地方立法协同是地区平等的拓展领域。作者的分析论证具有扎实的理论和实践基础，其中不乏独到见解，说明作者对这一问题进行了比较深入的思考和研究，得出的结论有理有据。总之，本书提出了宪法平等权研究的新领域，从地区平等发展视角深化了对国家结构形式和央地关系的研究，也为从宪法层面贯彻落实国家区域协调发展战略提供了理论支撑。

最后，祝贺胡健博士的新作出版。希望他在此基础上再接再厉，继续深化这个领域的理论研究和实践探索，为新时代中央与地方关系的发展完善、区域协调发展战略的有效实施作出年青一代法律人应有的贡献！

目　录

第一章

导　言

第一节 问题提出思路

中国是一个有着近14亿人口，五千年文明史的大国，国土广阔、民族众多，区域差异大、发展不平衡。中央与地方关系从古至今都是一个富有魅力、永不过时的研究领域。在博士生入学面试时，我曾向导师王振民教授提出，自己感兴趣的研究方向正是中央与地方关系，希望以此为方向撰写博士论文。但对于具体的论文选题，一直没有找到满意的切入点。博士生资格考试前后，曾有过一个思路，即以一个具体问题切入，深度剖析现实层面的中央与地方关系，比如信访运作、住房保障、户籍改革甚至高考招生公平等。导师组的几位老师也予以肯定和支持。但我仍然担心，过于微观和细节化的研究会冲淡宪法学研究的专业特色乃至中央与地方关系的主题，而且不易从总体上把握分析央地关系的规律。由此想到另一个思路是，在中央与地方分权、地方自治之间，是否可以找到一个新的学术路径，从而对央地关系问题作一些较有新意的阐发和研究。

值得关注的是，2010年修改选举法第一次提出了“地区平等”的代表名额分配原则，其核心要义是为保证各地方在中央层面享有平等话语权，赋予各地方相同的地区基本名额数。这给研究中央与地方关系提供了新的思路和视角。我进一步思考，“地区平等”这一概念除了适用于公民的政治权利（选举权），是否可以进一步拓展到公民的经济权利和社会权利？“地区平等”这个概念在宪法规范中的引入，是否会给中央与地方关系带来新的活力？在单一制国家，中央所面对的各“地方”是否可以作为“被国家赋予法律人格的公法实体”，具备平等的地位以及相同的“权利能力”？如果这一概念可以成功引入到宪法规范中，那么是否可以在《宪法》第三条第四款有关中央和地方国家机构职权划分的规定中，增加“地区平等”的基本原则，为中央的统一领导和地方主动性、积极性的发挥进一步夯实制度基础？在此基础上，结合比较和借鉴美国、德国等联邦制国家与日本、英国等单一制国家的经验，还可以进一步追问：在地区平等问题上中央可以扮演什么样的角色？如何以“地区平等”原则遏制地方保护主义和地方利益膨胀？地方如何通过“地区平等”原则公平获取有利于自身发展的各项资源？地方民众的平权问题是否可以通过“地区平等”原则获得新的路径？如果“地区平等”原则可以在解决上述问题中发挥积极作用，那么“地区平等”原则通过何种方式得以实现和维护，法治化的方向是什么，是立法协调还是司法协调？传统的自上而下的人事控制和财政控制占优的中央与地方关系模式能否逐步过渡为上下互动、效益公平兼顾、有制度保障的中央与地方关系新模式？

如果将“地区平等”这个概念引入宪法规范，很多中央与地方关系中的现实问题也就可以从宪法学理论上进行一定回应。比如，地区平等与人口因素如何进行协调？区域经济社会发展不平衡不协调、差异过大的问题，如何通过“地区平等”来缓解和改进？在港澳问题上，是否有长期忽视或者回避的地区平等问题，如何消解两部基本法对港澳的特殊待遇给内地其他地方带来的内在张力？在治藏、治疆问题上，如何通过地区平等原则进一步清除危害国家统一和民族团结的障碍？现在推行的转移支付制度、富裕省份对口援藏、援疆以及援助汶川、芦山、鲁甸、会理、舟曲等地区的灾后重建，如何通过“地区平等”回应和消解发达地区民众的质疑？

正是按照这样的思路，笔者最终选择以《地区平等问题研究：中央与地方关系的视角》作为博士论文的选题。

第二节　选题背景意义

地区平等不仅仅是政治问题、经济问题与社会问题，更是一个重要的法律问题,必须放在国家结构形式和央地关系的大背景下审视。

一、关于国家结构形式

"国家结构问题在整个宪法和宪法学中占有十分重要的位置,因为它直接关系到国家的统一与分裂,关系国家的生死存亡。"[1]对立宪者来说,建国所要考虑的一个核心问题就是国家权力如何在全国政府与区域政府之间进行划分。换言之,就是要解决中央与地方之间的关系问题。这是一个事关国家统一、稳定、繁荣、富强的重大问题。正如孟德斯鸠所言,一个国家,疆域太大很有可能由于内部的不完善而灭亡,疆域太小则有被外部力量灭亡的风险。[2] 一个国家也只有通过对中央与地方之间的权力划分或资源配置作出"完善"的制度设计与安排,才能避免中央与地方之间的激烈对抗与大规模的国内政治冲突,才能使中央权力与地方权力在各自保持一定限度的前提下实现某种可操作性的平衡与和谐,从而在此基础上建构一种在目标和行动上权威、统一、有凝聚力的中央,以及受之约束的高效、民主、有向心力的地方所共同构建的国家纵向权力关系。[3] 但是,任何一个国家都不可能随意采用某种国家结构形式,既要主观上综合考虑各种因素,同时客观中又不得不受到政治、军事、经济、宗教、文化等因素的支配。[4] 由于新中国成立之初决定国家结构形式的各种因素是不断变动的,因此国家结构形式尽管在宪法文本上可能是稳定的,但在宪法实践中却会不断受到追问、考验。特别是央地关系鲜活的实践,有的是对国家结构形式的落实,有的是对国家结构形式的变通,有的则可能是对国家结构形式的颠覆。加强对地区平等

---

〔1〕 参见王振民:《中央与特别行政区关系:一种法治结构的解析》,清华大学出版社2002年版,第9页。

〔2〕 参见[法]孟德斯鸠:《论法的精神》,张雁深译,商务印书馆1987年版,第130页。

〔3〕 参见封丽霞:《中央与地方立法关系法治化研究》,北京大学出版社2008年版,导论。

〔4〕 参见王振民:《中央与特别行政区关系:一种法治结构的解析》,清华大学出版社2002年版,第12页。

问题的研究，有利于从理论上研究和阐释国家结构形式，可以避免局限于现行宪法文本和法律条文，从实践中探求国家结构形式的真实样貌乃至国家结构形式未来可能的演进方向。其实，对开国先辈和立宪者来说，现在总结出来的区分不同国家结构形式的标准是没有实际意义的，因为他们本身是在“塑造”国家结构形式，而不是按照现成的样板去“照葫芦画瓢”。正如王振民教授指出的，后来者“千万不可被理论所束缚，以至削足适履，片面追求某种国家结构形式，以辞害意，为了满足形式而损害内容”。[1]

二、中华人民共和国成立后的央地关系

中华人民共和国成立后一直到1956年，出于军事斗争的需要和政权巩固的压力，我国确立了中央高度集权的体制。这有利于在全国范围内集中有限的人力和财力，保证顺利完成社会主义“三大改造”的历史任务。但由于没有充分调动地方积极性、主动性，也引发了很多问题。1956年，毛泽东同志经过调查研究，在中共中央政治局扩大会议上作了《论十大关系》的讲话，其中第五部分对中央与地方关系的性质进行了界定并提出了解决思路，即给地方适当放权，发挥中央和地方两个积极性，奠定了宪法处理中央与地方关系的基本原则。但由于计划经济高度集中的特性，政社混同的国家体制，以及中央与地方关系缺乏法治化保障，此后权力总是陷入一种“收权—放权—再收权—再放权”的恶性循环，产生“一统就死、一死就叫、一叫就放、一放就乱”的失序现象。

1978年以后，与改革开放的决策相配套，在中央与地方关系的处理上主要是采用经济性放权的模式，在维护中央权威的前提下，注意权力下放的因

---

〔1〕 王振民：《中央与特别行政区关系：一种法治结构的解析》，清华大学出版社2002年版，第27页。

地制宜性、步骤性和非均衡性，[1]如建立经济特区、沿海港口城市、经济开发区等。这在一定程度上克服了以前行政权力“统收统放”模式的弊端，使地方的自主权尤其是财政自主权真正落实到实处，促进了地方更好、更快地发展。[2]有的学者认为，地方政府之所以有很强的推动经济增长的冲动，其主要动力就是有效的财政激励和政绩激励，这在一定程度上缔造了中国的“市场维持型的财政联邦主义”。[3] 但一些新矛盾也随之出现，地方利益、部门利益日益膨胀，对中央出台的政策进行选择性适用，有利的才执行，不利的就推脱，中央权威受到严重挑战。一个突出的表现是，中央与地方的收支由于实行财政大包干体制，各自处于相对独立的地位，中央财政很难达到平衡，导致财政赤字居高不下，财政相当拮据；[4]同时，地方利益机制强化，地方保护主义借此抬头，“诸侯经济”出现。正因如此，经过艰难博弈，分税制于1994年正式实施。分税制大大增强中央宏观调控能力，凸显了国家集中力量办大事的优势，一定程度上缓解了地区发展不平衡问题。不过分税制一直也处于争议之中，产生的很多问题也不可忽视，比如地方财政紧缺导致土地财政泛滥，基本公共服务均等化进展不大等。时至今日，正在全国范围内开展的主体功能区发展战略、区域协调发展战略、新一轮配套改革试点等实践，都与中央和地方关系的调整密切相关，需要我们从国家结构形式、地方试验的合宪性、地区差异的合宪性底线、公民基本权利保障等多个维度予以密切关注和深入研究。因此，如何处理中央与地方关系，既是国家决策者必须面对的难题，也是学界研究的热点。

---

[1] 参见《邓小平文选》（第2卷），人民出版社1994年版，第145页；《邓小平文选》（第3卷），人民出版社1993年版，第160页、第227页。

[2] 参见杨小云：《新中国中央与地方关系沿革》，世界知识出版社2011年版，第101页。

[3] 傅勇：《中国式分权与地方政府行为：探索转变发展模式的制度性框架》，复旦大学出版社2010年版，第8页。

[4] 参见《分税制将会促进广东的发展》《关于实行分税制问题致江泽民、李鹏同志并中共中央政治局常委的信》《分税制有利于中西部地区发展》，载朱镕基：《朱镕基讲话实录》（第1卷），人民出版社2011年版，第367～376页。

三、央地关系中的现实问题

参加立法工作十多年来，我深刻感受到，中国经济社会发展中的许多问题，都与中央和地方关系紧密相连，有的已经在立法中显现出来，有的尚未在立法中显现，但都有解决的紧迫性。从某种程度讲，中央与地方关系已经不仅仅是宪法学中的国家结构形式问题，而是与国家统一、民族团结、经济发展、权利保障等相关的重大问题。比如，当前区域发展不平衡长期困扰决策层，并引发了很多社会问题。为此，党中央提出要继续实施区域协调发展总体战略，[1]同时提出要加强国土规划、实施主体功能区战略和分类管理的区域政策。特别是党的十八大以来，以习近平同志为核心的党中央相继提出京津冀协同发展、长江经济带发展、粤港澳大湾区建设、长三角区域一体化发展四大战略。随着市场经济深入发展，区域经济一体化趋势显著，对一个地方而言，不仅要处理与中央的关系，而且要处理与其他地方的关系，地方人大之间的立法协同、地方政府之间的横向协作越来越多，提出了很多宪法问题。由于基本公共服务尚未实现均等化，公民的受教育权等基本权利因为地方差异已经产生了比较严重的机会上的不平等。此外，“一国两制”方针行稳致远，民族区域自治制度成就显著，但实践中出现的一些问题，也提醒我们要深入研究和思考在特别行政区和民族区域自治地方如何处理好央地关系和地区平等问题。这些鲜活的宪法实践迫切要求我们加强对央地关系、地区平等问题的研究。

---

〔1〕 主要内容既包括特定行政区域的，也包括跨行政区域的。具体包括：推进新一轮西部大开发，推进重庆、成都、西安区域战略合作，推动呼包鄂榆、广西北部湾、成渝、黔中、滇中、藏中南、关中—天水、兰州—西宁、宁夏沿黄、天山北坡等经济区加快发展。全面振兴东北地区等老工业基地，重点推进辽宁沿海经济带和沈阳经济区、长吉图经济区、哈大齐和牡绥地区等区域发展。大力促进中部地区崛起，重点推进太原城市群、皖江城市带、鄱阳湖生态经济区、中原经济区、武汉城市圈、环长株潭城市群等区域发展。积极推进东部地区率先发展，推进京津冀、长江三角洲、珠江三角洲地区区域经济一体化发展，打造首都经济圈，重点推进河北沿海地区、江苏沿海地区、浙江舟山群岛新区、海峡西岸经济区、山东半岛蓝色经济区等区域发展，建设海南国际旅游岛。加大对革命老区、民族地区、边疆地区和贫困地区扶持力度。

第三节 现有研究综述

一、关于中央与地方关系

目前,学术界关于中央与地方关系研究的路径,大致可以分为以下五类:一是历史研究的路径。主要是梳理我国历史上的中央与地方关系的发展演变,以史为鉴,来分析和研究当代我国的中央与地方关系。比如《百年博弈:中国中央与地方关系 100 年》(辛向阳)、《唐宋元明清中央与地方关系》(李治安)、《中国五千年中央与地方关系》(李治安)、《新中国中央与地方关系沿革》(杨小云)、《大国诸侯:中国中央与地方关系之结》(辛向阳)等。二是比较研究的路径。主要体现为对不同国家中央与地方关系的形态、模式进行比较,进而得出一般性的规律、具体的经验或教训。比如《欧盟成员国中央与地方关系比较研究》(董礼胜)、《欧盟主要国家中央与地方的关系》(胡康大)等。三是政府过程研究的路径。主要是利用功能和行为研究方法,对包括主体、行为、程序等各要素的政府活动进行实证分析,特别是注重研究政府与各政治利益群体间复杂的互动关系。如《当代中国政府过程》(朱光磊)、《政府过程》(胡伟)、《国内政府间关系》(林尚立)。四是现代化视角下的研究路径。主要是从现代化的角度去分析中央与地方关系。如《集权分权与国家兴衰》(薄贵利)一书,就是从世界现代化的进程中考察中央与地方关系的发展规律,进而为中国的中央与地方关系政策提供借鉴。五是特定学科的研究路径。即引入该学科的核心概念或分析方法、分析框架对中央与地方关系进行研究所形成的路径。经济学方面,主要是运用博弈论、成本理论、财政理论等经济学理论来阐释中央与地方关系,如《经济发展中的中央与地方关系:中国财政制度变迁研究》(胡东书)、《中央与地方财政关系及其变迁史》(朱红琼);管理学方面,主要是从行政管理和公共服务的视角对中央与地方关系进行研究，如《中国公共服务体制：中央与地方》（中国海南改革发展研究院）；政治学方面，主要是从利益、权力、自治和政党等方面研究中央与地方关系，如《晚清督抚政治——中央与地方关系研究》（刘伟）、《中央与地方政府关系建构与调谐》（金太军、赵晖）、《新日本地方自治制度研究》（曹祥瑞）等。

这里需要着重介绍的是，法学界关于中央与地方关系的研究情况，主要关注领域包括以下几个方面：一是关于国家结构形式。主要著作包括《国家结构形式论》（童之伟）、《联邦制与世界秩序》（王丽萍）、《政体初论》（刘海波）、《分权的底线》（王绍光）等。其他一些著作中也对此问题有所涉及。二是关于中央与一般地方、特定地方的关系。主要著作包括《中央与特别行政区关系：一种法治结构的解析》（王振民）、《和谐社会视野下中央与地方关系研究》（任进）、《中央与地方关系研究》（薄贵利）、《"一国两制"下中央和香港特别行政区的关系》（宋小庄）、《当代中国中央与民族自治地方政府关系研究》（高韫芳）等。三是关于中央与地方分权问题的研究。主要著作包括《中央与地方事权划分》（文政）、《中央与地方立法关系法治化研究》（封丽霞）、《中央与地方财政分权法律问题研究》（刘剑文等）、《中央和地方职权划分的法律问题》（黄子毅）等。四是关于地方自治问题的研究。代表性著作有《国家主权与地方自治》（张千帆）、《作为基本权利的地方自治》（王建学）、《自治权理论与自治条例研究》（张文山）、《地方自治法律制度研究》（田芳）等。关注点较为特殊、不易归类且有创新意义的两本著作分别是《权利平等和地方差异——中央与地方关系法治化的另一种视角》（张千帆）和《中央与地方关系的司法调控研究》（郭殊）。这两本著作的一些创新意义在"选题背景意义"部分已有提及，与本书的主要内容也有紧密关联。

经过文献梳理，我进一步发现，我国法学界对于中央与地方关系的研究具有如下几个特点：第一，高度重视分权问题的研究，希望以分权为突破口，寻找到中央与地方最佳的权力界限。有的学者从集权分权的利弊入手,[1]有的学者从中央与特定地方的关系(如与民族自治地方、特别行政区等)入手,[2]有的学者以特定权力在中央与地方的划分入手(如财政权、事权、立法权等)。[3] 第二,视角较为单一,较多地站在"中央"的单一角度来看待中央与地方关系问题,对地方的利益诉求关注不够。对地方相互之间的纠纷如何解决,利益如何协调,合作如何展开,缺少学术上的关注和研究。[4]第三,具体机制设计上,比较重视行政分权和行政协调,对司法调节模式也有所涉及,[5]但对通过人大的代议机制平衡地方利益重视不够。第四,理论层面的分析和阐释较多,实证研究较少,尤其是在研究中央与地方财政分权问题时,缺乏经济学界常用的分析模式,因此往往看到了"现象",分析不透"成因"。第五,研究侧重权力配置的调整,忽视公民基本权利的保障。国家权力无论是在横向分配还是在纵向分配,其标准不应仅仅是治理的便利和需要,而应涵盖如何更好地实现和保障人权。在研究中央与地方关系时,这一点尤其突出。目前,仅有少部分学者研究地方差异引起公民权利不平等的问题。[6]

二、关于地区平等问题

"地区平等"是一个较为"新鲜"的学术概念,学术界使用不多,对之研究

---

[1] 参见薄贵利:《集权分权与国家兴衰》,经济科学出版社 2001 年版。

[2] 参见王振民:《中央与特别行政区关系:一种法治结构的解析》,清华大学出版社 2002 年版;高韫芳:《当代中国中央与民族自治地方政府关系研究》,人民出版社 2009 年版。

[3] 参见刘剑文:《中央与地方财政分权法律问题研究》,人民出版社 2009 年版;文政:《中央与地方事权划分》,中国经济出版社 2008 年版;封丽霞:《中央与地方立法关系法治化研究》,北京大学出版社 2008 年版。

[4] 目前已有成果包括叶必丰、何渊主编:《区域合作协议汇编》,法律出版社 2011 年版;何渊:《区域性行政协议研究》,法律出版社 2010 年版;叶必丰、何渊等:《行政协议——区域政府间合作机制研究》,法律出版社 2010 年版。

[5] 郭殊:《中央与地方关系的司法调控研究》,北京师范大学出版社 2010 年版。

[6] 张千帆:《权利平等与地方差异》,中国民主法制出版社 2011 年版。

也不多。在全国人大代表名额分配的研究方面,阚珂最早提出了“人口——代表比例原则”、“行政区划原则”和“民族原则”,[1]其中的“行政区划原则”与2010年选举法修改说明中概括的“地区平等”原则的内涵基本一致,具体而言就是:由于不同的地方(省、自治区、直辖市)都会有各自不同的利益诉求,在全国人民代表大会的组成中必须充分考虑各个地方的代表性和话语权,不仅每个地方(省级行政区)必须要派出自己的代表,而且“省级行政区都应有同等的表决权”。[2] 选举法修改后,也有一些文章提及“地区平等”,但只是从宣传报道的角度介绍代表名额分配的“三个平等”原则,没有深入地剖析这一概念的内涵以及在宪法学中的重要意义。唯一一篇从宪法学角度分析“地区平等”原则的,是中南财经政法大学博士生黄利红的一篇文章。[3] 她经过比较美国、德国等国的选举制度,发现在议员名额分配这一重大的宪法问题上,各国都十分注重地方平等性,因为从政治的运作实践来看,当选者由哪个团体或者地方选出,则必然会代表或主张该团体或者该地方的利益。以美国为例,参议院的参议员从本质上就是各州(及其人民)的代表,而非美利坚合众国或全体美国人民的代表,这一制度设计充分体现并有力保证了各州的平等权利。我国的最高国家权力机关全国人民代表大会主要是由各地区产生的代表团组成的,地域代表的特征十分显著。多年来中央一直强调单一制、民主集中制,在重大政治决策中充分考虑地方因素和地方利益的平衡。既然全国人大代表来自全国各地、五湖四海,那么在表达民意时,更加不可避免地会包含“地方声音”甚至会凸显“地方利益”。因此,在全国人大代表名额分配机制上保证各地区相对平等,也就是保障各个地区在中央的话语权大致均衡,通过政治参与的平等促进各个地区发展机会

[1] 参见韩大元教授就选举法修改接受的访问《专家揭秘选举法近60年鲜为人知的故事》,载《检察日报》2010年2月22日,第5版。

[2] 阚珂:《全国人民代表大会代表名额确定依据探讨》,载《政治学研究》1987年第5期。

[3] 黄利红:《地区平等:全国人大代表名额分配方式的修改》,载《江汉大学学报》(社会科学版)2010年第3期。

的平等。[1] 如果我们将人大代表名额作为一种政治资源来看待,而这种政治资源的分配需要遵循“地区平等”的原则,那么中央在分配其他资源时,是否也要遵循“地区平等”的原则?“地区平等”是否应当成为中央处理与地方关系时不可忽视的一个重要因素?这些问题是黄利红博士短短两千多字的文章尚未论及的,但我相信,她在谈及地区平等时,已经不仅仅局限于代表名额的分配,而是从更大的层面上关注各地区平等参与国家政治的“资格”(或曰“基本权利能力”)。

其实,早在2010年选举法修改从公民基本政治权利角度提出“地区平等”这个概念以前,就已有学者从其他角度提出过“地区平等”问题,最为典型的是国家行政学院薄贵利教授在《集权分权与国家兴衰》一书中所阐述的观点。他在分析了中央高度集权和地方过度分权体制对国家兴衰的影响后,又阐述了现代化进程中中央与地方权限变化的规律和影响中央与地方权限划分的主要因素,提出合理分权是中国走向强盛的必然选择。而建立中央与地方分权体制的主要途径之一,就是逐步实现从地方梯度分权向地方均权的过渡。需要注意的是,这里所说的“均权”与孙中山先生提出的均权主义思想有所不同,前者指的是地区平等,后者指的是中央与地方合理分权,前者是横向角度,后者是纵向角度。他提出,在改革开放初期,中央给地方下放权力偏重东部,是特定历史条件下的必然选择,不可避免地带有一定的过渡性和试验性。[2] 随着市场经济的发展,这种地方试验带来的矛盾和问题越来越突出。要解决地方梯度分权与市场经济发展的内在矛盾,就必须实现地方分权,即“在合理划分中央与地方权限的基础上,使同级地方依法具有同等的地位,享有同等的权力”。[3] 为了充分调动地方的积极性和主

---

〔1〕 参见黄利红:《地区平等:全国人大代表名额分配方式的修改》,载《江汉大学学报》(社会科学版)2010年第3期。

〔2〕 参见薄贵利:《集权分权与国家兴衰》,经济科学出版社2001年版,第245页。

〔3〕 薄贵利:《集权分权与国家兴衰》,经济科学出版社2001年版,第244页。

动性，必须通过宪法和法律设定的程序机制，保证各个地区平等地参与国家政治，确保中央决策充分反映各地方的利益诉求、合理解决各地方的利益冲突。薄贵利教授对此虽然没有详细地展开，但他从市场主体平等参与竞争、市场要素国土自由流动等经济学的视角，提出了一个同样需要宪法学界回答的问题，即与中央相对应的各个地方（地区），是否具有独立的“人格”，其享有的权利与承担的义务是否应当实现可考量、可评估的平等。对此，薄贵利教授还借鉴了法学界常用的“权利能力”和“行为能力”这两个概念，驳斥有些人所持的“只有各地经济、政治、文化和社会发展水平相等，才能实现地方均权”的观点，他提出不能因为各个地方的发展水平和实际能力有差距，就赋予同级的不同地方不同的权力，“确定同级地方是否具有同等权力，主要不是依据其是否具有行使这一权力的行为能力，而是依据其在现代政治管理、经济管理和社会文化管理中的地位和功能”，“赋予同级地方以同等的地位和权力，正是要缩小地区间的差别，实现经济、政治的公平与公正”。[1]对薄贵利教授的结论，我是十分赞成的。但在薄贵利教授研究的基础上，我们还需要从宪法学的国家结构形式上进行剖析和论证，分析同级地方具有同等地位的宪法内涵究竟是什么、同级地方享有同等权力的具体范围又包括什么。

近年来，在相关学术研究中积极关注“地区平等”问题的还有上海社科院法学所的叶必丰教授和北京大学法学院的张千帆教授。叶必丰教授在研究区域经济一体化背景下的行政协议时，分析了区域政府间达成行政协议的法治基础。[2]叶必丰教授认为，美国州际协定的宪法基础就是“州权平等”，如果各州在联邦中没有平等地位，那么各州就会不愿意加入联邦，不仅

---

〔1〕 薄贵利：《集权分权与国家兴衰》，经济科学出版社2001年版，第266页。

〔2〕 参见叶必丰：《我国区域经济一体化背景下的行政协议》，载《法学研究》2006年第2期。其他相关成果包括：叶必丰、何渊等：《行政协议：区域政府间合作机制研究》，法律出版社2010年版；何渊：《区域性行政协议研究》，法律出版社2009年版。

联邦无法成立，联邦宪法也很难在各州得到通过。张千帆教授则是从公民权利角度对中央和地方关系进行了一次“根本重构”。他提出，不同地方出生和生活的人在权利和待遇方面存在差异，有的是自然和历史形成的，有的却是人为因素造成的，因此，在中国人多、地大、地方差异大的前提下，“如何在照顾地方需要的前提下保障各地公民的平等权利”，在制度设计上“为不同地方、不同种族、不同性别的人提供基本的平等权利”，是一个追求民主、法治、人权的大国的重要使命。张千帆教授没有直接使用“地区平等”一词，但其研究开拓了法学界研究中央与地方关系的视野，从“地方差异”的角度研究公民的“权利平等”，其实已经蕴含了地区不平等导致公民基本权利不平等这一学术命题和研究路径。

值得一提的是，近年来宪法学专业的研究生对这一问题也产生了比较浓厚的兴趣。比如，王振民教授2012年指导的法律硕士傲敦的学位论文《论我国地区权利平等的宪法保障》，对我国地区权利平等的问题进行分析研究，一方面提出地区平等是实现人人平等的重要保障手段，消除地区间不平等是消除公民个体间不平等的有效途径；另一方面强调中国地区差距加大的深层次原因是地区权利配置的基本制度存在缺陷。傲敦同学还提出，地区权利平等的宪法原则包括民生保障原则、平等原则、比例原则和正当程序原则。这些观点虽然从理论上还有待进一步深入挖掘，但笔者赞同他的思路和建议。又如，王振民教授2015年指导的法律硕士郭航的学位论文《中国地区平等的规范化问题研究——以委员名额分配为中心》，提出规范中国地区平等是宪法平等权的重要体现、是承认地区差异的先决条件，是确认地区竞争的前提基础，而选举名额的分配方式是规范地区平等的重要途径。虽然笔者对郭航同学提出的“中共中央在保障地区平等中的作用是基础性的、根本性的，全国人大常委会在保障地区平等中的作用是辅助性的、补充性的”这一观点还有所保留，但笔者十分欣赏并赞同郭航同学从地区名额分配与权力运作方式的关系入手，对地区平等问题进行深入研究。

从以上对文献的梳理我们可以发现，目前国内学术界尚未对中央与地方关系中的地区平等问题进行专门系统的研究，而国外学术界的一些相关研究也较为偏向联邦制国家的地区平等问题，对单一制国家的地区平等问题的研究较为零散。因此，本书的选题也就可能存在一定价值，可以澄清一些理论上的问题，对中国特色的国家结构形式进行较为深入的理论阐释，并对我国在维护国家统一、规范地方试验、促进区域平衡、保障民权平等等方面的制度建构和实践有所启示。

第四节　主要研究方法

一、比较法学的研究方法

比较法学的研究方法是撰写本书不可或缺的方法。勒内·达维的《英国法与法国法：一种实质性比较》一书就是对比较法学的研究方法的经典运用。在研究地区平等问题时，必然要对联邦制和单一制这两种国家结构形式进行横向的比较研究，结合典型国家的宪法实践，了解两者在结构和功能上的差别。笔者尽量遵循价值无涉的原则，不对各种模式作优劣评判，为研究中国的宪法学问题和宪法实践提供参考。

二、规范分析的研究方法

平等权的主体能否拓展到与中央相对应的“地区”，公民的政治权利的“地区平等”能否相应拓展到经济权利和社会权利，“地区平等”作为一个选举法中概念和原则的归纳，能否上升为宪法中规范中央与地方关系的基本原则。回答这些问题，不能脱离我国宪法和法律文本的有关内容，以及与之有关的规范分析。

三、实证的研究方法

实证主义包括了经验实证主义和逻辑实证主义两大流派，各有所长，各有所短，各有侧重又各有偏颇。宪法学的研究采用实证的研究方法，有必要采取两者结合的路径，以相互弥补不足。地区平等问题既是宪法学界关于国家结构形式的研究中被长期忽视的领域，也是一个与我国中央与地方关系的实践发展、区域发展协调的国家规划等紧密相关的实践问题。比如，在研究行政区划问题时，有必要考察中国行政区划的各种经验材料，尤其是海南建省、重庆市直辖这最近两次行政区划调整的实践，以此为例研究行政区划对“地区平等”的影响。再如，对于梯度放权模式在促进地方经济发展的同时，也造成地区发展不平衡，尤其是造成该地区法人和公民相关权利的不平等，需要采取实证研究的方法，从经验和逻辑两方面予以论证。为了考察“老少边穷”地区在央地关系中的特殊性（参见本书第四章），以及如何用地区平等的理念理解和研究中央政府对“老少边穷”地区的特殊扶持政策（参见本书第七章），我还利用在广西壮族自治区百色市那坡县锻炼的机会，进行了实地调研和田野调查，并撰写了调查报告（见附录6）。

四、制度经济学的研究方法

中央与地方关系的发展与演变，体现为成文的制度与不成文的“规则”，固然受到政治、民族、宗教、历史等各方面因素的影响，但不可忽视的是，制度与经济因素之间互动密切。从经济学的视角，尤其是制度经济学的视角来观察地区平等问题，一方面可以观察新中国成立以来，特别是改革开放以来我国以“梯度放权”的地区政策为发端的快速经济发展对中央与地方关系制度演变的深远影响；另一方面也可以较为清晰地展示中央与地方关系的制度设计对地区经济行为和地区经济发展直接或间接的影响。本书的第四章和第五章在研究制度设计和政策制定因素对地区平等问题的影响时，集中采用这一研究方法。

第五节　几点理论期许

在以上粗浅思考和文献阅读的基础上，我选择以《地区平等问题研究：中央与地方关系的视角》作为本书选题，主要有以下几点理论期许。

一、突破传统研究范式思考解决央地关系模式

突破传统的研究范式，不是从“分权”的角度而是从“平等”的角度，不是从中央的单一视角而是从中央、地方、公民这三重视角，思考解决央地关系的思路和模式。“地区平等”一词虽然没有在宪法规范中出现，但在2010年选举法修改关于代表名额分配方式的规定中已有体现。“地区平等”能否从公民的政治权利拓展到经济权利和社会权利，地区可否成为平等权的主体，是论文中需要着重研究和解决的问题。同时从中央、地方和公民这三重视角、三个层面分析“地区平等”原则的现实必要性和可能产生的影响、可以解决的问题，较为全面地展示“地区平等”原则引入宪法规范的必要性和重要性。

二、进一步深化和拓展“单一制”的理论内涵

过去通说认为，单一制之下，地方作为中央的“代理人”和“附属”，缺乏独立的“宪法资格”。[1] 这就使得在中央与地方关系的处理问题上，中央始终占据主导地位，地方则处于被动接受地位。地方与中央的“博弈”并非通过公开的法治途径，而是通过各种非公开的方式，缺乏规范和保障。能否借鉴联邦制的经验，赋予地方独立的宪法资格，变“总公司”的“分公司”为“母

---

〔1〕 参见王振民：《中央与特别行政区关系：一种法治结构的解析》，清华大学出版社2002年版，第12页。

公司”下的“子公司”，允许地方自主表达和平衡利益，与其他地方展开合作与协调，充分发挥地方积极性与主动性。无论是中央在分配利益、制定政策时，还是地方之间进行合作和协调时，都应以尊重地方的主体地位、重视地方的治理经验为基础。部分学者在研究地方自治问题时，对此已有涉及（主要是法国的地方公共团体理论），[1]本书要在此基础上进一步深化和提升。此外，过去在研究国家结构形式时，由于思维惯性，往往重视中央但忽视对地方政府之间关系的研究，现行宪法和法律也没有具体规定地方政府之间的关系。目前广泛存在的区域合作现象以及“援藏”“援疆”等对口支援模式，从理论上讲需要进行合宪性论证，否则，可能导致各种地方合作形式难以推进，不利于区域协调发展，也不利于中央关于“长江经济带发展”“京津冀协同发展”“粤港澳大湾区建设”“长三角区域一体化发展”等区域战略部署的贯彻落实。本书要在这个方面进一步拓展国家结构形式的内涵，将地方关系纳入研究范畴并论证其重要性和实践价值。

三、努力解决人口因素和地区平等的内在张力

我国实行人民代表大会制度，不搞“两院制”。因此，需要协调平衡的各种利益都必须在代表名额分配之中予以体现，如女性、少数民族、农民、民主党派、各方面知名人士等，达成性别平衡、民族平衡、城乡平衡、政党平衡等。地区平衡只是需要考虑的因素之一。因此，地区平等原则在代表名额分配之中的引入，虽然有助于通过相同的地区基本名额数来保证地方在中央的平等话语权，但是很容易被其他原则和考虑因素冲淡。不同省份之间代表名额的巨大差异，仍然没有得到有效解决。我们以人口较多的河南省和人口较少的青海省作对比：据 2010 年第六次全国人口普查数据，河南省 9402.3567万人，青海省 562.6722 万人，相差近 17 倍。但十二届全国人大代

---

〔1〕 参见王建学：《作为基本权利的地方自治》，厦门大学出版社 2010 年版。

表名额分配,河南省170名,青海省22名,相差近8倍;十三届全国人大代表名额分配,河南省159名,青海省18名,相差近9倍。这就说明人口因素和地区平等之间存在内在的张力。美国通过众议院和参议院的两院制予以解决,中国如何在"一院制"的前提下解决这个问题,需要进行理论上的探索。代表名额分配只是一个例子,在中央财政转移支付、大学招生名额分配等问题上,同样存在人口因素和地区平等的内在张力。目前的研究思路是,既要肯定人口因素的影响,又不能忽视地区平等因素,要探索地区平等的底线究竟是什么,达成形式平等和实质平等的统一。

四、减轻单一制下中央多元化治理模式的压力

由于历史、民族、宗教、地理、语言、战争等多重因素的影响,一个国家为了维护形式上的国家统一,时常需要以妥协的方式对待特殊的地方,赋予这些地方特别的权力以争取其对国家名义上的认同。比如法国历来主张并实行中央集权,强调全国统一,但对于科西嘉岛却作出了不同于其他地区的制度安排,不仅赋予其更加特殊的法律地位,而且通过立法授予其更大的财政自主权和更广泛的行政管理权。英国对其治下的英格兰、威尔士、苏格兰和北爱尔兰四个主要地区,也都采取各不相同的统治方式。2014年的苏格兰公投,虽然没有实现独立的目标,但却已经迫使伦敦进一步向苏格兰下放权力。反观我国,自秦以来,历朝历代虽然在名义上都实施大一统的中央集权制,但在具体实践中,由于军事、人事、民族等各种复杂因素的存在,一直允许相当程度的变通甚至是存在地区自治的空间。这对中华人民共和国成立后的国家结构形式也有一定影响。中华人民共和国成立后,《中央人民政府和西藏地方政府关于和平解放西藏办法的协议》的顺利签订,正式宣告中央政府和平解放西藏,而且意味着"一国两制"在新中国的宪法框架中得到了承认。[1] 为

[1] 参见屠凯:《涉藏问题与宪法忠诚》,载许章润主编:《历史法学(第3卷):宪法爱国主义》,法律出版社2010年版,第173~192页。

了解决台湾地区问题，中央又提出了“一国两制”的伟大构想，并已经在香港特别行政区、澳门特别行政区成功实践。可以说，为了实现国家统一，我们不断在更新或者修正“国家统一”的观念与标准，[1]同时也不断丰富我国国家结构形式和“单一制”的内涵。但相应地，在全国范围内也形成了自治程度和权力配置不一的地方实体，至少有五个类别：第一类是内地的省级建制，第二类是直辖市建制，第三类是民族自治区建制，第四类是特别行政区建制，第五类是未来台湾地区的特殊建制。这种特殊化的处理在一定程度上解决了国家的统合问题，但在事实上导致了一国范围内地区之间的不平等，相应的还导致不同地区公民、法人享有的权利与义务不平等，造成了一国内部的张力。如何实现底线上的地区平等，消弭这一内部的张力，更好地实现国家统合和内部凝聚，是亟待从理论上解决的问题。

五、为研究权利平等与地方差异提供研究路径

在城乡分割、户籍壁垒依然坚不可摧的时代，法人参与市场竞争的能力与范围，公民享受国家福利待遇、行使法定权利，与其所在的地域紧密相连，从某种程度上说，确实存在“作为统一国家的公民”个人权利却“取决于其碰巧出生或生活的地区”[2]的尴尬现象。流动人口子女的受教育权与高考问题，大学招生中明显存在的地区偏好和地域歧视都是十分典型的事例，也是亟待通过宪法机制予以纠正的问题。同时，一旦地区之间存在不平等，或者某一个特定地区被贴上歧视性的标记，即意味着该地区公民的平等权利也会受到不当侵害，而且很难得到法律途径的救济。舆论、宣传、教育等途径也只能形成一定的话语优势和道德高地，在权利救济方面是乏力的。

---

〔1〕 参见王振民：《“一国两制”下国家统一观念的变化》，载《环球法律评论》2007年第5期。

〔2〕 张千帆：《权利平等与地方差异》，中国民主法制出版社2011年版，前言。

六、努力探索地方利益的表达模式和博弈平台

中央的宏观调控能力与执政党的动员机制、统合力度有机结合在一起，与其说地方在被动地接受中央的调控，不如说政党内部的人事控制机制与地方民主机制的供给不足，直接决定了地方几乎没有与中央讨价还价的空间。中央政策的形成过程虽说有地方的参与，但很难说是地方利益博弈和平衡的产物，这既不符合现代民主机制，也不利于充分调动地方的积极性和主动性。因此，只有增强中央政策形成过程中的透明度和参与度，注重各地方的平等参与，才能有机整合中央利益和地方利益，化解中央与地方以及地方与地方的矛盾，充分调动各地方的积极性和主动性，引导央地关系走向规范化、程序化和法治化。

第二章

地区平等的概念分析

第一节 引入“地区平等”概念的难题与风险

“地区平等”作为一个概念，无论是在现行宪法和法律规范中还是在学术研究中都是比较“新鲜”的。

首先，在现行宪法和法律规范之中，并没有出现过“地区平等”这一表述。只有在2010年修改选举法的草案说明中，第一次也是唯一一次出现了“地区平等”，其语境是体现选举权平等的人大代表名额分配原则出现了形式新颖且更为丰富的概括，即“三个平等”[1]——“人人平等、地区平等和民族平等”。法律草案的说明并不等同于法律条文本身——某种意义上只是立法者对法律草案起草本意的阐释和说明，尽管可以清楚地表明立法者对这一概念的认可，但毕竟没有将其明确纳入现行宪法与法律规范之中。如果要将“地区平等”这一概念作为一项原则引入宪法和法律之中，一是要看目前现有的宪法与法律条文是否已经蕴含了“地区平等”的理念，进而可以与“地区平等”这一概念相融合；二是要看当前我国中央与地方关系发展中的现实问题，特别是京津冀协同发展、长江经济带、长三角一体化建设、粤港澳大湾区建设、自由贸易区（港）等区域问题、区域战略是否对“地区平等”这一概念引入现行宪法和法律规范提出迫切要求。如果答案是肯定的，则需要将“地区平等”这一概念在理念、原则与实践之间进行规范分析和“无缝”对接，从现行规范和实践运作中梳理、总结进而提炼“地区平等”的宪法内涵。

其次，从学术上看，学术界鲜有以“地区平等”这一概念作为题目的专门研究。唯一一篇以“地区平等”为题的宪法学论文，是2010年选举法修改后

〔1〕 王兆国：《关于中华人民共和国全国人民代表大会和地方各级人民代表大会选举法修正案（草案）的说明》，载《新华月报》2010年第4期。

中南财经政法大学博士生黄利红的一篇文章。她经过比较发现“各国在分配议员名额时都考虑了地方的平等性问题”。[1] 这一观点，其实是不少研究美国联邦制的学者已经基本达成共识的，即“各州的平等权是先于宪法和联邦而存在的一项权利”。[2] 在联邦制的背景下得出这一结论，并不稀奇。但在单一制的背景得出类似的结论，就有些与众不同了。早在 1987 年，阚珂在研究全国人大代表名额分配时就提出了“行政区划原则”，其实质就是“各不同的省级行政区之间都应有同等的表决权”。[3] 在单一制和“一院制”的现实国情之下，提出这样一个观点，尽管还没有进行细致周密的论证，也是需要极大的理论勇气的。如果这一概念在学术上是成立的，那么需要追问的是，地区平等是否只适用于公民选举权平等的衡量与判断，甚至仅仅适用于全国层面的代表（议员）名额在各地区的分配？是否能够扩展和延伸到公民的经济社会权利等其他权利？如果将代表（议员）名额作为一种政治资源来看待，那么既然这种政治资源的分配需要遵循“地区平等”的原则，中央在分配其他资源时，是否也要遵循“地区平等”的原则？如果说代表（议员）名额分配须符合“地区平等”是保障各个地区平等的政治参与权，那么各个地区在政治参与权以外的其他权利是否也应得到平等保护？“地区平等”究竟是各个地区本身就固有的一项权利，还是公民平等权中已经内在蕴含“不因地区不同而受到不公平对待”这一原则要求？

对以上追问的回应，目前学术界有两个基本维度。一个维度是以“地区”为主体。国家行政学院薄贵利教授借鉴了法学界常用的“权利能力”和“行为能力”这两个概念，驳斥有些人所持的“只有各地经济、政治、文化和社会发展水平相等，才能实现地方均权”的观点。他提出，“不能因为各地的发

---

〔1〕 黄利红：《地区平等：全国人大代表名额分配方式的修改》，载《江汉大学学报》（社会科学版）2010 年第 3 期。

〔2〕 叶必丰：《我国区域经济一体化背景下的行政协议》，载《法学研究》2006 年第 2 期。

〔3〕 阚珂：《全国人民代表大会代表名额确定依据探讨》，载《政治学研究》1987 年第 5 期。

展水平和实际能力存在着诸多差异,就赋予不同地方不同的权力”,“赋予同级地方以同等的地位和权力,正是要缩小地区间的差别,实现经济、政治的公平与公正”。[1] 但薄贵利教授没有论证为什么不同地区应当具有同等的“权利能力”? 地区的权利能力的范围是什么? 王建学博士认为平等权是地方自治权的重要组成部分,是指“地方公共团体不受国家的歧视性对待的权利”,“一般而言,同一种类的地方公共团体,应当受到国家的同等对待,国家对不同地方公共团体的差别对待应当能够通过特定的平等保护审查标准”。[2] 另一个维度是以“公民”为主体。张千帆教授提出,一个人在不同地方生活,却享受不同的权利和待遇,与人为的规定有密切关系。因此,在中国人口多、幅员辽阔、地方差异大的前提下,要在制度设计上为不同地方的人提供平等权利保障。[3] 张千帆教授没有直接使用“地区平等”一词,但其研究开拓了法学界研究中央与地方关系的视野,从“地方差异”的角度研究公民的“权利平等”,其实已经蕴含了地区差异导致公民基本权利不平等这一研究路径。但张千帆教授的研究并没有提及促进和保障地区平等与实现公民权利平等之间的内在联系究竟是什么。两者之间是包容关系还是并列关系?

因此,以“地区平等”作为博士论文选题,并试图将这一概念引入宪法规范和宪法学研究体系中,是一件“风险”很大且富有挑战性的工作。因为吸纳这一概念本身就不可避免要面临以下的诘问:第一,按照宪法学界通说,只有具备一种“可辨识”的个体性或个别性,才被认为具有权利主体的内在素质,宪法权利的享有主体首先是具有普遍意义的“人”,即在近代市民社会中形成的或近代西方市民革命通过打碎前近代封建身份等级制度所解放出来的“人之一般”,同时也包括“被拟制的人”——法人,其作为“人的联合”,

---

〔1〕 薄贵利:《集权分权与国家兴衰》,经济科学出版社 2001 年版,第 243 页。
〔2〕 王建学:《作为基本权利的地方自治》,厦门大学出版社 2010 年版,第 120 页。
〔3〕 参见张千帆:《权利平等与地方差异》,中国民主法制出版社 2011 年版,前言。

也是一种可辨识的个体,法人最终的活动效果归属于个人。[1] 如果说平等是一项权利,权利的主体首先应当是“人”,宪法规范中出现的也是“公民的基本权利和义务”,“地区”能否作为平等权的主体? 第二,在联邦制下,先有各州后有联邦,没有各州“州权平等”的制度设计作为前提,联邦就无法成立。但在单一制下,先有中央后有地方,中央决定了地方的行政区划和行政建制,对地方的人事、财政、组织等具有极大的权威和影响力。国家结构形式不同,央地关系也不同,能否简单地将联邦制下的“州权平等”推及单一制下的“地区平等”? 第三,人格尊严是公民基本权利,特别是平等权的重要源头和前提,那么对于没有“人格”更不可能有“人格尊严”的地区,地区平等的理论基石又在哪里? 目前的宪法理论是否可以为“地区平等”这一概念提供存在的空间和阐释的理由?

第二节　引入“地区平等”概念的可能与必要

笔者认为,将“地区平等”这一概念引入宪法学研究的范畴乃至列入宪法规范之中,尽管面临上述理论上的诘问,但值得尝试和努力。

一、“地区平等”概念相容于现行的宪法和法律规范

从制度规范的角度看,“地区平等”与现行宪法和法律的规范条文是相容的。换言之,现行规范不仅不排斥这一概念,反而在一些具体内容上存在相通之处。

2010 年修改选举法,体现选举权平等的人大代表名额分配原则有了新

[1] 参见林来梵:《宪法学讲义》,法律出版社 2011 年版,第 202 ~210 页。

的概括与发展,即"三个平等"[1]——人人平等、地区平等和民族平等。其中,"人人平等"是社会各界长期以来热议和呼吁的,[2]即公民平等享有选举权,城乡按相同人口比例选举人大代表;"民族平等"是《宪法》第四条第一款早已确定的基本原则,选举法对少数民族的人大代表名额早就有特殊保障规定。[3] 唯独"地区平等"似乎是"横空出世"的"孙猴子",[4]不仅调整了沿袭已久的代表名额分配原则和宪法惯例,而且丰富了选举权平等乃至宪法平等权的内涵,甚至很可能对调整与规范中央与地方关系提供重要的理论支撑。"地区平等"这一表述的提出,绝不是心血来潮——在我国现行的宪法和法律规范中,虽然没有出现"地区平等"的字样,但却存在"地区平等"的意蕴和精神。

首先,可以从宪法规定的中央与地方关系的基本原则来看。《宪法》第三条第四款规定了中央和地方国家机构职权划分的基本原则。[5] 职权划分是央地关系的核心,"中央统一领导"是维护中央权威的基础,"地方的主动性、积极性"是赋予地方一定自主权的依据。这一宪法原则的落实与地区平等密切相关。一方面,我国的各个地区,无论是省、直辖市等一般地区,还是自治区、特别行政区等特别地区,都是中央依据宪法,根据形势发展和国家治理需要创设的,客观上要求受到中央的平等相待;没有正当的理由,中央不应随意对各个地区进行差异分类或者作出歧视行为。因此,"地区平等"

---

[1] 王兆国:《关于中华人民共和国全国人民代表大会和地方各级人民代表大会选举法修正案(草案)的说明》,载《新华月报》2010年第4期。

[2] 学者普遍认为,城乡按照不同比例选举人大代表涉嫌对农民的歧视,有违宪之虞。

[3] 选举法第十七条规定,全国少数民族应选全国人民代表大会代表,由全国人大常委会参照各少数民族的人口数和分布等情况,分配给各省、自治区、直辖市的人民代表大会选出。人口特少的民族,至少应有代表一人。事实上,在1982年、1987年、1992年、1997年、2002年和2007年全国人大换届前,全国人大常委会都专门就全国人大少数民族代表名额分配方案作出过决定,保障各少数民族出席全国人大的代表名额。近两届,少数民族代表的名额一般占代表总名额的12%左右,大约为360名。

[4] 据统计我国现行有效的宪法和法律,"地区平等"一词尚未出现过。

[5] "中央和地方的国家机构职权的划分,遵循在中央的统一领导下,充分发挥地方的主动性、积极性的原则"。

是中央统一领导得以实现和巩固的重要前提。另一方面，“地方的积极性、主动性”内涵极其丰富，其中自然就蕴含了地方受到平等相待这一命题。如果各个地区在政策制定、资源分配等方面不能享受平等的待遇，又何来推动改革发展稳定的“积极性、主动性”？因此，“地区平等”是各个地方发挥其积极性和主动性的重要前提。

其次，可以从宪法和全国人大组织法、全国人大议事规则等规定的各地区代表团在人民代表大会议事过程中的作用来看。根据宪法和有关法律的规定，全国人民代表大会是我国的最高国家权力机关，被赋予修改宪法、监督宪法的实施、制定基本法律、审查和批准计划与预算，决定特别行政区设立及其制度、批准省、自治区和直辖市建置等重要职权。因此，全国人民代表大会的运作程序和决策机制，不仅事关国家治理，而且牵涉地方利益，对于地区平等问题影响重大。根据全国人大组织法，在大会期间，按照选举单位组成代表团，作为全国人大代表参与各项决策、表达地方意见的重要平台。〔1〕 特别是从程序上看，代表团掌握了重要的议案动议权，〔2〕对于立法、监督等重要议程的启动至关重要。从宪法和法律规范中，我们可以发现，尽管代表个人也有权行使各项职权，但各地区的“代表团”在人民代表大会的

〔1〕 根据《全国人大组织法》第四条的规定，代表团在每次大会举行前，讨论全国人大常委会提出的关于会议的准备事项；在会议期间，对全国人民代表大会的各项议案进行审议，并可以由代表团团长或者由代表团推派的代表，在主席团会议上或者大会全体会议上，代表代表团对审议的议案发表意见。

〔2〕 根据《全国人大组织法》第十条的规定，一个代表团或者三十名以上的代表，可以向全国人民代表大会提出属于全国人民代表大会职权范围内的议案；根据《全国人大组织法》第十五条的规定，全国人民代表大会三个以上的代表团或者十分之一以上的代表，可以提出对于全国人大常委会组成人员，中华人民共和国国家主席、副主席，国务院和中央军事委员会的组成人员，最高人民法院院长和最高人民检察院检察长的罢免案，由主席团提请大会审议；根据《全国人大组织法》第十六条的规定，在全国人民代表大会会议期间，一个代表团或者三十名以上的代表，可以书面提出对国务院和国务院各部、各委员会的质询案，由主席团决定交受质询机关书面答复，或者由受质询机关的领导人在主席团会议上或者有关的专门委员会会议上或者有关的代表团会议上口头答复。在主席团会议或者专门委员会会议上答复的，提质询案的代表团团长或者提质询案的代表可以列席会议，发表意见。

民主程序中发挥更加“显眼”的作用。[1] 除了解放军代表团这个唯一以职业分类并组成的代表团以外，其他所有的代表团都是以省、直辖市、自治区、特别行政区等地域组成的。各个代表团的人数有多有少，但制度设计中既赋予一定数量的代表提出议案的权利，更赋予代表团提出有关议案的权利。在中国这样一个单一制、“一院制”的国家，为了平衡和保护地区利益，兼采了联邦制国家“众议院”与“参议院”的民意表达方式，防止人口因素导致部分人口特少、代表特少的地区在国家政治中的利益表达与政治参与的不足。这就在程序上保障了各地区无论人口多寡、代表多少，在全国人民代表大会的议事程序中都有平等的参与权。

最后，从宪法关于公民平等权的规定来看。公民在法律面前一律平等，这是关于公民平等权的一般规定，直接统领并影响公民具体的平等权。平等权包括形式平等与实质平等。所谓形式平等，“其在终极的意义上追求的乃是宪法对各个人所保障的，各自在其人格的形成和实现过程中的机会上的平等”，[2]可以广泛适用于公民所享有的与人格尊严关系密切的各项宪法权利的保障。因此公民的选举权和被选举权、人身自由、言论、出版、集会、结社等权利，绝对不能因出生地区和居住地点受到不公对待。而实质平等，主要着眼于保障公民的社会经济权利，“其目的在于使经济强者与经济弱者之间恢复法律内在地期待的那种主体之间的对等关系”。[3] 我国宪法关于平等权的规定，在实质平等方面主要是对少数民族、妇女、未成年人等采取特殊保护。比如，我国《宪法》第四条第二款就规定了国家帮助各少数民族地区加速经济和文化的发展的宪法义务，以促进各地区的均衡发展以及各地区公民权利的平等保护。同时，在公民的受教育权、社会保障权等权利方

[1] 参见蔡定剑：《中国人民代表大会制度》，法律出版社 1998 年版，第 434 页、第 440 页。

[2] 林来梵：《从宪法规范到规范宪法——规范宪法学的一种前言》，法律出版社 2005 年版，第 106 页。

[3] 林来梵：《从宪法规范到规范宪法——规范宪法学的一种前言》，法律出版社 2005 年版，第 107 页。

面,也要避免地域等不合理因素导致公民权利的实质差异。比如,我国《预算法》第十六条第一款规定了国家实行财政转移支付制度,同时强调,财政转移支付的主要目标应当是保障和推进地区间基本公共服务均等化。地区间基本公共服务均等化的实质就是实现公民的经济和社会权利的底线的实质平等。又如,《预算法》第十六条第二款规定,财政转移支付包括中央对地方的转移支付和地方上级政府对下级政府的转移支付,以为均衡地区间基本财力、由下级政府统筹安排使用的一般性转移支付为主体。这就在国家财政体制上明确了各地区在基本财力上享有平等的地位与权利。总体来看,公民平等权利的实现,在形式平等方面要摒除"地区"因素的干扰,在实质平等方面要弥补"地区"因素的差距。因此,公民平等权在制度规范上不仅不排斥,而且需要引入"地区平等"概念。

二、"地区平等"概念的理论价值

"地区平等"概念作为宪法学研究中的"闯入者",在与现行宪法和法律规范相契合的同时还需要与宪法学理论相"对接"。

首先,"地区平等"概念的引入,对于实现"人人平等"有极其积极的意义。"人"始终是法学研究,特别是宪法学研究的出发点。林来梵教授认为,"人"在公法上的问题,应可理解为宪法学的一个重大原初问题。[1] 近年我国法学界部分学者甚至认为宪法学就是"人学"。[2] 可见,无论是研究公民的基本权利,还是研究国家结构形式,只要是宪法学研究范围内的命题,都必须重视对"人"的研究。从某种意义上讲,宪法上人的尊严更倾向于是"属于基本权利体系之出发点,或是最上位之宪法原则,用于指导国家权力之运

〔1〕 林来梵:《人的尊严与人格尊严——兼论中国宪法的第38条的解释方案》,载《浙江社会科学》2008年第3期。

〔2〕 陈驰:《论宪法学的人学特色》,载《四川师范大学学报》(社会科学版)2006年第6期。

行”。[1] 人是不可能孤立存在的，从物质空间上看必须依存于特定的“地区”，其基本权利的实现和保障，只有在特定空间范围内讨论和研究才有意义，否则只能是镜中花、水中月。但恰恰是“地区”因素，人为割裂了国家与公民的联系，偶然抑或必然造就了人与人因为“地区”不同所产生的各种差异。从公民平等权的原理来分析，有的差异是合理的，有的差异则是不合理的。因此，无论是将地区作为平等权的主体，还是将公民作为平等权的主体，只要在研究平等问题时纳入“地区”因素，对推进“人人平等”都是大有裨益的。

其次，“地区平等”概念的引入，有利于增强对公民权利的平等保护。平等是一个与自由相互影响、相互约束的概念，平等从一开始就有防御权力、制衡权力的性质。公民的平等权首先就是形式意义上的平等，要求国家不干预或减少干预个人自由，从而抑制权力，张扬权利。即使强调通过政府积极作为的国家干预实现平等，也要注意平等权的主导因素仍然是形式平等，防止国家权力凌驾于公民权利之上。公民的平等权在某种程度上是十分脆弱的，立法权、行政权、司法权甚至自治权都有可能通过各种方式对其限制甚至剥夺，且救济渠道未必畅通，救济成本也相对较高。因此，引入“地区平等”概念，也就是在公民平等权外面又套上了一层“盔甲”。特别是公民平等权容易受到中央政府有关部门权力影响和干涉的情况下（如制定高校招生名额分配标准），强调“地区平等”，对于避免中央有关部门权力的任意并施加必要的约束，对于保护公民平等权的作用是很明显的。虽然“基本权利的价值体系确以自然人的尊严和自由为基础”，[2] 但地区的宪法地位及行为活动不仅具有延伸本地区居民个体尊严和自由保护的价值，而且还在一定意

---

〔1〕 林来梵：《人的尊严与人格尊严——兼论中国宪法的第 38 条的解释方案》，载《浙江社会科学》2008 年第 3 期。

〔2〕［德］克劳斯·施莱希等：《德国联邦宪法法院——地位、程序与裁判》，刘飞译，法律出版社 2007 年版，第 143 页。

义上承载着当地居民对本地的历史传承、文化认同和荣誉感。正如有的学者所指出的,“地区团体法人绝非国家统治制度的环节,而是个人尊严与自由的延伸,并得与个人一道处在抵御国家侵害的境地”。[1]

最后,“地区平等”概念的引入,对于丰富中央与地方关系的研究模式和路径具有积极意义。有条件地承认地区的宪法主体资格与平等权主体地位,将给中央与地方关系的深刻调整带来强劲的动力。地区是一定领域、一定人口和特定机关的结合体,在不同的法律关系之中,地区扮演的角色是不一样的。地区与居民之间的法律关系,主要是地区的特定机关与居民的法律关系,包括立法机关与居民之间是委托授权关系,行政机关与居民之间是行政权力关系。但地区与中央之间,如果简单认为地区是中央的附属或者组成部分,那么必然导致地区责任感的消解,也不利于发挥地区的积极性和主动性,同时还会增加中央的财政支出和信息成本。支持地区作为具有宪法主体资格的平等权主体角色出现,意味着地区享有制定规则、行政管理、先行先试、受益等基本权利,这就要求国家在传统的人权义务之外,还要承担起尊重、保障和实现地区平等的义务。引入“地区平等”概念,在法律上形成中央与地方的“对等”关系,有利于将命令式的中央与地方的权力关系,转化为对等的权利关系,明确中央政府行为的边界和尺度,从而“把权力关进制度的笼子里”。正如有的学者所指出的:“在宪法理论中明确地方法人团体的基本权主体地位并实现基本权的宪法保护,是基层政权制度的必由之路”。[2]

三、“地区平等”概念的实践需求

平等是人类孜孜追求的一种重要的价值观,最能触及人们内心深层的

---

〔1〕 王建学:《论地方团体法人的基本权利能力》,载《政法论坛》2011 年第 5 期。

〔2〕 叶海波、秦前红:《基层政权建设的若干思考——基于“下级政府状告上级政府第一案”的分析》,载《中国宪法学年刊》(2007 年卷),法律出版社 2008 年版,第 104 页。

情感，是一个政权是否具有合法性，是否能够得到人民拥护和承认的价值观基础。[1] 毛泽东同志在《论十大关系》中就从工业布局的角度强调了内地与沿海的地区平等问题。周恩来同志在谈到少数民族地区的发展问题时，也提出，“我们不能使落后的地方永远落后下去……我们社会主义国家，是要所有的兄弟民族地区、区域自治的地区都现代化。全中国的现代化一定要全面地发展起来”，[2] 更加清晰地点明了“地区平等”的奋斗目标。邓小平同志在改革开放之初也多次强调：“我们允许……一部分地区先好起来，目的是更快地实现共同富裕”。[3] 以先富带动后富，就是在效率优先的前提下兼顾公平，同样也是实现地区平等的一个路径。可以说，中国共产党在执政实践中始终注意并努力实现“地区平等”理念。历年国务院的政府工作报告的有关论述（参见附录4）以及新中国成立后的地区政策（参见第四章），可以视为是对这一理念的追求和落实。

但值得注意的是，实践与理论还存在脱节之处，实践的发展往往超越了理论的引导，突出表现在：地区发展中的很多实践尽管体现出“地区平等”的理念，但却处于“无意识”的自主演进状态，有的缺乏理论上的提炼和引领，有的亟待理论上的论证和解释。这种理论指导缺位的情势，必定会影响实践运作，甚至会消解政策的实施效果。比如，从区域协调发展总体战略到主体功能区战略再到党的十九大以来提出的京津冀协同发展、长江经济带、粤港澳大湾区建设、长三角区域一体化发展等国家战略，其背后的一个重要支撑因素就是保障各地区平等发展的机会以及各地区在相互合作中具有平等地位。又如，中央政府清理规范税收等优惠政策，[4] 特别强调各地区一律不得自行制定税收优惠政策，避免产生地方保护，防止各个地区不公平竞争。

---

〔1〕 参见朱应平：《论平等权的宪法保护》，北京大学出版社2006年版，第116页。

〔2〕 中央文献研究室：《周恩来选集》（下卷），人民出版社1984年版，第266页。

〔3〕 《邓小平文选》（第3卷），人民出版社1993年版，第227~228页。

〔4〕 参见《国务院关于清理规范税收等优惠政策的通知》（国发〔2014〕62号）

这在实质上就是消除优惠政策不合理的地区分布，保证各地区参与竞争的机会平等。又如，我国的对口“援疆”和“援藏”战略，是一种主要由中央政府主导的，组织相对发达地区对落后地区进行帮助和支持的具有中国特色的政府间横向关系。[1] 这种模式并非是中央依法采用的转移支付方式，而是通过政治号召的方式启动的发达地区财政对落后地区特定地方的直接援助。从意识形态角度看，这是对邓小平同志“先富带后富”的政治承诺的一种落实方式，但如此大规模的地区间财政支持和人力援助，宪法上如何进行解释？法律上的依据何在？这就需要引入“地区平等”等概念，对“援疆”“援藏”的合宪性进行论证进而通过明确地区的平等地位和权利义务，确保政府间横向合作的规范化和法治化。再如，2015 年修改的《立法法》普遍赋予所有设区的市平等的地方立法权，也是“地区平等”理念的体现。一方面，改变了设区的市人为分为经济特区、省会城市、经国务院批准的较大的市以及普通设区的市这四类的不公平现状，在立法权限的配置上实现同一类地区受到平等的对待；另一方面，立法法并非直接赋予所有设区的市地方立法权，而是赋予其立法的“资格”即“权利能力”，至于其是否具有立法的“行为能力”，还需要省、自治区的人大常委会综合考虑设区的市的地域面积、人口数量、经济社会发展情况以及立法需求、立法能力等因素来确定。这些鲜活的实践，都内在蕴含着“地区平等”的理念，但缺乏理论上的总结和提升，甚至与一些主流观点存在分歧和冲突。因此，引入“地区平等”这一概念，既是对既往执政思路、发展理念的提炼，也是对现行发展过程中丰富多彩的地区发展实践需求的总结和回应。

---

〔1〕 参见庄晓华：《中国政府间横向关系浅析》，载《理论与现代化》2006 年第 4 期。

第三节　“地区平等”概念的规范分析

一、关于平等

“平等是人意识到别人是和自己平等的人，人把别人当作和自己平等的人来对待。”[1]对平等的追求，是人类社会永恒的主题，既是王朝更迭、制度更替的内在动力源，也是平等权存在的最初形态和价值基础。[2] 直到近代，平等才与自由、财产一道作为最重要的三大基本人权被宪法所确认，客观上要求将人作为独立、自由的人格主体，尽管存在天赋、门第、种族、性别等方面的先天差异，但应当在法律上受到平等对待。[3]

依据宪法学的平等理论，平等可以分为实质平等和形式平等。[4] 实质平等注重结果平等，不管先天是否存在各种差异；形式平等则更加侧重过程平等和机会平等，强调的是人格平等和身份平等。现代国家的平等主要是形式平等，同时兼顾实质平等。形式平等必然允许差别规定，关键是差别规定是否具有合理的根据和是否在合理的限度之内。如果差别规定不具有合理根据或者虽具有合理根据但超出合理限度，就可能违反平等原则、构成歧视。无论对象是公民还是“团体”（包括地区），这一标准都适用。

引入“地区平等”这一概念而非“地区均衡”“地区平衡”等概念，主要有以下几点考虑：第一，“均衡”“平衡”等带有浓郁经济学意味的术语，某种程度上更加凸显地区差异的结果而非描述地区之间差异产生的过程。而“平

---

〔1〕［德］马克思、恩格斯：《神圣家族》，载《马克思恩格斯全集》（第2卷），人民出版社1957年版，第48页。

〔2〕参见韩钢：《平等权的存在形态及其内涵》，载《齐鲁学刊》2010年第2期。

〔3〕参见林来梵：《从宪法规范到规范宪法——规范宪法学的一种前言》，法律出版社2005年版，第106页。

〔4〕参见胡锦光：《论我国城乡平等选举的进步与问题》，载《法学杂志》2010年第7期。

等”不仅是对结果的描述，而且也包括对过程的判断，因而可以全面涵盖地区权力配置差异、地区政策公平性以及公民权利地区差异等诸多内容。第二，平等有多重含义，“可以是人类追求的理想目标、价值观以及作为理论体系化的政治法律理论，也可以是权利和制度”。[1] 因此，平等之中内在蕴含着公平、人权、正义、自由等宪法的价值与法治的理念。引入“地区平等”的概念，可以自然而然地将宪法的价值判断与法治的价值观念导入中央与地方关系的研究之中，导入地区发展实践和地区政策程序之中，对于实现央地关系的法治化、地区政策的制度化极有裨益。第三，“均衡”“平衡”等术语尽管也可以进行定量的分析，但总体而言是对地区发展、地区差异的定性的描述，不能从法律规范上形成一个可衡量、可判断的标准。而“平等”作为权利的面貌出现，则已在长期的宪法实践中形成了一系列判断的标准和成熟的学说。“平等”本身也是一个具有张力的概念，具有极为宽广的解释空间，可以因地制宜、因时而变，包容性很强。因此，导入“地区平等”的概念，有助于将长期以来形成的平等权规范要素结构、平等权的拘束主体、平等的司法审查技术规范、合理正当差别待遇等内容适用于丰富且复杂的地区发展与合作、地区政策的制定、地区权力的配置等实践之中。

二、关于地区

地方制度是一个国家宪法体系的重要组成部分，与整个国家制度的联系十分密切，也与个人的权利息息相关。一个国家总是包含层次和种类不同的地方，这些地方相互或者与国家之间形成各种关联，形成了丰富多彩的大国地方发展图景以及纷繁复杂的宪法法律关系。按惯常的表述，特别是《宪法》第三条第四款的表述，在央地关系的研究中一般都使用“地方”的概念，既可以与“中央”相呼应，又能够与“地方制度”相融合。

---

〔1〕 朱应平：《论平等权的宪法保护》，北京大学出版社2004年版，第17页。

但本书引入“地区平等”的概念而非“地方平等”，主要基于以下几点考虑：第一，“地方”从词源来看，具有与整体性相对的局部性、与全国性相对的远离国家性等含义，[1]意味着接近个人的局部区域，但在各国的法律体系中，这个局部区域包括多大的范围，则差异很大，[2]在概念的指向性上存在不确定性。在美国，“地方”指的是州以下的地方团体。在欧洲，“地方”经常指的是次中央级及以下的地方团体。比如，意大利宪法规定的城市、省、大都市和大区；法国宪法规定的大区、省和市镇。我国的法律概念中，“地方”的范围更加广泛，包括中央以外的所有单位。宪法文本中所称的“地方”，则包括从省、自治区、直辖市、特别行政区直到市、县、乡镇等所有非中央的区域或单位。第二，本书所研究的“地区”，主要是指中央次一级的同级政区，包括省、直辖市、自治区和特别行政区。但现行法律规范和授权决定中所创设的一些特殊的地区设置，比如经济特区、较大的市、经济开发区、自由贸易区等，虽然并非省级的地区设置，但对于所在地区的发展影响重大，同样也要纳入研究的视野。还有一些并非法律规范中认可的，但广泛存在于政治文件或政策文件中的“地区”，比如“老少边穷”，对于我们研究政府横向援助与地区平等的关系同样具有重要价值，因此也要作为研究对象。总之，“地区”这一概念与“地方”相比，指向性更清晰，同时包容性也更强一些。

三、地区平等的两个维度

本书所研究的地区平等包括地区和公民两个维度。

第一个维度是以地区作为平等权的主体。本书将利用一定篇幅，专门论证无论是单一制还是联邦制国家，地区都应具有宪法主体资格，即地区具有宪法权利能力，能够行使宪法赋予的权利，承担宪法规定的义务，作为主体参与宪法法律关系之中。因此，本书所研究的地区平等，首先是各地区宪

---

〔1〕 参见罗竹风：《汉语大词典》（第2卷），上海汉语大辞典出版社1997年版，第1019页。

〔2〕 参见王建学：《作为基本权利的地方自治》，厦门大学出版社2010年版，第23页。

法主体资格的平等，即对处于同一层次（特别是国家次一级）的地区不能在宪法主体资格方面予以区别对待。即便是在法律规范和实践运作中存在一般地方（省、直辖市）和特别地方（自治区、特别行政区）的区分，也只是在具体权限的分配上存在不同，而非在主体资格上"亲疏有别"。其次是作为权利主体的地区，就如同公民一样，地区所享有的各项权利也可以区分为基本权利与一般权利。本书认为，地区享有的基本权利，包括国政参与权、规则制定权、行政管理权、制度创新权、财政权、获益权、平等权七项，这是确保每个地区存续宪法主体资格、获取公正发展机会、开展对内对外活动的底线性权利，每一个地区都应当平等享有并得到宪法保障，无论何种理由都不能剥夺或区别对待。这是确保地区平等的一项重要保障。至于基本权利之外，地区还实际享有什么权利、承担什么义务，乃至基本权利的范围存在哪些差异，则是一个社会问题或者政治问题，取决于各个地区实际的行为能力、历史机遇、国际环境背景、国内政治考量等因素。最后，中央制定法律法规，出台地区政策，应当充分听取地区意见，注重地区公平参与，符合平等原则。对于地区之间的差别对待，特别是对于特定地区的特殊政策或特殊照顾措施，应有合理的理由，并经过正当程序、符合比例原则。

第二个维度是以公民作为平等权的主体。本书在论述中央政府保障和促进地区平等的宪制责任时，用一定篇幅论述了公民权利平等与地区身份之间的关系，强调原则上公民的权利，特别是基本权利不应与其出生地或居住地挂钩，这是一个统一的民族国家的必然要求，也是中央政府应当承担起的宪制责任。公民权利的地区差异（不平等）主要包括两种情况：第一种是处于不同地区的公民权益存在实现程度上的不同。有的是自然原因或历史原因造成的，比如不同地区经济发展水平不同，导致公民的生活水准和社会保障存在差距。有的则是人为原因或制度原因造成的，比如中央政府在财政转移支付、全国人大代表名额分配、高等院校招生名额分配等方面存在地区之间的不均衡，将直接导致公民的选举权、受教育权、社会保障权等存在地区差别。这些地区差别是普遍存在的,有的是宪法平等权所允许的,有的则是宪法平等权所反对或禁止的。第二种是某一地区的政府对本地居民和外来人口规定不同的待遇(利益)、义务(负担),这就导致了公民因其地区身份而受到区别对待。哪些权益或义务可以区别对待,哪些权益或义务不可以区别对待,涉及的情况十分复杂,需要从宪法关于平等权的审查标准来深入探讨。

总体来说,地区平等的两个维度虽有主体差异,但有密切联系。因为主体不同,所以地区平等的宪法审查标准也有所不同,有的适用于地区主体但不适用于公民主体,有的则相反。但两者的关系十分紧密。从根本目的来看,人是第一位的,地区平等问题的最终宪法价值在于促进公民权利的平等。但从实行路径来看,离不开地区主体的平等权的实现。地区处于国家与公民之间,公民生活在特定的地区,公民各项权利包括基本权利的实现有赖于该地区的法治水平、文明程度、经济发展等具体条件,也有赖于中央资源在不同地区之间的公平合理分配。因此,地区主体的平等权利是公民主体的平等权利的前提条件和重要保障。

第三章

地区平等问题的现实考察

纵览古今中外，任何一个国家，无论疆域大小、人口多少、实力强弱，都要分区域实现国家治理。不管统治者有多么高明、多大权威，“永远不可能直接控制到全国的每一个地方和每一个个人，总是要分而治之的”。[1] 对于立宪者来说，建国所要考虑的一个核心问题就是国家权力如何在全国政府与区域政府之间进行划分。目前，学界关于中央与地方关系的研究可谓“汗牛充栋”，尤其是中央与地方的权限划分问题更是热点中的焦点。实行中央集权，有利于实现国家统一、维护中央权威，但也可能造成管理低效，抑制地方活力；实行地方分权，虽然有利于充分发挥地方熟悉情况、便利管理的优势，但也可能导致各个地方各自为政，无法形成“集中力量办大事”的制度优势。纵观古今中外的中央与地方关系，总是在集权与分权之间徘徊反弹，有时实现了国家崛起，有时导致了国家衰败。破译其中隐藏的“密码”，是诸多学人孜孜以求的目标。

其实，对于中央政府而言，不仅要面对与各个地方政府的分权问题，还要面对不同地方之间的差异问题。分权不当，可能造成国家分裂、民族失和、经济乏力；差异过大，同样会导致严重后果。中国是一个幅员辽阔、人口众多、各地经济社会文化发展很不平衡的大国。中国很大，领土最北端的漠河北极村已是白雪皑皑，领土最南端的曾母暗沙仍是烈日炎炎；太阳在领土最东端的黑瞎子岛刚刚升起的时候，领土最西端帕米尔高原的人们才刚刚入睡。中国地形很复杂，有高原也有盆地，有平原也有江河。从地理概念来看，可以分为东部地区、中部地区和西部地区，还可以分为沿海地区和内陆地区，其发达程度均为逐步递减。从经济角度来看，可以分为发达地区和欠发达地区，既有完全是发达地区的区域，也有完全是欠发达地区的区域，但绝大多数是两者交错存在的区域。从国土空间开发思路和开发模式来看，

---

〔1〕 王振民：《中央与特别行政区关系：一种法治结构的解析》，清华大学出版社2002年版，第11页。

可以分为优化开发区域、重点开发区域、限制开发区域和禁止开发区域,[1]还可以分为城市化地区、农业地区和生态地区三类。区分的标准既要看这些地区的自然属性,如生态环境,也要看这些地区的社会属性,如发展程度。研究中国的中央与地方关系,不能忽视发展不平衡的现实国情。实现中国这样一个大国治理体系与治理能力的现代化,必须兼顾地区平等问题。

第一节　地区不平等的客观现象

有的学者在分析地区差异现象时,曾引用相关文献对“地区差距”“地区不平等”“地区均衡”三个概念进行了比较分析。[2] 他(她)将“差距”当作一个中性概念,只是对经济状况或者现象进行客观中立的描述,本身不含有价值判断成分;“不平等”“非均衡”虽然都是以“差距”所反映出来的经济状况或现象的差异作为研究和分析的基础,但与“差距”相比,“不平等”“非均衡”还反映出国家、社会或者公民对地区差距的价值判断倾向。[3] 因此,我们是以一定的价值倾向出发,如公平、正义、法治、人权等,描述目前我国客观存在的地区不平等现象。

一、客观能力不平等

不同地区对中央决策的影响力不同,与中央进行利益博弈、与其他地区

---

〔1〕 参见《全国主体功能区规划》(国发〔2010〕46 号):“优化开发区域是经济比较发达、人口比较密集、开发强度较高、资源环境问题更加突出,从而应该优化进行工业化城镇化开发的城市化地区。重点开发区域是有一定基础、资源环境承载能力较强、发展潜力较大、集聚人口和经济的条件较好,从而应该重点进行工业化城镇化开发的城市化地区。限制开发区域分农产品主产区和重点生态功能区。禁止开发区域是依法设立的各级各类自然文化资源保护区域,以及其他禁止进行工业化城镇化开发、需要特殊保护的重点生态功能区。”

〔2〕 参见刘雅露:《缩小地区差距的财政政策研究》,经济科学出版社 2000 年版,第 17 页。

〔3〕 参见张启春:《中国区域差距与政府调控——财政平衡机制和支持系统》,商务印书馆 2006 年版。

进行利益竞争的能力也存在不平等。目前，我国共有 34 个省级行政区域（包括 23 个省、5 个自治区、4 个直辖市、2 个特别行政区），其客观能力存在明显不均衡。

与一般省份相比，4 个直辖市在建制之初，就承载了不同的国家战略，不仅深刻影响中央决策，而且在利益博弈和竞争方面存在明显优势。比如，北京是我国宪法确定的首都，是全国的政治中心、文化中心，也是中央党、政、军领导机关办公所在地。[1] 一方面，“近水楼台先得月”，由于国家部委、金融机构和各大央企、著名高校云集，北京的发展本身就具有先天优势，在信息获取、政策扶持、资金支持、人力资源等方面与其他地区可能处于不平等竞争的状态。另一方面，首都“在一定时期内是国家某个领域的活动中心，是一个国家的象征，一个民族精神的归宿与寄托，也是一个国家在一定时期内最富有活力与创造力的地方”，[2] 自然也会受到国家的特别扶持和特殊对待。比如，为了保障首都用水，国家启动了南水北调的中线工程，70% 的水源从陕西汉中、安康、商洛地区至丹江口水库汇聚调水，再从河南南阳流出，最终供应北京。这一工程流经长江流域、淮河流域、黄河流域，沿线地区在土地、移民等方面都提供了巨大支持。

又如，根据宪法和民族区域自治法的规定，上级国家机关，特别是中央政府负有“帮助民族自治地方加速发展社会主义建设事业”的法定义务。“援藏”就是一个典型例子。新中国成立后，从国家统一、领土安全和民族团结的大局出发，中央就组织和动员各部门、各地方支持西藏的发展和进步。改革开放以来，中央加大了对西藏的支持力度，极大地推动了西藏经济社会发展和人民生活水平提高。1994 年中央召开的第三次西藏工作座谈会，正式作出对口支援西藏的重大决定，确定了“分片负责、对口援藏、定期轮换”

---

〔1〕《国务院关于北京城市总体规划的批复》（国函〔2005〕2 号）。

〔2〕辛向阳、倪建中主编：《首都中国：迁都与中国历史大动脉的流向》，中国社会出版社 2008 年版，第 3 页。

的援助形式。在“中央关心西藏、全国支援西藏”的形势下,西藏经济发展取得了瞩目的成就。统计资料显示,西藏的 GDP 在 1994 年以后一直保持 10% 以上的增速,特别是在 2001 年中央召开第四次西藏工作座谈会之后,西藏的交通、城建、农牧业发展等都明显改善,GDP 连续多年保持 12% 以上的增速。以至于不少人认为,“财政补贴政策和对口支援政策支撑着西藏现代经济的运行和发展”。[1] 据统计,三年多来,“援疆”项目累计实施 3670 个,“援疆”资金拨付 395 亿元;与新疆开展 4100 多个经济合作项目,到位资金 4070 多亿元,帮助培训 42 万多人次干部人才;中央各部门在投资、土地、财税、产业、进出口、金融、干部人事等方面出台了一系列倾斜政策;中央财政的转移支付大幅增加,3 年多来共计安排 7263 亿元转移支付,并安排 832 亿元中央预算内基建投资。[2]

对于台湾地区问题,改革开放后,中央政府提出了“和平统一,一国两制”的新思想,但最先在香港特别行政区和澳门特别行政区的历史性回归中进行了实践。其中很重要的一条就是为了避免武装实现统一,内地与香港特别行政区、澳门特别行政区尽最大可能求同存异,最大限度降低国家统一标准,允许香港特别行政区、澳门特别行政区保持原有制度,不再事事追求全国统一。王振民教授根据宪法和香港特别行政区基本法(以下简称香港基本法),总结了中国不再追求全国统一的若干方面:允许香港特别行政区与内地社会制度、生活方式可以不统一,法律和司法制度可以不统一,在行政管理上不再追求全国统一,不再追求经济上的全国一体,意识形态可以不统一,独立的人权保障标准和机制,允许香港特别行政区有自己的区旗区徽,不同的国家安全标准,在国际上相对独立的地位。[3] 中国虽是单一制国家,但香港特别行政区和澳门特别行政区所享有的自治权力,在某些方面甚至大于联邦制国家州的权力,

---

〔1〕 刘彦昆:《从 30 年“援藏”看“援疆”》,载《小康》2010 年第 7 期。
〔2〕 参见中央预算决算报告、新疆维吾尔自治区预算决算报告。
〔3〕 王振民:《“一国两制”下国家统一观念的新变化》,载《环球法律评论》2007 年第 5 期。

比如发行自己的货币、独立的边境控制等。对此，当初不少人是持反对态度的，他们主张在通过武力或和平谈判实现国家统一后，建立一个全国上下高度一致的国家，把港澳台地区作为一般地方行政区域给予同等待遇，不允许享有特别的自治权。王振民教授称为“保守思潮在国家统一问题上的反映”[1]是十分恰当的。香港和澳门回归以后，中央在多个方面予以了特殊支持，不仅范围广泛，而且力度也远超内地其他地区。[2] 可以说，这些自治权力的取得和

---

〔1〕 王振民:《中央与特别行政区关系:一种法治结构的解析》,清华大学出版社2002年版,第74页。

〔2〕 参见国务院新闻办公室《“一国两制”在香港特别行政区的实践》白皮书。主要包括:(1)支持香港特别行政区应对风险和挑战。比如,1997年亚洲金融危机爆发并迅速蔓延,港元受到国际投机势力狙击,香港金融市场动荡,与美元挂钩的联系汇率制度遭受冲击,金融体系的稳定受到严重威胁。中央政府郑重宣布,将不惜一切代价维护香港特别行政区的繁荣稳定,坚决支持香港特别行政区政府维护联系汇率制度,坚持人民币不贬值。又如,2008年下半年国际金融危机爆发后,中央政府高度关注香港受到的影响,同年12月即推出支持香港经济金融稳定发展的14项政策措施。2009年1月,中央政府再次推出包括中国人民银行与香港金融管理局签署2000亿元人民币货币互换协议在内的一系列政策举措。此后,国家领导人在访问香港期间又先后宣布多项支持香港发展经济、改善民生,加强与内地交流合作的政策措施。这对提振港人信心、增强抵御风险能力、刺激香港经济复苏发挥了积极作用。(2)支持香港特别行政区巩固和提升竞争优势。比如,支持香港开展个人人民币业务、发行人民币债券、开展跨境贸易人民币结算试点等,奠定了香港人民币离岸市场的先发优势。又如,继2003年签署CEPA并于2004年1月实施后,内地与香港陆续签署和实施了10个补充协议。内地对原产于香港的产品全部实行零关税。再如,中央政府应香港特别行政区政府请求,逐步扩大“个人游”试点城市,目前已达49个城市,超过3亿人口。截至2013年年底,内地共有1.29亿人次的游客通过“个人游”方式到香港旅游。据香港特别行政区政府测算,2012年“个人游”为香港带来相当于本地生产总值1.3%的增加值,创造了超过11万个职位,占本地整体就业的3.1%。(3)支持香港特别行政区与内地加强各领域的交流合作。比如,支持香港特别行政区与内地深化经贸合作,香港已成为内地最大的境外融资中心。截至2013年年底,在香港上市的内地企业797家,占香港上市公司总数的48.5%;在香港上市的内地企业总市值13.7万亿港元,占香港股市总市值的56.9%。又如,设立CEPA联合指导委员会,监督CEPA的执行并解决执行过程中的问题,拟定CEPA内容的补充及修订等;在出入境管理、海关、检验检疫、金融、公共卫生、旅游等领域建立合作机制,相互沟通情况,共同处置突发事件,打击违法行为等。(4)确保对香港基本生活物资的安全稳定供应。受自然环境限制,香港所需的淡水、蔬菜、肉禽等基本生活物资主要由内地供应。自20世纪60年代初内地开通供应香港鲜活冷冻商品的“三趟快车”并建设东深供水工程以来,中央政府和有关地方全力保障对香港食品、农副产品、水、电、天然气等的供应。截至2013年年底,香港市场活猪95%、活牛100%、活鸡33%、河鲜产品100%、蔬菜90%、面粉70%以上由内地供应,供港食品合格率一直保持在较高水平。2013年,广东按照与香港新修订的协议对香港供应淡水6.06亿立方米。自1994年起,大亚湾核电站向香港供电,每年供电量占全港电力总消耗的1/4。2013年,内地向香港供应天然气25.31亿立方米。

特殊政策的扶持是来之不易的,既是实现国家和平统一的代价和承诺,也在某种程度上造就了香港和澳门在地区竞争与发展中的优势地位,对于保持香港和澳门的长期繁荣稳定意义重大。

二、发展水平不平等

中华人民共和国成立之初,百废待兴,各地区经济发展基础有很大差距。大区制取消后,中央按照计划经济模式进行管理,集中掌握着国家绝大部分资源的计划、调拨、分配权力,并通过组织行政化方式对企事业单位产生重大影响。[1] 由于地方缺乏必要的自主性,计划经济又比较倾向于直接面对企事业单位而非各地方,在"吃大锅饭"的背景下,各地区的经济社会发展差距并不是那么显著。改革开放之后,国家实行梯度放权的非均衡地区政策,不同地区经济发展水平的差距呈现逐步扩大的趋势。东部沿海地区凭借先行先试的东风和中央设立经济特区、经济技术开发区、保税区等特殊政策扶持,充分利用濒临港澳台等有利的地理环境、良好的发展基础和充足的人才储备,在经济社会等各方面都取得了长足发展。改革开放后形成的"长三角""珠三角"等主要经济带,就主要分布在迅猛发展的东南沿海地区。与此形成鲜明对照的是,尽管有小平同志"让一部分地区先富裕起来"之后"先富帮后富"的"共同富裕"承诺,国家也注意通过西部大开发、东北振兴、中部崛起等地区发展战略解决地区间经济发展严重失衡的问题,但广大内陆、边疆以及落后地区的中小城镇由于地理位置、自然禀赋、人才数量等各方面的因素长期得不到发展,使地区之间的差距越来越大。

描述中国的地区差距并不容易。衡量地区差距的指标主要包括经济指

---

〔1〕 杨小云:《新中国中央与地方关系沿革》,世界知识出版社2011年版,第98页。

标（最常用的是GDP和人均GDP），社会发展指标（UNDP的HDI[1]影响较大，此外还有物质生活质量指数）[2]，此外还可以采用各地政府财力指标（人均财政收入和支出）。[3] 仅仅选取一种指标，特别是绝对指标来衡量我国的地区差距，得出的结论可能有失偏颇。因此必须综合考察不同类别的指标，才能得出更加客观公允的判断。此外，有的经济学者还专门研究了区域差距的测度方法，主要包括绝对差异指标（标准差和极差等）和相对差异指标（变异系数、基尼系数以及塞尔系数）。这些对于研究地区平等问题具有很重要的参考价值。

所谓国内生产总值（GDP），就是在一定时期内，一个国家或地区范围内所有常驻单位进行生产活动的成果。对于地区而言，GDP就是地区生产总值，人均GDP就是一定时期内按常住人口平均计算的GDP。这是目前为止，大家公认的反映一个地区经济活动的最重要的指标，也是对地区差距最直观的反映。从GDP来看，根据2014年国家统计局统计的数据，[4]我国各省经济总量排名，广东、江苏、山东、浙江四省分别以62,163.97亿元、59,161.75亿元、54,684.33亿元、37,568.49亿元占据前四名，全部处于东部沿海地区。而位居后十名的省、市（自治区），西藏、青海、宁夏、甘肃、贵州、新疆、云南、重庆位于中西部地区。排名最高的广东的GDP（62,163.97亿元）是排名最后的西藏的GDP（807.67亿元）的近77倍。如果考虑上人口

---

〔1〕 人类发展指数（Human Development Index，HDI）是由联合国开发计划署（UNDP）在《1990年人文发展报告》中提出的，用以衡量联合国各成员国经济社会发展水平的指标，是对传统的GNP指标挑战的结果。人类发展指数由三个指标构成：预期寿命、成人识字率和人均GDP的对数。这三个指标分别反映了人的长寿水平、知识水平和生活水平。

〔2〕 物质生活质量指数（Physical Quality of Life Index，PQLI）是为测度物质福利的水平而开发的一个综合指标，该指标是由1975年曾任美国海外开发委员会主席的詹姆斯·格蒙特和客座研究员大卫·莫里斯的指导下，由美国海外开发委员会提出的，于1977年作为测度贫困居民生活质量的方法正式公布，旨在测度世界最贫困国家在满足人们基本需要方面所取得的成就。

〔3〕 张启春：《中国区域差距与政府调控——财政平衡机制和支持系统》，商务印书馆2006年版，第33~34页。

〔4〕 国家统计局官方网站“国家数据”。

因素,从人均 GDP 来看,根据国家统计局 2012 年统计数据,[1] 排名前三位的分别为天津、北京、上海,排名后三位的分别为贵州、云南、西藏,排名最高的天津人均 GDP 是排名最后的贵州人均 GDP 的 4.7 倍。

联合国开发计划署从 20 世纪 90 年代开始,每年发表《人类发展报告》,对全世界 170 多个国家和地区进行人类发展指数(HDI)排名,主要指标是收入、教育、人均寿命和卫生保健状况等。同时,联合国开发计划署也充分运用 HDI 指标,长期跟踪研究中国各地区社会发展,比如文盲率的下降、平均寿命的延长、公共卫生条件的改善、婴儿死亡率的降低等。这一指标对于研究中国各地区社会发展的非均衡情况具有很重要的意义。该机构 1994 年发表的《人类发展报告》指出,中国、埃及、尼日利亚和巴西是世界上社会发展地区差距比较悬殊的四个国家,建议中国政府对此予以关注和谨慎处理。1996 年《人类发展报告》曾列出世界上人类发展指数地区差异较大的国家,中国位居全球第二,仅次于巴西。1997 年《人类发展报告》再次指出,巴西、中国和印度的人类贫困指标(HPI)的地区差别十分明显;中国西部地区 HPI 高达 44%,其中贵州 55%;沿海地区 HPI 为 18%,其中北京不到 10%。如果在 78 个发展中国家的各个地区排位,贵州为倒数第 5 位,北京为第 5 位。[2] 1997 年在 174 个国家和地区中,中国的人类发展指数排位为第 98 位,其中西藏和青海为第 147 位和第 135 位,北京和上海为第 27 位和第 25 位。因此,到了 2003 年,该机构再次指出,用 HDI 作为衡量标准,中国各地区人类发展指数在世界上的排位差距十分显著,中国国内的地区差距几乎相当于甚至超过发达工业国家与贫穷国家之间的差距。

---

〔1〕《中国统计年鉴 2013》,《中国区域统计年鉴 2013》。

〔2〕转引自胡鞍钢、邹平:《社会与发展——中国社会发展地区差距研究》,浙江人民出版社 2000 年版,第 34 ~ 35 页。

三、公共服务不平等

作为实现公民权利平等和机会平等的前提条件，每一个公民都有权平等分享改革发展成果，平等享受基本公共服务。在一个快速发展、财富迅速积累的国家，人与人之间的贫富差距比一个虽然贫穷但基本均衡且低度分化的社会更加触目惊心，也更容易激起处于弱势地位公民的不满情绪。[1]为了保障社会底线公平，政府有义务向公民提供相对均等的公共产品和公共服务，满足人们需求。如果说不同地区的经济发展水平存在较大差异，是自然因素和人为因素相结合的结果，那么不同地区的基本公共服务存在较大差异，更大程度上讲是人为因素。这不仅不利于公民的起点公平和机会平等，而且可能导致公民很难实现迁徙自由。人力资源被人为地进行地区阻隔，长久而言不利于国家统一市场的发展。

关于基本公共服务的范围，不同国家和地区的标准也各不相同。比如，按照联合国“COFOG”体系，政府基本公共服务包括四个方面。[2] 按照国际货币基金组织的分类，政府基本公共服务包括十大类。[3] 从我国实践来看，国务院将基本公共服务定义为：“建立在一定社会共识基础上，由政府主导提供的，与经济社会发展水平和阶段相适应，旨在保障全体公民生存和发展基本需求的公共服务”。[4] 需要强调的是，享有基本公共服务是公民权利，

---

〔1〕 参见基本公共服务均等化研究课题组：《让人人平等享受基本公共服务》，中国社会科学出版社2011年版，第2页。

〔2〕 参见[美]萨尔瓦托雷·斯基亚沃-坎波、丹尼尔·托马西：《公共支出管理》，张通译，中国财政经济出版社2001年版，第77页。包括：普通公共服务与公共安全，社会服务（包括教育事务和服务、健康事务和服务、社会保障和福利、住房、供水、文化等方面），经济服务（包括燃油和电力、农林渔业、交通运输与通信等方面），以及未按大类划分的支出（如政府间转移支付等）。

〔3〕 参见IMF, Government Finance Statistics Manual（October 31, 2002）。包括：一般公共服务、防务、公共秩序和安全、经济事务、环境保护、住房和社会福利设施、医疗卫生、娱乐文化和宗教、教育、社会保障，每一个大类下面还有若干小类。

〔4〕《国家基本公共服务体系“十二五”规划》。我国的基本公共服务范围，一般包括保障基本民生需求的教育、就业、社会保障、医疗卫生、计划生育、住房保障、文化体育等领域的公共服务，广义上还包括与人民生活环境紧密关联的交通、通信、公用设施、环境保护等领域的公共服务，以及保障安全需要的公共安全、消费安全和国防安全等领域的公共服务。

政府有责任提供基本公共服务。现实中,我国所推进的基本公共服务均等化,主要还是限定于保障民生基本需求的公共服务,“其目标是全体公民都能公平可及地获得大致均等的基本公共服务,核心是机会均等,而不是简单的平均化和无差异化”。[1]

目前,在我国不同地区之间,还远远没有实现基本公共服务的均等化。比如,非均衡发展的义务教育。从普及程度看,适龄儿童辍学率从1994年至2004年的10年间,由1.85%下降到0.59%,达到历史最低水平,基本普及小学教育。但从均衡发展的角度看,各地方的义务教育普及水平仍呈现东部高于中部,中部高于西部的格局。比如,以2004年为例,西部地区人均受教育年限仅6.7年,比全国平均水平低1.3年;15岁以上文盲、半文盲占总人口数比重为9.02%,高于全国平均水平2.3%。[2]

从教育经费水平来看,2008年全国预算内义务教育经费5200.82亿元,但各地区教育投入的总量水平极不平衡。东部地区约2043.76亿元,中部地区约1483.13亿元,西部地区约1718.93亿元。从生均预算内义务教育经费来看,三个地区的生均预算内公用经费支出的极差率从1993年的3.02,扩大到2005年的3.33;三个地区的普通初中生均预算内公用经费极差率从1993年的2.55,扩大到2005年的3.49。从2005年各省义务教育生均预算内教育事业支出来看,全国最高的省份是上海,高达8222.59元,全国最低的省份是河南,仅为865.28元,相差达到9倍多。从2005年各省农村小学生均预算内公用经费支出来看,全国最高的省份是上海,高达143.90元,最低的省份是安徽,仅为3.31元,相差高达43.47倍。[3] 可以说,无论是教育投资总量,还是人均教育经费,各个地区之间的差别都十分悬殊。

---

〔1〕《国家基本公共服务体系“十二五”规划》。

〔2〕参见基本公共服务均等化研究课题组:《让人人平等享受基本公共服务》,中国社会科学出版社2011年版,第16页。

〔3〕参见袁方成:《农村义务教育均等化:现状与改革》,载《华中师范大学学报》(人文社会科学版)2008年第3期。

从医疗卫生领域来看,北京人口仅占全国人口的1.2%,但医疗卫生经费占全国总量的6.46%;上海人口仅占全国人口的1.39%,但医疗卫生经费占全国总量的5.13%。两个城市以不足全国3%的人口,占用了全国近12%的医疗卫生经费。[1]

还有一个比较典型的例子是由来已久的"南北分界线取暖"问题。我国南北供暖的分界线是秦岭—陇海线,此线以南地区一律不集中供暖。姑且不论是否具有科学依据,值得追问的是,划定这样一条分界线,把全国分为集中供暖的北方地区和没有集中供暖的南方地区,是否合乎平等原则和正当程序?在历史发展过程中,这条线主要是中国南北地理气候的分界线。分界线两边气候差异大,主要意义是对农作物的生长以及当地民居建筑起参考作用。一百多年过去了,全球气候变化很大,当初从农耕角度划定的界线,却仍是国家确定集中供暖区域并加以资金支持的标准。这种以南北分界线"一刀切"来决定是否集中供暖的做法,对接近分界线的周边地区来说并不公平。在我国"供暖线"以北地区的集中供暖城市里,一方面,城镇居民在取暖季每月能领取数百元的取暖费;另一方面,供暖企业还会获得相应的财政补贴。但在南方,不仅没有国家层面的政策支持,集中供暖更是一种享受性的消费。[2] "一刀切"划定南北界线,对过渡地区居民的生活质量有显著影响。正如上海交通大学陈宪教授所说的:"国家集中供暖线在一定程度上是一条'福利线'。"在集中供暖问题上尚存在"南北之争",在事关资源、资金分配的其他领域,采取什么标准、划定什么杠杠,都可能引起是否导致地区不平等的争论。

---

〔1〕 参见高新才:《我国公共医疗卫生服务的区域非均等化分析》,载中国(海南)改革发展研究院:《中国公共服务体制:中央与地方》,中国经济出版社2006年版,第68~69页。

〔2〕 参见何道岚、蚁畅:《"南北分界线"取暖之痛 补贴力度决定供暖覆盖》,载《广州日报》2014年11月18日版。

四、公民权利的差异

国家尊重和保障人权是我国现行宪法作出的庄严承诺。无论采用什么样的国家结构形式,中央与地方的权限如何进行配置,从终极意义上都必须以人权保障为出发点,因为无论中央政府还是地方政府,都是为人服务的。宪法规定,公民在法律面前一律平等。平等既是一项权利,也可以说是一项基本的宪法原则,这就决定了该条款在宪法解释上具有极大的解释空间和旺盛的生命力。其基本要求是,公民不因种族、民族、肤色、性别、语言、职业、政治观点、宗教信仰、财产状况、出生地点、居住区域、户籍、家庭和其他身份差异,在宪法和法律上具有平等地位,平等享有宪法和法律赋予的各项权利,平等承担宪法和法律规定的各项义务,平等参与国家政治、获得发展机会、承担法律责任、接受司法救济等。但是,因为地区差异或者地区歧视,公民权利可能存在不平等的情况。由于这些差异和歧视不是直接作用于公民本身,而是通过地区呈现出来,所以比较容易受到忽视。但是,“作为统一国家的公民,个人权利在原则上不应取决于其碰巧出生或生活的地区……中央应尽快取消那些没有存在理由的地区权利差异”。[1]

目前在中央与地方事权的划分上,很少存在绝对的地方事权,绝大多数事权是中央和地方共管。特别是分税制以后,财权配置上倾向于中央,事权与财权不匹配。加上民族自治地方和特别行政区的建制,公民权利存在明显的地区差别。因此,在公民基本权利保障方面,不少都受制于地区因素。

比如,选举权平等既包括投票权的平等,即每一名选民在一次选举中只有一个投票权,一人一票;也包括选票效力的平等,选票不因投票人的身份、地位、民族、种族、性别、年龄的不同而在效力上有所差别,每一张选票价值相等、效力相同,在候选人当选中的作用相同。但落实到代表名额分配上,却存在地区不平等现象。以人口较多的河南和人口较少的青海两省作比

〔1〕 张千帆:《权利平等与地方差异:中央与地方关系法治化的另一种视角》,中国民主法制出版社2011年版,第3页。

较:据2010年第六次全国人口普查数据,河南省9402.3567万人,青海省562.6722万人,相差近17倍。但第十二届全国人大代表名额分配,河南省170名,青海省22名,相差近8倍。根据2011年修改后的选举法,全国人大常委会根据各省、自治区、直辖市的人口数,按照每一代表所代表的城乡人口数相同的原则,以及保证各地区、各民族、各方面都有适当数量的代表的要求分配全国人大代表名额。此外,为了保证地区平等,有关法律文件〔1〕还明确规定了地区基本名额数。由此可见,虽然代表名额分配除了地区因素以外还要考虑其他各方面的因素,但在强调"地区平等"的前提下仍然存在如此悬殊的差异,对于保障不同地区公民选举权的平等无疑是不利的。

又如,大学招生指标制度与各地区公民,特别是考生平等受教育的权利密切相关。以北京大学2000年的招生结果为例。河南与山东考生的录取标准明显高于北京,但都是采用标准分,不适宜直接相类,故选择湖北和黑龙江为例。当年北京大学录取湖北考生的文理科高考最低成绩分别是599分和629分,录取黑龙江考生的文理科高考最低成绩分别是593分和626分,但录取北京考生的文理科高考最低成绩分别是551分和593分,差距十分悬殊。〔2〕之所以以2000年为例,是因为除了上海以外,当年其他省份采用同一张高考试卷。在阅卷标准大致均衡的前提下,对一名考生而言,考入北京大学的概率并不完全取决于自身努力,而是自己所在的地区。越来越多的省份在2002年后相继实行"自主命题",但不能掩盖地区不平等的事实。由于没有改变大学招生录取的地区配额制,基本上一直在维持各地不平等的配额。越是经济发达、教育质量高的地区,本地考生获得高等教育机会的概率越高,不仅没有对偏远不发达地区的适当照顾,反而拉大了本来就存在的教育资源不平衡的鸿沟,人为导致了公民受教育权的不平等。

---

〔1〕 第十一届全国人大第五次会议审议通过的《关于第十二届全国人民代表大会代表名额和选举问题的决定》。

〔2〕 参见张千帆:《中国为什么需要平等的大学招生制度》,载《探索与争鸣》2010年第7期。

再如,民族自治地方的少数民族公民、香港特别行政区和澳门特别行政区的中国公民,在公民权利方面,与其他省(市)的公民存在明显差异。根据《宪法》第五十五条,公民有依照法律服兵役和参加民兵组织的义务;根据《宪法》第五十六条,公民有依照法律纳税的义务。根据香港基本法和澳门基本法,香港和澳门的中国公民没有服兵役的义务,也没有向中央政府纳税的义务。《宪法》第二十五条规定,国家推行计划生育,使人口的增长同经济和社会发展计划相适应;第四十九条第二款规定,夫妻双方有实行计划生育的义务。根据民族区域自治法和一些民族自治地方的单行条例,少数民族公民可以不实行计划生育。

第二节 地区不平等的影响因素

无论是地区之间的发展差异,还是公民权利的地区差异,成因都是极其复杂的。有的差异源于自然条件。比如有的西部省份沙漠面积占据了很大比例的国土面积,不仅不适于农作物生长,而且不适于人类居住。最典型的就是历史上就以“苦瘠甲于天下”而闻名的甘肃定西。[1] 但有的东部省份绝大部分国土空间是可利用的耕地或者水网密布,古时就适于农业,现时又有沿海的区位优势,得风气之先,适于发展工商业。典型的是浙江嘉兴,处于杭嘉湖平原,气候湿润,土地肥沃,人文发达,环境优美,确有“钱塘自古繁华”的不凡气度。这是大自然的不公平之处,也是一个统一的国家必须要面对的难题。因为某些人为的因素,造成了出生或生活在不同地方的公民享受不同的权利、待遇和生活条件。我们研究地区平等的宪法内涵,很重要的

---

〔1〕 改革开放前,定西的绝对贫困面高达76%,水土流失面积超过90%,大多数农民过着“全天两顿粥、三代一床被、草皮做燃料、洪水解饥渴”的日子;当地有个顺口溜,叫作“地下无宝、地上无草、山上无鸟”,可见生态环境之恶劣。

一项内容就是分析影响地区平等的诸多“非自然因素”。这是本书的其他部分具体分析影响地区平等的制度、政策、措施的前提和基础。

一、区划

行政区划是确立地区的重要宪法步骤，某种意义上讲是给地区颁发“出生证”。我国宪法规定，批准省、自治区和直辖市的建制是全国人民代表大会的一项重要职权，批准省、自治区、直辖市的区域划分是国务院的一项重要职权。一个地区（这里主要是指中央次一级的区域）能否成建制，疆域范围有多大，尽管有很强的历史延续性，但也是各种“非自然因素”所决定的。一个地区的“个头”有多大，“家底”有多强，在起始阶段就与行政区划密切相关。行政区划的调整十分敏感复杂，因此新设或者撤销一个地区，中央都是特别慎重的。行政区划对地区平等影响重大。因此，调整或完善行政区别，有必要将地区平等因素纳入决策考量视野，努力实现各个地区起点平等。

二、人口

行政区划确定之后，一个地区的人口数量也就大致确定下来。有的地区人口多一些，有的地区人口少一些，人口在地区之间也是呈现非均衡分布。人口资源是一种宝贵资源，也是分析地区平等问题的重要参照因素。一些重要的全国性资源在地区之间的分配，就要考虑到人口因素。比如，全国人大代表名额的分配，必须要坚持“地区平等”，只有这样才能保证大致上实现“一人一票、同票同权”，实现公民选举权的平等。如果代表名额与本地人口的比例在地区之间存在较大的差距，就意味着各地公民选举权的实现程度存在不平等。又如，高等教育招生名额的分配是分省进行的，虽然有的学者认为“招生不是选举，不应按照各地人口分配招生名额”，但笔者还是很赞赏中国政法大学2006年在原则上按人口比例分配招生指标的改革勇气。

虽然全国范围内的录取标准仍然是不统一的,但在一定程度上纠正了长期以来存在的招生名额和人口数量比例的失调,对促进公民受教育权平等是有积极意义的。

三、立法

立法是制度设计的过程,也是权力与利益分配的过程。有的法律确定了地区权力配置的差异与公民权利的不同,比如地方组织法、民族区域自治法、香港基本法和澳门基本法。从权力配置看,比如立法权,与一般省份的立法权相比,自治区的立法权包含了对国家立法的变通权,香港和澳门的立法权自主范围更大,只要不与宪法和基本法抵触即可。从公民权利看,香港和澳门的公民没有服兵役的义务,也没有向国家纳税的义务,民族自治地方的公民则在选举权和被选举权、计划生育等方面有一些特殊保障。有的地方性法规则有可能违背地区平等原则,对本地居民和外来居民在权利享有方面、对本地企业和外地企业在市场准入方面规定不同的条件。有的条件没有正当理由,或者违背比例原则,造成公民或法人权利方面的地域歧视。

四、政策

地区政策是影响地区平等,特别是机会平等的重要因素。比如改革开放后,我国实行非均衡的地区发展政策,特殊照顾东部沿海地区,为这些地区的发展提供更多政策优惠和发展机会。相比而言,中西部地区不仅缺乏发展机会,自身底子也十分薄弱,实现地区均衡发展极其困难。西部大开发则带有一定的纠偏和补偿的意味,对西部地区予以政策资源的各种倾斜,推动西部地区的发展。但需要注意的是,在不同的历史时期,随着经济发展水平的提高,机会平等性也应相应提高,因为财政资源的扩大为提高机会平等性提供了现实可能性。[1] 换言之,没有效率优先的地区政策,就不可能在短时间内让一部分地区先富起来,从而在全国层面增强经济实力,为帮扶后富起来的不发达地区提供物质基础和财政保障。

五、工程

历史上,封建王朝兴建的不少大型工程,尤其是跨区域的工程不仅对王朝兴衰产生了巨大影响,客观上也改变了地区面貌,加强了地区联系。比如秦始皇统一中国之后,在国防方面,将隔离各国的长城彻底废弃,同时将秦、赵、燕北部边境的长城连接起来,并进行扩展与修缮,第一次形成了一条西起临洮,东至辽东,长达万余华里的长城,对此后大统一帝国的国防产生了巨大影响;在水利方面,第一道疏浚开河令就是"决通堤防,疏浚鸿沟"。[2] 要求将鸿沟作为中心,通济、汝、淮、泗等水。秦朝修建长城,统一了帝国国防,将原先分散于各个国家的国防设施纳入中央手中。换言之,明确了中央对国防的绝对控制权;疏浚开河、重视水利,不仅有利于农耕,而且便于加强中央与地方的联系,促进地方之间的交流。隋朝则在统一天下之后就作出了贯通南北运河,修建京杭大运河的重大决定。这有经济方面的深刻原因。自秦汉以来,在很长一段历史时期里,中国的经济重心都在黄河流域,北方经济实力强于南方;到了魏晋南北朝,由于400多年的混乱使北方受到严重冲击,南方经济迅猛发展,成为全国经济重心。隋朝定都北方的长安,但经济上需要依仗南方,因此中央必须加强与南方富庶地区的联系,从而保障南方的粮食物资源源不断供给北方。此后历朝历代,一直到清朝晚期,无论是大一统的政权,还是偏安一隅的政权,都十分重视疏浚运河,建立发达的漕运体系。统治者通过运河这一重大工程,实现了全国范围内物质资源的调

---

〔1〕 参见胡鞍钢、魏星:《区域发展政策的公平性分析——机会平等视角下的实证研究》,载《公共管理学报》2009年第2期。

〔2〕《史记·秦始皇本纪》。

配,从而稳固了王朝统治的经济基础。与此同时,南北方的交流也在不断加强,深刻影响着南北地区的经济社会发展。由此可见,兴建跨区域的重大工程,会对地区发展产生深刻影响,也会直接关系到地区平等问题的实现。因为重大工程必然会出现“获益”地区和“奉献”地区的区别,只是在封建大一统的王朝,“溥天之下,莫非王土”,各个地区只有服从中央的唯一选择。新中国成立以后也陆续兴建了很多跨行政区划的重大工程,从全国范围来看,是有益于国家根本利益和人民长远利益的。但无论是筹划阶段还是实施阶段,都必须充分考虑到各个地区的利益,否则将会人为影响地区平等、造成地区差异。比如“西气东输”“南水北调”“三峡工程”,都是投资额上万亿元、影响十多个省区市上亿名民众的特大型工程。如果不妥善处理好工程的“获益”地区和“奉献”地区的利益关系,必然会影响工程进度和持续发展。

第三节　地区不平等引发的问题

由于地区不平等所引发的各地区在发展机会、基本保障、公民权利等方面的不均衡、不公平,成因是复杂的。有的是制度设计上的特殊考虑,比如民族区域自治法和香港基本法、澳门基本法,从国家统一和民族团结的大势出发,赋予特定区域不同于一般地方的特殊权力。有的是区域政策上的价值权衡,比如地区非均衡发展的放权改革,从“让一部分人、一部分地区先富起来”的效率原则出发,赋予经济特区、沿海沿边城市等先行一步、对外开放的特殊政策等。有的是客观原因,比如“钱塘自古繁华”,这些地区由于区位优势、资源优势、人力优势乃至气候优势等,在历史上就属于发达地区,所以才有“苏湖熟、天下足”[1]“湖广熟、天下足”等说法。有的是军事因素,比如

〔1〕 高斯得:《耻堂存稿·宁国府劝农文》卷五。

20 世纪 60 年代初期到 70 年代，从国防安全的角度实施的“三线建设”，将大量经济资源和新建项目向西南、西北和中南地区倾斜，缩小了这些地区与东部沿海地区的差距，但随着国际形势的变化，这一趋势并不具有可持续性。综合来看，无论地区不平等的成因是什么，客观上都引发了不少问题，值得我们关注和重视。

一、影响国家统一

国家统一的基本要素就是地方对中央具有向心力，中央对地方具有凝聚力。尽管受到各种非人为因素的影响，地区差异是不可避免的，但各种人为因素造成的地区差异，特别是地区发展机会和资源分配不平等导致地区差异不断扩大，将不可避免影响地方对中央的信赖。在英国，苏格兰地区的发展长期落后于英格兰、威尔士等地区，是苏格兰独立运动的重要推动因素，这也成为苏格兰独立公投失败后，苏格兰地方政府与中央政府谈判的主要诉求。在西班牙，加泰罗尼亚是最富有和工业化程度最高的地区，长期以来在经济、文化等方面相较于其他地区具有优势，滋生了独立主义运动，助长了分离主义情绪，拒绝为其他落后地区的高福利承担财政支付的负担，屡屡提出独立公投的要求。

中国是世界上人口最多的国家，地域辽阔，国情复杂，维护国家统一面临着内部和外部的双重威胁。对外，独立民主、和平发展的外交政策已经为中国赢得了几十年的战略机遇期和高速发展期。党的十八大以来，我国高举构建人类命运共同体旗帜，推动全球治理体系朝着更加公正合理的方向发展；坚持共商共建共享，推动“一带一路”倡议走实走深、行稳致远；运筹好大国关系，推动构建总体稳定、均衡发展的大国关系框架；做好周边外交工作，推动周边环境更加友好、更加有利；深化同发展中国家团结合作，推动形成携手共进、共同发展新局面；深入推动中国同世界深入交流、互学互鉴。[1]努力建立以合作共赢为核心的新型国际关系，显著改善了长期以来威胁国家统一的外部环境。但来自内部的威胁国家统一的种种因素不可忽视。地区不平等虽并不必然导致地区分离和独立，但过大的地区差异，尤其是在资源配置和政策支持上的不公平，往往容易成为分裂主义分子的口实。由此可见，运用法治思维和法治方式推进地区平等，逐步缩小地区差异，对维护国家统一和民族团结，意义重大。

二、强化地方保护

在一个统一的国家内，不同地区的经济社会发展程度不会绝对平衡，但严重的不均衡也不应被允许长期存在。[2] 因为只要有失衡，就会有流动，因为“水往低处流，人往高处走”，人总是会从欠发达地区向发达地区迁徙。人口流入地的政府为了维护本地居民的固有利益，自然也会采取种种方式形成壁垒，阻碍甚至阻止外来人口分享社会福利。目前，在北京、上海等特大城市和部分发达地区，非本地户籍人口在子女就学、医疗、社会保障、就业等方面享受不了同等待遇。这固然有这些地方政府担心外来人口急剧膨胀的理由，但从长远来看，发达地区如果对外来人口采取排斥的措施，通过画地为牢的方式固化地区不平等，保护既得利益，不仅违背市场经济对包括人力资源在内的要素自由流动的要求，而且可能产生“国中之国”，不符合统一的国家制度框架。

另外值得重视的是，由于目前的宪法框架没有赋予各地区平等、独立的主体资格，从宪法规范上将各地区看作中央的附属和派出，尚未充分发挥中

---

〔1〕 杨洁篪：《在习近平总书记外交思想指引下不断开创对外工作新局面》，载《人民日报》2017 年 1 月 14 日，第 7 版。

〔2〕 参见黄建军：《地域权利平等论纲》，载张千帆、[美]葛维宝主编：《中央与地方关系的法治化》，程迈、牟效波译，译林出版社 2009 年版，第 250 页。

央在推进地区平等、加强地区合作方面的宪制作用,各地区之间的交流、合作、互助缺乏制度化、规范化、程序化的保障,这往往导致市场分割的地方保护主义。在我国,地方保护主义有悠久的传统。“在中国,中央面对的,毋宁是两千多年来一直存在的地方主义问题”。[1] 特别是改革开放以来,地方获得了中华人民共和国成立以来甚至是历史上前所未有的自主权,在缺乏地区平等的机制保障下,地方保护主义成为影响经济健康发展的一大痼疾。2001年国务院印发了《关于禁止在市场经济活动中实行地区封锁的规定》,列举了八种地方保护行为;[2] 有的学者把改革开放以来的地方保护大体划分为三个阶段:第一个阶段在1985~1988年,地区原料大战;第二个阶段在1988~1992年,地区产品大战;第三个阶段在1992年以后,地区政策大战。[3] 有的学者把地方保护分为五类:权力壁垒、市场壁垒、技术壁垒、消费壁垒、采购壁垒。地方保护不断变换形式,越来越隐蔽,甚至通过地方立法使地方保护法制化、合法化。[4] 这种以省为单位的块块分割和地方保护,严重挑战了统一的市场,使各个地区变成一个统一国家中的“孤岛”。为什么通过双边或多边贸易协定,意识形态不同、社会制度不同、发展阶段不同的

---

〔1〕 孙隆基:《中国文化的深层结构》,广西师范大学出版社2004年版,第323页。

〔2〕 具体包括:(1)以任何方式限定、变相限定单位或者个人只能经营、购买、使用本地生产的产品或者只能接受本地企业、指定企业、其他经济组织或者个人提供的服务;(2)在道路、车站、港口、航空港或者本行政区域边界设置关卡,阻碍外地产品进入或者本地产品运出;(3)对外地产品或者服务设定歧视性收费项目、规定歧视性价格,或者实行歧视性收费标准;(4)对外地产品或者服务采取与本地同类产品或者服务不同的技术要求、检验标准,或者对外地产品或者服务采取重复检验、重复认证等歧视性技术措施,限制外地产品或者服务进入本地市场;(5)采取专门针对外地产品或者服务的专营、专卖、审批、许可等手段,实行歧视性待遇,限制外地产品或者服务进入本地市场;(6)通过设定歧视性资质要求、评审标准或者不依法发布信息等方式限制或者排斥外地企业、其他经济组织或者个人参加本地的招投标活动;(7)以采取同本地企业、其他经济组织或者个人不平等的待遇等方式,限制或者排斥外地企业、其他经济组织或者个人在本地投资或者设立分支机构,或者对外地企业、其他经济组织或者个人在本地的投资或者设立的分支机构实行歧视性待遇,侵害其合法权益;(8)实行地区封锁的其他行为。

〔3〕 参见熊文钊:《大国地方——中国中央与地方关系宪政研究——宪政论丛》,北京大学出版社2005年版,第82~83页。

〔4〕 参见辛向阳:《大国诸侯:中国中央与地方关系之结》,中国社会出版社2008年版,第488页。

国家之间都可以达成自由、开放的贸易体系,但一国范围之内的各个地区之间却一直不能达成类似的规定呢?为什么在联邦制的美国,较为“弱势”的中央政府可以运用宪法中的“州际贸易条款”,防止各州的歧视性立法损害州际贸易,维持北美大陆的经济统一;但在单一制的中国,较为“强势”的中央政府面对形形色色的地方保护、地方割据、地区封锁,却显得有些有心无力?一个不可忽视的原因是,地区的主体资格没有得到宪法的确认,地区之间缺乏平等交流、合作的法律框架,在发展基础不同、政策扶持不同的前提下,加上信息不对称,或许各自最佳的选择就是自我保护。这正是地区封锁和地方保护主义的真正动因。正如有学者所分析的,“处于政治锦标赛博弈中的地方由于不愿意进行区域合作与分工,对于那些双赢的区域合作机会反应冷淡”。[1]

三、激化地方竞争

改革开放以来,中央实行非均衡的区域发展战略,鼓励一部分地区先富起来。1982 年开始,中央首先赋予了广东和福建两省特殊政策,此后,又先后建立深圳、珠海、厦门、汕头、海南 5 个经济特区,1984 年开放上海、天津等 14 个沿海沿边城市,实行经济特区的部分特殊政策;国务院先后分四次共批准 19 个市为“较大的市”,赋予其地方立法权(尽管程序上还要省级人大批准,有人称为“半个立法权”)以及相当于省一级的经济管理权限等;此后,又陆续批准地方建立高新技术开发区和保税区,在税收、土地、财政等方面给予特殊政策。由于中央政府的区域政策是差异化的,对于一个地方而言,优惠政策享受得越多,经济发展机会越多,就越能够实现本地经济利益的最大化。这里有官员晋升考评标准的指挥棒因素,也有地方作为一个独立主体,日益追求各自经济利益的内在动因。因此,一旦获得了特殊政策,地方一定

---

〔1〕 周黎安:《晋升博弈中政府官员的激励与合作——兼论我国地方保护主义和重复建设问题长期存在的原因》,载《经济研究》2004 年第 6 期。

会用足用尽：只要是中央政府实行对经济发展有利的鼓励性经济政策，地方就赶快采取行动，最大限度利用政策空间；只要中央发出拟对地方经济不利的政策信号，地方就抓住最后的机会，突击采取行动；如果中央政策实行对本地经济不利的限制性措施，就千方百计采取灵活措施，以各种借口突破中央的红线。有的学者将这种现象称为“见到绿灯赶快走，见到黄灯抢着走，见到红灯绕着走”[1]的“三灯政策”，[2]十分形象。这在一定程度上也造成了“政令不出中南海”的中央调控失灵的严重后果。

由于中央的各种资源是有限的，对各地区而言，争夺这些资源，既要同中央博弈，也要同其他地区竞争。尤其是有利于引进投资的优惠政策和特殊政策，各地区不仅相互竞争，而且互相攀比。熊文钊教授生动记述了这一现象：你优惠，我比你还优惠；你开放，我比你还开放；你特殊，我比你还特殊。[3]这种为了争夺优惠政策的地区恶性竞争，不仅损耗了经济发展的效率和效益，而且人为引发了地区之间的矛盾和冲突。在某种程度上，享受特殊政策，特别是税收优惠的地区成为“政策洼地”，获得比其他地区更好的发展机遇，靠的不是提升地区竞争力的“内功”，而是依赖于外部政策刺激和中央资源倾斜，是以牺牲其他地区的发展机会、破坏公平竞争秩序为代价的。从长远来看，不利于国家经济的健康可持续发展，更不利于国家通过有序的地区竞争形成统一市场。

四、造成地域歧视

地域歧视是在贫富分化和地区差距的大背景下出现的一种较为普遍的

---

〔1〕参见熊文钊：《大国地方——中国中央与地方关系宪政研究》，北京大学出版社2005年版，第84页。

〔2〕参见熊文钊：《大国地方——中国中央与地方关系宪政研究》，北京大学出版社2005年版，第84页。

〔3〕参见熊文钊：《大国地方——中国中央与地方关系宪政研究》，北京大学出版社2005年版，第84页。

社会心理和文化现象。从法理上讲,“歧视”就是“区别对待”,地域歧视就是由于地区之间的差异而形成的一种对不同地区公民的“区别对待”。地区之间的文化差异、地区之间经济发展不平衡以及人类心理活动等各种因素,都可能诱发地域歧视。总体来看,地域歧视与经济社会发展差距的关系最为密切。由于地区之间在各方面的不平等,必然导致地区之间的差距;由于资源和政策争夺,地区之间必然会产生各种利益纠纷和利益冲突。这些反映折射到社会心理层面,就会导致占据相对优势地位地区人群的优越感。如果不从制度、政策、教育、文化等层面对这种优越感进行节制,而是放任其过度膨胀,那么必然导致对相对落后地区和弱势人群的地区歧视。带有地域色彩的歧视,与一国之内不同地区享受不同政策,不同地区公民享有不同权利、承担不同义务有一定关联。由于各地区经济社会发展不平衡,不只弱势地区容易遭到地区歧视,那些在高考录取、社会保障等方面属于“既得利益者”的优势地区,也容易遭到其他地区的不满甚至歧视。

从其他国家的实践经验看,地域歧视因与现代社会倡导的公平、平等、正义等理念相悖,而且对被歧视者不公平,不利于人权保护,更不利于国家统一,因此往往采取各种措施严格加以控制和约束,防止整个社会处于分散离心、难以整合的状态,导致“断裂社会”的出现。“断裂社会”绝不可能是和谐社会,更不可能是法治社会。解决地域歧视,既要从心理和意识层面入手,营造公平正义的社会氛围,又要从法治和经济层面入手,为每个地区、每个地区的公民提供平等的发展机会,缩小地区差异,促进地区平衡。

五、影响中央权威

在一个统一的国家,各地区的发展应当相对均衡,公民有权在各地享有大致统一的最低保障水平,有权自由迁徙,免受制度歧视,而各地方政府也不应该采取有违宪法平等权的歧视性政策。[1] 这是统一国家的价值，是宪法的宗旨，也是一国中央政府不可推卸的宪制责任，否则必然动摇中央权威，影响国家治理。《德国联邦基本法》第一百零七章第二节明确规定了中央政府保证“财政均衡”的法定义务。[2] 在美国，立宪者努力在联邦整体利益和各州的地方利益之间取得平衡，从美国联邦参议院的组成来看，无论大州小州都一律有两个名额，其主要功能就是代表各州的地方利益。联邦国会的一个重要职责就是在保证各州利益时，保护国家的统一和整体利益，以期达到全国利益和地方利益在宪法层面的平衡；而联邦最高法院，则承担了解决联邦和州权限纠纷的重要职能。联邦制国家基本上采用两院制，通过众议院代表人口，通过参议院代表地区，因此联邦制国家更像是一个合伙制的超级公司。与联邦制国家不同，单一制国家就像一个大家庭，中央政府就像家长，各地区就像子女，十个手指头也会有长有短，子女在客观能力等方面也会有差距。家长能否公平对待这些子女，是维系一个家庭内部团结的重要因素，也是保持家长权威、避免家族溃散的重要条件。在家庭资源有限的情况下，家长固然可以作出举全家之力为某个或某几个子女创造更好的就学就业条件的决定，但这些获取特殊优待的子女在成人成才之后如何“反哺”作出“牺牲”的兄弟姐妹，就是一个需要家长重视、全家协商的“平等”问题了。可见，中央政府在地区平等问题上承担重要的宪法使命，如果这个问题解决不好，势必影响中央权威。

---

〔1〕 参见黄建军：《地方权利平等论纲》，载张千帆、［美］葛维宝主编：《中央与地方关系的法治化》，程迈、牟效波译，译林出版社2009年版，第270页。

〔2〕 “（联邦法律）应保障财政强州与弱州之间的合理均衡，并适当考虑地方社团或社团联盟的财政能力与要求……这类法律还可授权联邦从联邦基金中拨款给财政弱州，以补充其日常财政所需要的资金”。

第四章

地区平等问题的制度因素

地区在一国宪法政治中发挥着承上启下的重要作用。一方面，相对于中央，地区是国家法律法规、中央决策政令得以贯彻落实的重要环节，对于维护国家统一也具有重要意义；另一方面，相对于公民，地区是开展经济活动、提供公共服务、保障公民权益的直接主体，是公民经常性打交道的对象。因此，实现地区平等，不仅有利于国家可持续发展，而且对保障公民平等权也至关重要。研究地区平等，首先要合理界定地区的宪法地位及其基本权限配置。在联邦制国家，先有地方后有中央，因此地区的宪法地位的确立先于联邦的宪法地位，其权限配置也是地区将必要权力授予中央，保留剩余权力。在单一制国家，先有中央后有地方。不少学者认为，只有中央具有宪法主体资格，地区处于附属、从属的地位，不具备独立的宪法主体资格，其权限配置也是完全由中央主导与授予，没有“剩余权力”。正因这一区别，在单一制国家，地区的“出生”与“出身”尤为重要，前者决定了宪法地位，后者左右着权限配置。立宪者在不同历史时期，根据国内外形势的发展变化，设立性质、内涵都有差异的地区，并进行必要的行政区划调整。因此，研究地区平等问题，要追根溯源，审视地区设立的法律依据、历史条件、客观因素等。只有这样，才能看出在权力配置上哪些差异是合理的，哪些差异是不合理的。

第一节　关于行政区划和行政建制

一个国家行使各项权能，必须具有领土空间和一定人口作为支撑国家结构的基础。但作为一个大国，出于治理成本、信息传递以及便利民众等各种考虑，又不得不将领土分成不同部分、区别不同层次，并分别设置国家机构，实施国家职能。恩格斯说，国家职能之一就是用区域划分其国民。行政区域就是这样一种人为设计的领土结构，无论中外古今，都存在行政区域。行政区域从何而来？从行政区划而来。行政区划就是“为国家行政机关实行分级管理而进行的区域划分”。[1] 某种程度上说,行政区划是一个国家在综合平衡各方利益、顺应历史、兼顾现实的基础上所进行的有目的、有计划、有价值倾向的政治行为,是实现国家治理的一项极为重要的宪法制度。所以有学者强调指出:“行政区域的划分,并不是地理学家的事,而是政治家的工作。”[2]行政区划往往不是一次性的行为,立宪之初的制度设计往往要根据实践需要不断进行调整,以适应国家统一、民族团结、经济发展、社会和谐等现实目标,同时受到经济、文化、民族、历史、地理等各种因素的影响,因而十分复杂。

行政建制就是国家根据行政区域的范围、层级等各种因素而设置的领土单位,其基本要素包括确定的地域、地域上的居民、管理这一地域及其居民的国家机关。比如,我国现行的省、市、县、乡、特别行政区、民族自治地方等;法国的省、大区、市镇、海外领地等。行政建制是中央与地方关系的核心要素,与一国的政治体制密切相关,关系着国家的统一与政权的巩固,通常由宪法直接规定。我国《宪法》第六十二条规定全国人民代表大会有权批准省、自治区和直辖市的建置;第八十九条规定国务院有权批准省、自治区、直辖市的区域划分,有权批准自治州、县、自治县、市的建置和区域划分。第三十一条规定了特别行政区的设立,同时明确全国人民代表大会按照具体情况,以法律形式规定特别行政区内实行的制度。可见,我国宪法中使用的“建置”一词与“区域划分”一词联合起来,就是行政建制的完整的含义。换言之,决定省级地区“出生”的,是最高国家权力机关——全国人民代表大会;决定省级地区“块头大小”的,是最高国家行政机关——国务院。本书所要研究的地区平等的“地区”,既包括中央所面对的省级地区,也包括省级地区所面对的次级地区(主要是设区的市),所要推进的平等也是同一层级地区之间的平等。但限于篇幅和能力,主要还是研究中央所面对的省级地区,

---

〔1〕《中国大百科全书·政治卷》。

〔2〕周振鹤:《中国历史地理十六讲》,中华书局2013年版,第36页。

因为这一层级宪法地位更加特殊,发展不平衡的情况也十分突出。正如有学者所强调的,“真正主要与中央发生联系的则是单一制下的省级单位,也就是省、自治区、直辖市以及特别行政区”。[1]

第二节　我国省级地区的制度设计

1949 年 10 月 1 日,中华人民共和国成立,推翻了“三座大山”,结束了几十年军阀割据、社会混乱、民不聊生的非正常国家状态,开始了社会主义革命与建设的历史新时期。开国者和立宪者从历史经验教训出发,深刻认识到,新中国必须正确处理好中央与地方关系,既要维护好国家统一和民族团结,又要充分发挥地方的积极性和主动性,因而在中央次一级的政区即省级地区的设置问题上,进行了摸索和尝试。

一、1949 年《共同纲领》

中华人民共和国成立之初,大规模的国内战争虽已接近尾声,但西藏、台湾等地还没有解放,港、澳的回归也没有提上日程,[2] 土地改革推进困难重重、斗争激烈,武装斗争仍在进行之中。这种形势下,在全国范围内建立统一规范的地方政权体系很不现实。但客观上讲,不建立地方政权,国家政权就

---

〔1〕 谭波:《我国中央与地方权限争议法律解决机制研究》,法律出版社 2014 年版,前言。

〔2〕 1949 年 10 月 14 日广州解放后,香港门户洞开。10 月 17 日,中国人民解放军第 15 兵团挥师南下直抵香港北部边界后一直按兵不动,毫无继续南进解放香港之意。解放军之所以勒马深圳河畔不开进香港,正是出于党中央对当时国际局势及香港问题的正确估计。随后港督葛量洪收到了中共通过秘密途径传来的香港维持现状的“三项条件”:(一)香港不能用作反对中华人民共和国的军事基地;(二)不许进行旨在破坏中华人民共和国威信的活动;(三)中华人民共和国在港人员必须得到保护。这三条要求合情合理,港英政府欣喜地感到不能错过这一良机,所以英国政府决定在西方国家中“率先承认”新中国,并在《华侨日报》上刊登了“毛泽东已保证香港地位安全,英国年内承认中共”的消息。

很难巩固。因此，《共同纲领》规定，对新解放区一律实施军事管制，由中央人民政府或者前线军政机关任命临时性的地方军事管理委员会，发挥地方政府作用，然后逐步过渡到正式的地方政府。换言之，我国地方政权体系的建立过程将与军事斗争同步进行，逐步从军事管制过渡到行政管理，实现国家权力从分散走向集中。从国家结构形式上看，这个"过渡形式"就是"大区制"。

当时的解放区，在中央与省之间，设立了六大行政区，具体包括东北、华北、华东、中南、西南、西北，并分别设立中央局代表中共中央。除了华北大区，其他五个大区都设立了行政机构。东北成立人民政府，华东、中南、西南、西北成立军政委员会，均由中央人民政府任命产生。根据《大行政区人民政府委员会组织通则》第三条，各大行政区是最高一级的地方政府，代表中央人民政府领导所辖省、市、自治区政府的工作。其具体的职能和任务包括："根据本大行政区的情况，医治战争创伤，建立新的社会秩序，建立人民政权，进行各种社会改革运动，恢复国民经济，开展各项工作"。[1] 为了履行这些职能和任务，大行政区拥有的职权比较广泛，包括立法权、行政权和一部分人事任免权。[2] 大行政区的设置有其特殊的历史背景，从某种程度上是对解放战争时期的军事管理体制的沿用，集中军事力量、行政力量等应对当时的复杂态势，完成新中国成立初期恢复经济、建立秩序的紧要任务。由于"战争年代所形成的惯例，大区在制定本地区的方针政策上具有相当大的主动性和积极性"，[3] 虽然有利于建立和发展省、区、市的政权，恢复国民经济，但削弱了中央的权力，不利于中央统筹各项资源，实现肃清残敌、巩固政权、进行土改、建设新的国民经济体系的迫切需要。特别是从 1953 年起，中国开始实施第一个五年规划，需要"全国一盘棋"，集中人力、物力干大事，有的重大项目还要跨大区、跨省进行，因此大行政区的设置就有点不合时宜

---

〔1〕 何国强：《当代中国地方政府》，广东高等教育出版社 1994 年版，第 74 页。

〔2〕 参见杨小云：《新中国中央与地方关系沿革》，世界知识出版社 2011 年版，第 91 页。

〔3〕 华伟：《大区体制的历史沿革与中国政治》，载《战略与管理》2000 年第 6 期。

了。1952 年 11 月,中央决定将各大区人民政府(军政委员会)一律改为行政委员会,从根本上改变了由各大区领导各省、区、市的做法,取消了大区作为一级地方政权的设置。在此期间,原来的省和地方的建制改为了 39 个省级行政单位,即 29 个省、8 个行政署、1 个自治区、1 个地方和 1 个地区。此后,原属大区管理的相关事项、掌握的相关职权,陆续被转交给中央各部门或者各省区市。1954 年 6 月,中共中央正式决定取消大区建制,由中央直接领导各省、区、市,同时进一步取消了地方的自主权限。该体制被 1954 年宪法确认。[1]

二、1954 年宪法

1954 年宪法第二章第四节从第五十三条到第六十六条,共计 14 个条文,规定了我国的行政区划,[2]并明确地方各级人民代表大会[3]和人民委员会[4]按照行政区域的划分设置及其具体权限。第二章第五节专门规定

---

〔1〕 参见王振民:《中央与特别行政区关系:一种法治结构的解析》,清华大学出版社 2002 年版,第 49 页。

〔2〕 (1)全国分为省、自治区、直辖市;(2)省、自治区分为自治州、县、自治县、市;(3)县、自治县分为乡、民族乡、镇。同时又规定,直辖市和较大的市分为区,自治州分为县、自治县、市;自治区、自治州、自治县都是民族自治地方。

〔3〕 省级地方人民代表大会在本行政区域内,行使下列职权:(1)保证法律、法令和上级人民代表大会决议的遵守和执行;(2)在职权范围内通过和发布决议;(3)规划经济建设、文化建设、公共事业、优抚工作和救济工作;(4)审查和批准预算和决算;(5)选举本级人民委员会的组成人员;(6)选举本级人民法院院长,省、直辖市的人民代表大会并有权选举中级人民法院院长;(7)选举全国人民代表大会代表;(8)听取和审查本级人民法院的工作报告;(9)改变或者撤销本级人民委员会的不适当的决议和下一级人民委员会的不适当的决议和命令;(10)保护公共财产,维护公共秩序,保障公民权利;(11)保障少数民族的平等权利。

〔4〕 省级人民委员会作为省级人民代表大会的执行机关,是省级的地方国家行政机关,在本行政区域内行使下列职权:(1)根据法律、法令、本级人民代表大会的决议和上级国家行政机关的决议和命令,规定行政措施,发布决议和命令,并审查这些决议和命令的实施情况;(2)召集本级人民代表大会会议,向本级人民代表大会提出议案;(3)领导所属工作部门和下级人民委员会的工作;(4)停止下一级人民代表大会不适当的决议的执行;(5)改变或者撤销所属各工作部门的不适当的命令、指示和下级人民委员会的不适当的决议和命令;(6)依照法律的规定任免国家机关工作人员;(7)执行经济计划,执行预算;(8)管理市场,管理地方国营工商业,领导资本主义工商业的社会主义改造;(9)领导农业、手工业生产和互助合作事业;(10)管理税收工

了民族自治地方的自治机关,明确了民族自治机关的宪法地位是"一级地方国家政权机关",也是在中央统一领导下的一级地方国家机关。从宪法制度设计上看,民族自治机关与我国普通地方国家机关存在着显著的不同。1954年宪法第六十七条规定,自治机关的形式可以依照区域自治的民族大多数人民的意愿规定。该条将自治机关形式的选择权赋予民族自治地方,没有以宪法、法律作出统一规定,是一项很特殊的授权。即使后来的香港基本法和澳门基本法,也没有赋予两个特别行政区自行决定政府结构的权力。民族自治机关除了行使1954年宪法规定的地方国家机关职权外,还依照宪法法律规定的权限行使自治权,主要内容包括财政、组织公安部队、制定自治条例和单行条例、语言文字等四个方面。[1]

这里值得一提的是西藏的和平解放。中华人民共和国成立后,中央人民政府综合考虑西藏的历史情况和现实问题,在发布解放军入藏命令的同时,从避免西藏各族人民遭受战争创伤的大局出发,提出了和平解放西藏的方针。经过各方努力,1951年5月23日,中央政府与原西藏地方噶厦政府签订关于和平解放西藏办法的协议(以下简称十七条协议)。如果我们把十七条协议[2]与39年后制定的香港基本法两相对照,会发现其中蕴含的政治思想和确立的统一模式,颇有共通之处。所以有的学者就指出,毛泽东在1948年阐述对中国的地缘政治的思考时,就把西藏与港澳台问题放在一

作;(11)管理交通和公共事业;(12)管理文化、教育、卫生、优抚、救济和社会福利工作;(13)管理兵役工作;(14)保护公共财产、维护公共秩序,保障公民权利;(15)保障少数民族的平等权利,省人民委员会并且帮助本省各少数民族聚居的地方实行区域自治,帮助各少数民族发展政治、经济和文化的建设事业;(16)办理上级国家行政机关交办的其他事项。

〔1〕(1)依照法律规定的权限管理本地方的财政;(2)依照国家的军事制度组织本地方的公安部队;(3)依照当地民族的政治、经济和文化的特点,制定自治条例和单行条例,报请全国人大常委会批准;(4)使用和发展自己的语言文字,保持或者改革自己的风俗习惯。

〔2〕十七条协议规定:"根据中国人民政治协商会议共同纲领的民族政策,在中央人民政府统一领导下,西藏人民有实行民族区域自治的权利。""对于西藏的现行政治制度,中央不予变更。达赖喇嘛的固有地位及职权,中央亦不予变更。各级官员照常供职。""有关西藏的各项改革事宜,中央不加强迫。西藏地方政府应自动进行改革,人民提出改革要求时,得采取与西藏领导人员协商的方法解决之。"

起，只不过西藏是传统的陆地边疆问题，而港澳台是近代中国才逐渐展现出来的海域边疆问题，二者既有不同的地方，也有相互贯通的地方。[1] 所谓相互贯通的地方，就是不断完善“国家统一”的标准，在尊重特殊的地方区域的历史和现实的基础上，尽量采用和平方式而非武力战争去实现统一的目标，把国家统一的代价降低到最小。但历史自有其发展逻辑，有时与人的主观意愿和制度设计相悖而行。“一国两制”最终没有在西藏成功实践。1957 年以后，达赖喇嘛支持武装叛乱，与境内外分裂势力相互呼应，公开撕毁十七条协议。1959 年 3 月，在境外势力策划鼓动之下，达赖喇嘛出逃至印度。1965 年 9 月 9 日，西藏自治区宣告成立。

从宏观的权限配置上，各省与直辖市大致均衡，至少在宪法制度设计上没有赋予某个省或直辖市特殊的权力；宪法虽然赋予了自治区比各省市更大的自治权，但由于中华人民共和国成立后很长一段时间，我国实行中央高度集权体制，“对地方政府的管理活动有强制命令的权力，有随时制止和纠正地方政府管理行为的权力”，[2] 因此自治区并没有因为权力配置上的“优势”而获取比其他地区更多的政策、更大的支持。反而是中央长期坚持民族团结的政策，给民族自治地方带来不少“实惠”。总体来看，1954 年宪法所确立的省级地区设置和权力配置，影响深远，其间虽有反复、波折，但大体沿用至今。

三、1975 年宪法和 1978 年宪法

1966 年，国民经济调整基本完成，国家开始执行第三个五年计划，形势正在好转。但不幸的是，一场长达十年、给党、国家和人民造成严重灾难的“文化大革命”在全国范围内爆发了，严重践踏了宪法法律的尊严。这一阶段的地区政权设置在实践中比较混乱，如地方人大事实上已经发挥不了作

[1] 参见强世功：《中国香港：政治与文化的视野》，三联书店 2010 年版，第 152 页。
[2] 高韫芳：《当代中国中央与民族自治地方政府关系研究》，人民出版社 2009 年版，第 62 页。

用,但在 1975 年宪法和 1978 年宪法中尚存有一些规范。

与 1954 年宪法相比,1975 年宪法在地方制度方面有如下几个重要变化。一是取消了行政区域划分的条款,只是在其他条款中提及了省、直辖市和自治区。二是地方各级人大常委会和人民政府被革命委员会所取代。这实际上是将“文化大革命”产生的新的政权形式“革命委员会”给宪法化了,“革命委员会”集党、政、军、法于一体,实行“一元化”领导。[1] 三是大幅度压缩地区权限配置条款,将地区的权限仅作笼统表述,[2] 这看似十分宏观,实则极其粗陋,既得不到有效执行,又提供了充足的行使法外权力的空间。四是大幅压缩自治机关条款内容。仅仅规定“可以依照法律规定的权限行使自治权”,但自治权的内容和范围究竟是什么,宪法中找不到依据,法律中也没有规定,实际上架空了民族自治地方的自治机关和自治权。1978 年宪法结合“拨乱反正”,对 1975 年宪法进行了很大篇幅的变动:一是恢复了行政区域划分条款,明确全国分为省、自治区、直辖市;二是仍然保留了地方各级革命委员会,但对地区权限作了简单的充实和完善,如增加了“保证宪法的遵守和执行”“保证国家计划的执行”“规划地方的经济建设、文化建设和公共事业”“保障少数民族的平等权利”等内容,但与 1954 年宪法的相关规定相比仍显粗陋,带有明显的过渡痕迹;三是适当充实关于民族自治地方条款,比如增加“制定自治条例和单行条例”等条款,但自治权的范围界定仍不清晰。

总体来看,从 1954 年到改革开放之前,全国的行政区划大致稳定,省级地区的范围一直是“省、自治区、直辖市”,只是地区的权限处于变动的过程之中。这一阶段实行计划经济,中央的权力直接渗透到最基层的单位、企业、组织和个人,中间层级的地区尽管也有法定的权力,但在资源调配等方面的主体性不甚明显。虽然民族自治地方具有自治权,但发挥也不够充分,

---

〔1〕 参见蔡定剑:《宪法精解》(第 2 版),法律出版社 2006 年版,第 400 页。

〔2〕 “在本地区内,保证法律、法令的执行,领导地方的社会主义革命和社会主义建设,审查和批准地方的国民经济计划和预算、决算,维护革命秩序,保障公民权利。”

与其他地区的区分也不甚清晰。在这段时间，中央与地方关系的矛盾主要还是体现在“条块矛盾”而非“块块差距”。各个地区之间的发展受国际形势、国内形势、中央指令等因素的影响，虽在经济总量、生活水平、公共服务等方面有差距，但不平等的问题没有凸显出来。这也从侧面反映出地区不平等问题的凸显，与市场经济条件下地区获得经济自主性，发展受到国家非均衡区域发展战略的直接影响有着密切关系。

四、1982 年宪法

1982 年 12 月 4 日，第五届全国人大第五次会议审议通过了现行宪法。这是新中国颁布的第四部宪法，与广纳民意、深得民心的 1954 年宪法一脉相承，同“文化大革命”色彩鲜明的 1975 年宪法、“左”的思想尚未彻底清除的 1978 年宪法进行了果断切割。现行宪法根据改革开放新时期的使命和任务，规定了国家的根本制度和根本任务，公民的基本权利和义务、国家生活的基本原则和社会活动的根本准则，为坚持和发展中国特色社会主义提供了根本保证。可以说，这是一部改革色彩鲜明的宪法，是一部贯穿开放思维的宪法，更是一部充分彰显人的尊严的宪法。1982 年宪法公布施行后，根据我国改革开放和社会主义现代化建设的实践和发展，在党中央领导下，全国人大于 1988 年、1993 年、1999 年、2004 年、2018 年先后五次对 1982 年宪法即我国现行宪法的个别条款和部分内容作出必要的，也是十分重要的修正。这五次修改，体现了党领导人民进行改革开放和社会主义现代化建设的成功经验，体现了中国特色社会主义道路理论、制度、文化发展的成果，对我国政治和社会生活产生了重要影响，有力推动和保障了党和国家事业发展，有力推动和加强了社会主义法治建设。改革开放的伟大实践证明，1982 年宪法是中华人民共和国成立以来最完善的一部宪法，是一部适应改革开放需要、保持长期稳定的宪法。现行宪法关于行政区划、地区设置及其权力配置的规定，是我国现行地方制度的宪法来源。

1979 年第五届全国人大第二次会议通过宪法修正案,确定县以上地方各级人民代表大会设立常委会,取消革命委员会,设立地方各级人民政府。1982 年宪法肯定了这一改革。在行政区划及其建制上,1982 年宪法既总体延续 1954 年宪法的制度设计,同时也有创新和发展。一是明确全国分为省、自治区、直辖市;二是规定国家在必要时得设立特别行政区,实行的制度按照具体情况由全国人大以法律规定;三是明确自治机关的组织和工作根据宪法规定的基本原则由法律规定,改变了 1954 年宪法对民族自治地方自行选择政权组织形式的特别授权;四是根据央地职权划分原则的宪法条款,在宪法、地方组织法、民族区域自治法以及香港基本法、澳门基本法中,对各省级地区的权限作了比较细致的规定,实现央地关系的法治化。

海南省、重庆直辖市和香港特别行政区、澳门特别行政区的建立,这是改革开放以后省级地区设置的重大变化。1988 年 4 月,经第七届全国人大第一次会议批准,海南成为我国第 31 个省以及面积最大的经济特区,有力推动了我国对外开放。1997 年,经第八届全国人大第五次会议批准,重庆成为我国第四个直辖市。这一决策与三峡水利工程关系密切:中央着眼于重庆特殊区位,发挥其地处长江中上游、工业基础雄厚、是中国西部经济中心之一的优势,便利三峡库区的移民安置,同时带动整个三峡库区乃至长江中上游地区经济社会发展的战略布局。海南建省和重庆直辖,从一个第二级政区上升为第一级政区,分别改变了与广东省、与四川省的关系,对地区平等产生了重大影响。

香港特别行政区和澳门特别行政区的建立,深刻改变了中国长期以来的统一观念。过去只有全国实现"一制",即各地在政治、经济、文化等各方面制度实现全国一统,才算实现国家统一。[1] 按照"一国两制"的伟大构想和香港基本法、澳门基本法,港澳在社会制度与生活方式、法律和司法制度、

---

〔1〕 参见王振民:《"一国两制"下国家统一观念的新变化》,载《环球法律评论》2007 年第 5 期。

行政管理、经济、文化教育和思想、人权保障标准和机制、区旗区徽、国家安全标准、对外交往等九个方面可以与内地不统一，同时根据宪法和基本法还被赋予了很大的自治权。这在最大限度上降低了实现国家统一的成本和代价，还在某种程度上激活了中国的国家结构形式，使之变得更加灵活、更加适应实际需要，但在客观上造成了不同地区之间的制度差异、权力配置差异，造成了统一国家内部的张力。

第三节　我国省级地区的权力配置

权力是宪法学中一个重要概念，指的是一种事实资格，主要内容是获取对方的服从。以权威来源的不同，可以区分专制和民主，判断权力行使的正当性。通过分权来制约权力，防止绝对权力形成绝对腐败，是宪法学的一个重要使命。纵向来说，权力还应当在中央与地方之间作必要的划分，有效防止权力的高度集中和垄断，同时使权力的运行效率和效益达到最优化。[1]现代国家主要有两种纵向配置权力的模式即国家结构形式，一种是单一制，另一种是联邦制。在单一制模式中，中央政府享有充分的甚至是独占的权力，可在全国范围内实现其意志；地方权力源于中央授权，地方自治也受制于中央政府。在联邦制模式中，中央政府与各成员政府之间的权力划分十分明确，无论是中央还是地方，都不得违反宪法关于权力边界的限定，任何一方都不能侵入其他一方的权力范围。省级（中央次一级）地区的权力配置，是研究地区平等问题的一个重要环节。对于地区而言，当市场经济的发展使地区产生了独立的经济地位、经济利益之后，权力配置就成为获取利益的重要前提。换句话说，从中央那里获取的权力越大，发展的起点就越高，

〔1〕 参见刘剑文等：《中央与地方财政分权法律问题研究》，人民出版社2009年版，第10页。

同其他地区的竞争就越有优势。但对于中央而言，对地区的权力格局如何配置，是大一些还是小一些，保持什么样的监督条件，则颇费深思，还需要综合考虑国家统一、中央权威、民族团结、均衡发展等各种因素。根据我国宪法和法律的规范，以权力配置为标准，可以将我国的省级地区分为三类：一是一般地区，如除我国台湾地区以外的其他省、直辖市；二是民族自治地区，即五个自治区；三是特殊区域，即香港特别行政区和澳门特别行政区。对其部分权力配置进行比较，可以看出对地区平等的具体影响。

一、关于集体参政权

一些学者认为，地方区域单位有没有国政参与权或集体参政权是判别单一制、联邦制的一个标准。王振民教授认为，在联邦制下，各邦（州）的人民有两种方式参与国家政治生活，第一种方式是以公民身份选举议员直接行使权力，组成下议院或众议院、平民院；第二种方式是以本邦或本州名义选派代表行使集体权力，组成上议院或参议院、贵族院。[1] 吴家麟教授认为，在单一制之下，人民创设了全国中央政府，而地方则是全国中央政府的创造物，因此人民只有第一项权力（选举代表直接行使权力），没有第二项权力（国政参与权）。[2] 笔者认为，以是否具有国政参与权（或集体参政权）作为区分单一制和联邦制的标准，并不科学。无论是单一制国家还是联邦制国家，每个地区都有参与全国政治的基本权利（力）和现实需求，这是一个国家保持统合和活力的重要前提。在联邦制国家，以美国为例，在联邦参议院，不论大州小州一律平等，都有两个参议员名额，其主要功能就是代表各州的利益，参与联邦重要事务的决策，在宪法层面达到联邦整体利益和各州地方利益的平衡与协调，从而体现各州对国家政治的参与。在单一制国家，

---

〔1〕 参见王振民：《中央与特别行政区关系：一种法治结构的解析》，清华大学出版社 2002 年版，第 25 页。

〔2〕 参见吴家麟：《宪法学》，群众出版社 1983 年版，第 247 页。

地方权力是中央授予的，没有所谓的“剩余权力”问题。但需要注意的是，中央不是自行组织的，而是由公民通过在地方上的全国性选举产生的。换句话说，公民通过各个地区选举产生的代表参与管理国家事务。特别是在部分没有实行全国直选的单一制、一院制国家，全国性议会的议员或代表是由中央次一级地区的议会选举产生的。在有的国家，同一地区当选的议员或代表还组成联合体或代表团。因而当选的议员或代表既代表本地区选民的利益，也代表本地参与全国性的政治决策过程。

根据宪法，全国人民代表大会是最高国家权力机关，由省、自治区、直辖市、特别行政区和军队选出的代表组成。根据全国人大议事规则，全国人民代表大会会议举行前，代表按照选举单位组成代表团，代表团有权审议全国人大常委会提出的主席团和秘书长名单草案、会议议程草案以及关于会议的其他准备事项并提出意见，还有权以代表团的名义提出议案、质询案、罢免案等。可以说，各地区的代表团在国政参与中具有十分特殊的地位，是议事的基本组织形式，其背后就是省、自治区、直辖市和特别行政区的国政参与权（或集体参政权）。从整体来看，各个地区的国政参与权在起点上是平等的，即不论该地区大小、代表多少，该地区都可以以代表团的名义提出各项议案，作为表达地方利益、启动政治决策的“门槛”。但如果考虑人口因素，即使修改后的选举法为了保证地区平等确定了专门的地区名额基数，各地区的国政参与权在结果上还是不平等的。因为地区名额基数较小，各地区的代表名额受多种因素的影响仍然存在较大落差，因而在最终表决中的分量存在较大的地区差异。

二、关于立法权

1. 地方立法权的确立和发展

中华人民共和国成立后直至 1979 年，享有地方立法权的只有民族自治地方。1979 年 7 月，第五届全国人大第二次会议修改地方组织法，赋予省

（区、市）人大及其常委会制定地方性法规的权力，这是我国立法体制的重大改革。1982 年宪法正式确立了省级人大及其常委会的地方立法权，并规定民族自治地方人大可以制定自治条例和单行条例。1982 年修改地方组织法，规定省、自治区人民政府所在地的市和经国务院批准的较大市的人大常委会，可以拟订地方性法规草案，提请省、区人大常委会审议。1986 年修改地方组织法，进一步规定：省、区人民政府所在地的市和经国务院批准的较大的市的人大及其常委会可以制定地方性法规，报省、自治区人大常委会批准后施行。2015 年修改的立法法则赋予所有设区的市及 4 个未设区的市地方立法权。全国人大及其常委会先后 5 次作出有关决定或决议，授权广东、福建、海南、深圳、厦门、汕头、珠海等地方人大及其常委会制定经济特区法规。[1]

2. 特殊地方的立法权

需要注意的是，我国有三类地区比一般地方享有更大的立法权限，即民族自治地方、经济特区和特别行政区。民族自治地方有权制定自治条例和单行条例；经济特区根据全国人大授权有权制定单行经济法规；特别行政区根据香港基本法、澳门基本法享有立法权。

（1）民族自治地方的自治条例和单行条例制定权。宪法、民族区域自治法和立法法规定，依照当地民族的特点，自治条例和单行条例可以对法律和行政法规的规定作出变通。同时，对变通权设置了两个限制条件：一是不得违背法律或者行政法规基本原则；二是不能对宪法和民族区域自治法的规定以及其他有关法律、行政法规专门就民族自治地方所作的规定作出变通。

---

〔1〕 1981 年第五届全国人大常委会第二十一次会议通过决议，授予广东、福建两省人大及其常委会制定所属经济特区各项单行经济法规的权力；1988 年第七届全国人大第一次会议通过关于建立海南经济特区的决议，授权海南省人大及其常委会根据具体情况和实际需要，遵循国家有关法律、全国人大及其常委会有关决定和国务院有关行政法规的原则，制定法规；1992 年第七届全国人大常委会第二十六次会议通过决定，授权深圳市人大及其常委会制定法规，在经济特区实施；1994 年第八届全国人大第二次会议作出决定，授予厦门市人大及其常委会制定经济特区法规的权力；1996 年第八届全国人大第四次会议又作出决定，授予汕头和珠海市人大及其常委会制定经济特区法规的权力。

自治条例和单行条例对国家法律、行政法规不能毫无限制地进行变通，必须依法进行。具体而言，下列规定不能变通：一是宪法的规定；二是民族区域自治法的规定；三是其他法律有关民族问题的专门规定，比如选举法专章规定各少数民族选举，已充分照顾到各少数民族选举中的特殊情况，因此不能再作变通；四是属于中央专属立法权限范围的事项，因为中央专属立法权限是为维护国家统一和国内市场统一，保障公民基本权利所必需的最低限度的统一立法权限，不属于民族自治地方可以灵活变通的范围；五是国家法律和行政法规中适合当地民族政治、经济和文化特点的规定。

(2)经济特区的单行经济法规制定权。这类授权立法在宪法和有关法律中没有明确依据，是通过全国人大及其常委会决定的形式授予的。根据授权制定的法规必须遵循宪法的规定和法律、行政法规的基本原则，范围主要是经济方面的法规，不涉及政治制度、司法制度等，并且只能在经济特区范围内实施。国家对于相关经济领域已经制定法律、行政法规的，但不适应经济特区实行市场经济、面向国际市场要求的，被授权的地方可以在遵循法律、行政法规基本原则的前提下作适当变通。

(3)特别行政区的立法权。根据“一国两制”方针，香港基本法、澳门基本法规定，港澳立法会有权制定法律，报全国人大常委会备案。外交、国防以及其他属于中央政府管理范围的事务不属于特别行政区立法范围，除此之外，港澳有权对特别行政区高度自治范围内的一切事务立法。但两个特别行政区的立法权是全国人大通过基本法授予的，特别行政区行使此项权力，必须符合基本法规定，不得超越国家授权，并接受中央监督，因此必须报全国人大常委会备案。

三、关于财政权

行政权的包括范围极其广泛，涉及方方面面，但落实到地方，归根结底就是两类：一个是财权，另一个是事权。前者决定有多少钱，后者决定办多少事。中央与地方的财政分权,是指地方政府从中央政府获得税收权并承担相应的支出责任,并自主决定预算支出规模和结构,[1]这直接决定了地方财权的大小和自主权的有无。根据香港基本法、澳门基本法,特别行政区财政独立;特别行政区财政收入全部用于自身需要,不上缴中央人民政府;中央人民政府不在特别行政区征税。因而在财权配置上,特别行政区的权限是最大的,也是独立和完整的。根据民族区域自治法的规定,民族自治地方的财政是一级财政,是国家财政的组成部分;民族自治地方的自治机关有管理地方财政的自治权。[2]在财权配置上,自治区尽管没有特别行政区那么独立和完整的财权,但有一定的自主权,在分配、支出和转移支付上,较其他省和直辖市,权限还是比较大的。这就说明在财权配置上存在地区不平等的问题,直接导致了各个地区财政能力的差别,也间接决定了各个地区公民所享受到的公共服务的品质。

各个地区在集体参政权、立法权和财政权等方面的权力配置不平等,是影响地区竞争能力的重要因素。在本书的其他章节,我们还要进一步探讨,单一制国家的一个地区,应当具备哪些基本的权力才能独立履行相应的职责,成为一个具有宪法资格的主体;如果权力配置确有不统一、不一致的必要,那么,哪些是长期性的,哪些是短期性的,赋予一个地区的特殊权力,在哪些情况下可以赋予其他地区,在哪些情况下应当收回中央。通过权力配置的平等来实现地区平等,是一个重要途径。

---

[1] 参见杨灿明、赵福军:《财政分权理论及其发展述评》,载《中南财经政法大学学报》2004年第4期。

[2] 凡依照国家财政体制属于民族自治地方的财政收入,都应当由民族自治地方的自治机关自主地安排使用;民族自治地方在全国统一的财政体制下,通过国家实行的规范的财政转移支付制度,享受上级财政的照顾;民族自治地方的财政预算支出,按照国家规定,设机动资金,预备费在预算中所占比例高于一般地区;民族自治地方的自治机关在执行财政预算过程中,自行安排使用收入的超收和支出的节余资金。

第四节　其他特殊地区设置

除了省、直辖市、自治区和特别行政区这四类省级地区以外，我国还存在一些特殊的地区设置，尽管在级别上与上述四类有所不同，但由于都是中央直接批准设立或者通过法律文件确认的，在所在的省级地区具有十分特殊的地位和意义，对地区平等也具有显著影响。

一、经济特区

20 世纪 70 年代末，改革开放刚刚发端，摆在决策者面前的一道难题是实行均衡推进的战略还是让沿海地区先行一步的“梯度放权”。当时，思想还没有完全解放，教条主义还有一定市场，少数人怀疑甚至反对对外开放。因此，全面铺开、均衡推进在实际操作中就不太可行。反而是在一些沿海地区，本身就有濒临港澳、与海外联系广泛的优势，思想上也更加解放一些，因而具有更好的开发条件。1979 年 4 月，邓小平同志听取广东省委的汇报。他原则上赞同广东的请求，当场就做了重要指示，同意给广东下放权力，赋予广东更多对外经济活动的自主权，允许广东在毗邻港澳的深圳、珠海和汕头举办出口加工区。[1] 1979 年 7 月，广东省的深圳、珠海、汕头和福建省的厦门经中央统一，划出部分地区试办出口特区。1980 年，这些“出口特区”改为“经济特区”。1984 年 4 月，国家开放海南行政区，1998 年 4 月，国家正式创建海南省经济特区。

经济特区取得的成就迅速产生了全国范围内的示范效应，中央顺势而为，进一步拓展对外开放的局面，回应各省市争取优惠政策、发展经济的热

〔1〕 参见陈雪薇：《十一届三中全会以来重大事件和决策调查》，中共中央党校出版社 1998 年版，第 285 页。

情。经济特区实行优惠政策。[1] 从一定意义上讲,建立和建设经济特区是中央与地方关系的创新,是一种"梯度放权"的试验,[2]通过非均衡化的地区发展战略迅速"杀出一条血路"、平息各种争议,巩固对外开放的基础;同时通过经济管理权限的下放和特殊优惠政策的授予,让一部分地区先富裕起来。

与此相适应,全国人大及其常委会通过专门决议,先后授权广东、福建、海南、深圳、厦门、汕头、珠海人大及其常委会制定特区法规,进一步扩大了经济特区的立法权限,为经济特区"先行先试"提供了法制保障。

二、较大的市

较大的市是一个富有中国特色的宪法概念,其内涵的发展演变,经历了一个过程。[3] 1954 年宪法规定,直辖市和较大的市分为区,首次出现了"较大的市"的概念。1975 年宪法取消了对行政区域的规定,自然也没有再提及较大的市。1978 年宪法和现行宪法都规定,直辖市和较大的市分为区、县。但较大的市有什么特殊权限,是指一般设区的市,还是与一般设区的市有所不同,宪法并没有明确。1982 年《地方组织法》第二十七条最早赋予了较大的市地方立法权,但并没有详细解释较大的市的概念,只是简单采用了"国务院批准的较大的市"这一提法。国务院从 1984 年开始,共分四批审批了

---

〔1〕 包括:特区外商投资企业所得税率,大大低于内地企业的所得税率;特区企业的产品出口,免征出口税;进口生产所必需的设备、生产资料和日用的生活资料,除烟酒等少数物品外,免征出口税;对于投资额 500 万美元以上,或者技术先进、资金周转较长的某些项目,一定期限内给予免税待遇;在土地使用费等方面,还分不同行业给予特殊优惠待遇;除了保留固定资产、人口、财政收支等少数指令性计划外,其余经济活动均实行指导性计划和市场调节。

〔2〕 参见杨小云:《新中国中央与地方关系沿革》,世界知识出版社 2011 年版,第 107 页。

〔3〕 参见涂缦缦:《"较大的市"完整立法权探论》,载《交大法学》2014 年第 3 期。

19 个较大的市。[1] 2000 年制定的《立法法》第六十三条对较大的市进行了界定，主要分为三类：一是省（自治区）人民政府所在地的市；二是经济特区所在的市；三是国务院批准的较大的市。如此一来，“较大的市”的内涵大为拓展，涵盖了 22 个省份的省会城市、5 个自治区的首府、4 个经济特区以及 18 个国务院批准的较大的市。

从“较大的市”这一宪法概念的发展演变可以看出，最初“较大的市”唯一的“特权”就是地方立法权（尽管还需要省级人大常委会审批，因此又被称为半个立法权）。但对于积极申请“较大的市”的城市而言，想要的却不仅仅是地方立法权。国务院批准较大的市，密切相联系的是 1983 年建立的计划单列市和 1994 年确定副省级城市。从 1983 年 2 月开始，中央先后批准 14 个[2]实行计划单列的城市，其特殊待遇包括：在国家计划中单列户头，视同省级计划单位；在不改变省辖市行政隶属关系的情况下，享有计划单列市省级经济管理权限，并直接参加全国性经济计划活动。尽管这些特殊待遇是计划经济体系下的制度安排，但对于这 14 个城市而言，意味着经济自主权大大增加，甚至对国家经济政策制定和重要资源分配的参与度也大大增加，自然在地区竞争中略胜一筹。1994 年 2 月 25 日，中央又决定将 16 个市[3]升格为副省级城市。一方面，中央通过人事任免加强了对这些城市的监督和控制，[4]另一方面，大大拓展了这些城市的管理权限。行政级别的提升，意

---

[1] 其中，重庆市因为升为直辖市不再是狭义上的“较大的市”，目前实际存在的经国务院批准的较大的市共计 18 个：1984 年 12 月 15 日第一批：唐山市、大同市、包头市、大连市、鞍山市、抚顺市、吉林市、齐齐哈尔市、青岛市、无锡市、淮南市、洛阳市、重庆市（1997 年 3 月升为直辖市）；1988 年 3 月 5 日第二批：宁波市；1992 年 7 月 25 日第三批：淄博市、邯郸市、本溪市；1993 年 4 月 22 日第四批：苏州市、徐州市。此后，尽管各地申报的热情十分高涨，但国务院没有再审批过较大的市。

[2] 重庆、武汉、沈阳、大连、广州、西安、哈尔滨、青岛、宁波、厦门、深圳、南京、成都、长春。

[3] 广州、武汉、哈尔滨、沈阳、成都、南京、西安、长春、济南、杭州、重庆、大连、青岛、深圳、厦门、宁波。

[4] 参见熊文钊：《大国地方——中国中央与地方关系宪政研究》，北京大学出版社 2005 年版，第 107 页。

味着这些城市不仅在全国，而且在本地区的地位大大提高，带动了政治参与能力、经济发展能力、资源获取能力等的提升。一个比较典型的例子就是，这些城市的市委书记往往由省委常委兼任，在本地区决策分量加重。

“较大的市”中除了升格为直辖市的重庆以外，其他城市都没有脱离所在的地区。对其所在的地区而言，“较大的市”越多，区域内的分经济中心就越多，带动本地区发展的动力就越大。但“较大的市”在不同地区之间分布却很不均衡，从另一个侧面也说明了较大的市批准工作缺乏整体规划，没有明晰的标准。获批的“较大的市”，从地域上看多为北方重工业城市，非农业人口数量较大，城市经济发展水平较高，但时至今日，有的城市的经济发展水平已经被一些内陆城市赶超，非农业人口的比例优势也不明显。这对一些后发优势明显、迫切需要地方立法权和更大经济自主权的城市来说并不公平。

党的十八届三中全会提出，要逐步增加有地方立法权的较大的市的数量；四中全会再次强调，依法赋予设区的市地方立法权。2015 年 3 月，第十二届全国人大第三次会议修改立法法，赋予所有设区的市的人大及其常委会制定地方性法规的权力。主要的限制条件包括：一是在法律位阶上，不得同宪法、法律、行政法规和本省、自治区的地方性法规相抵触；二是在立法权限上，主要限于城乡建设与管理、环境保护、历史文化保护等方面的事项，但同时开了一个口子，即法律对事项另有规定的，从其规定；三是在立法要求上，须根据本市具体情况和实际需要。虽然除了已经享有地方立法权的设区的市以外的其他设区的市具体行使立法权的步骤和时间，由省级人大常委会根据人口数量、地域面积、经济社会发展以及立法需求和立法能力等各类因素来综合权衡考量，但立法法已经从立法权利能力或者立法资格上实现了对所有设区的市平等对待，有利于推进地区平等。

三、经济开发区

改革开放初期，各地区引进外资、发展经济普遍面临审批手续复杂、审批机构过滥等各种体制性障碍，因此国家开始设立经济开发区，作为开放的“试验田”和发展的“发动机”。

大部分国家级的经济技术开发区位于省会、沿海开放以及其他对外开放的中心城市，通过划定小块、专用的区域，集中全市的力量完善基础设施，改善投资环境，吸引外资进入，作为发展对外经贸、带动周边发展的有力杠杆。1984 年到 1986 年，经国务院批准，首批 14 个国家级经济开发区成立；到 2014 年，我国已经设立 215 个国家级经济技术开发区。国家级经济开发区的优势或者特殊之处在于以下几个方面：第一，开发区是所在地政府派出机构，拥有同级政府审批权限，自主决策能力、统筹协调能力较强，服务效率和服务质量较高，能够有效改善投资环境，吸引和集聚外部投资，形成完备的产业链条。第二，相对其他地区，开发区实行特殊体制和优惠政策，不仅有中央赋予的特殊扶持政策，还有自行制定的税收、土地、环保等方面的优惠“土”政策。地区之间的优惠不平等，必然形成吸引投资的“政策洼地”。对于拥有开发区的地区而言，获得了吸引投资强有力的支持，在对外开放和经济发展上可以捷足先得；但对于没有开发区的地区而言，享受不到中央的特殊政策，往往在发展上处于劣势。这种特殊区域的存在，在特定历史阶段有高效率和高回报的优势。但长久而言，如果不能有效规范各个开发区自主设定的、游离于法治框架的各类“优惠措施”，很容易引发地区之间的恶性竞争，不利于地区平等的实现。

四、“老少边穷”地区

“老少边穷”地区是一个约定俗成的概念，常见于一些政策文件之中，具体指的是革命老区、民族地区、边疆地区和欠发达地区。(1)革命老区，具体指中国共产党在第二次国内革命战争和解放战争时期领导创立的革命根据地。革命根据地所在的县即为老区县。[1] (2)我国的民族自治地方,[2]包括自治区、自治州、自治县三级。我国目前民族自治地方共有155个,包括5个自治区,30个自治州以及120个自治县(旗)。除了5个自治区,民族自治州和民族自治县在四川、贵州、云南、甘肃、青海这5个省份的分布比较集中。整体而言,民族地区的经济社会发展落后于沿海和内地的其他地区。(3)所谓边疆地区,具体指拥有陆地国境线的行政区划单位。除了新疆建设兵团的56个边境团场外,我国共有134个陆地边境县,主要分布在云南、黑龙江、吉林三省和新疆、西藏、内蒙古、广西四个自治区。(4)所谓"穷",主要是指欠发达地区。根据国家统计局的"县(市)社会经济综合发展指数",根据发展水平、发展活力、发展潜力三个主要指标,我国的欠发达地区主要是排名在后20%的省市县。中央还专门提出了"集中连片特困地区"作为重点扶持的欠发达地区。此外,国家为扶持贫困地区,设立国家级贫困县标准,资格经国务院扶贫开发领导小组办公室认定,国家予以重点帮扶。少数民族自治地区有不同评定标准,称民族自治地方国家扶贫工作重点县。2012年3月19日,国务院扶贫开发领导小组办公室公布了665个国家扶贫开发工作重点县名单,分布在全中国17个省级行政区内,其中西藏自治区最多,其后为云南省、贵州省、四川省、陕西省、湖北省、河南省、河北省、甘肃省、山西省、广西壮族自治区、内蒙古自治区。2015年10月,党的十八届五中全会提出了全面建成小康社会新的目标要求:我国现行标准下农村贫困人口实现脱贫,贫困县全部"摘帽",解决区域性整体贫困。随着脱贫攻坚工作的深入推进,不少贫困县实现"摘帽"。截至2019年5月,全国还有585个国家

〔1〕 全国共有241个老区县,分布在17个省区市,其中78%集中于福建、江西、湖北、湖南、四川、陕西6省。

〔2〕 民族区域自治包括三种类型,一是以一个少数民族的聚居区为基础建立的自治地方,如西藏自治区;二是在由一个大的少数民族聚居区为基础建立的自治地方内,还包括了一个或几个人口较少的其他民族的自治地方,如在新疆的伊犁哈萨克自治州和察布查尔锡伯自治县;三是由两个或两个以上的少数民族聚居区为基础联合建立的自治地方,如云南德宏傣族景颇族自治州、广西龙胜各族自治县等。

贫困县。

之所以要将这四类地区并列，是因为这些地区受到中央在转移支付、产业政策、金融信贷等方面的特殊优待，并非出于“效率”的目的，更多是出于“公平”的目的。从形式平等而言，给这些地区特殊政策似乎对其他地区也不公平，但考虑到历史、地理、人文等方面的因素，确有必要对这些地区实行差别化的政策，带有一定程度的“补偿”性质。这是对“实质平等”的落实和追求，即宪法和法律赋予不同地区的差别待遇以合法地位，允许在某些方面采取不同政策，对弱势者采取特殊的保护措施。[1] 从这个角度来看，对“老少边穷”地区予以特殊化的差别对待，有点类似于美国联邦宪法判例中的“纠偏行动”。所谓“纠偏行动”，就是为历史上曾受到歧视的归类人群提供特殊待遇、特殊政策。比如美国黑人在历史上饱受歧视，因而大学录取标准适当降低门槛作为补偿，帮助黑人群体尽快具备和其他族群在同一起跑线平等竞争的能力。[2] “老少边穷”地区，有的因为对建立新中国付出了巨大牺牲，有的因为特殊的地理位置长期得不到发展，在各方面已经远远落后于其他地区，为了“纠偏”而赋予其特殊政策、特殊待遇是必要的。从宪法看，对民族自治地方的特殊待遇，尚有宪法规范的依据，但对革命老区、边疆地区、欠发达地区给予特殊政策，是否合乎、如何合乎平等原则，本书第七章还将进一步详述。

五、自由贸易试验区

党的十八届三中全会决定指出，要在试点基础上选择若干具备条件地方发展自由贸易园（港）区。“自贸区”成为继经济特区、经济开发区、保税区乃至综合改革试验区之后，又一个受到海内外市场关注且受到地方政府追捧的特殊区域政策。据不完全统计，在各省（区、市）的 2014 年政府工作报

〔1〕 参见朱应平：《论平等权的宪法保护》，北京大学出版社 2004 年版，第 78 页。
〔2〕 参见张千帆：《宪政原理》，法律出版社 2011 年版，第 353 页。

告中,明确提出要申报的自贸区有 20 多个。与地方申报自贸区的热情高涨相比,中央的态度则显得十分谨慎。中国(上海)自由贸易试验区是在 2013 年 8 月由国务院正式批准成立的。但直到一年多以后的 2014 年 12 月 12 日,国务院才正式决定扩容自贸区,在依托现有新区、园区的基础上,将自贸园区设在广东、天津、福建特定区域。为何如此谨慎?因为吸取了以往各个地区恶性竞争、一哄而上的教训,如果只是一味追求有违地区平等的特殊优惠政策,以形成“政策洼地”的方式吸引投资、集聚资源,最后的结果只能是以牺牲其他地区的发展机会为代价,地区差距仍将不断扩大。

自由贸易区的定位与其他特殊地区设置的不同之处在于,自由贸易区是以制度创新为核心,努力建设制度的高地而非政策的洼地,靠国际化、法治化、市场化的营商环境吸引投资、加快发展,而非靠简单化的税收、财政、土地等优惠政策。另一个亮点在于,自由贸易区要把形成可复制、可推广的制度创新成果作为目标,换句话说,所有特殊的政策并非局限于自由贸易区一地,而是普惠性的,自由贸易区的使命是为简政放权、促进投资和贸易便利化等重大改革探路。自由贸易区这一特殊地区的出现,从根本上扭转了长久以来靠特殊优惠政策作为发展动力的地区发展模式,更加注重全国范围内形成普惠性的改革成果,让各个地区共享改革的红利。这虽然赋予了有关地区先行先试的特殊权限,全国人大常委会甚至可以为了推进相关改革授权暂时停止部分法律条款在自由贸易区的实施,但从长远来看,探索出来的成果不是“一家独享”的,而是可复制、可推广的。比如,经过一年多的探索,2015 年 1 月 29 日,中国政府网发布国务院关于推广中国(上海)自由贸易试验区可复制改革试点经验的通知,明确上海自贸试验区可复制改革试点经验,原则上,除涉及法律修订、上海国际金融中心建设事项外,能在其他地区推广的要尽快推广,能在全国范围内推广的要推广到全国。有关部门结合自身深化改革的各项工作,已在全国范围复制推广了一批经验和做法。在此基础上,进一步在全国范围内复制推广五方面的改革事项 28 项。

2015 年 4 月 20 日，国务院印发进一步深化中国（上海）自由贸易试验区改革开放方案，又提出 25 项主要任务和措施。特别是，外商投资准入前国民待遇加负面清单管理，经过在上海自贸试验区的试点，被 2019 年 3 月第十三届全国人大第二次会议通过的外商投资法吸收和确认下来，成为全国一体通行的法律规范。这是单一制国家解决“一统就死、一放就乱”这一中央与地方关系难解命题的有益尝试，既可以有序进行试点和探索，又可以全国范围内推广，避免政策洼地，实现地区平等。

目前，国务院已先后批复成立中国（上海）自由贸易试验区、中国（广东）自由贸易试验区、中国（天津）自由贸易试验区、中国（福建）自由贸易试验区、中国（辽宁）自由贸易试验区、中国（浙江）自由贸易试验区、中国（河南）自由贸易试验区、中国（湖北）自由贸易试验区、中国（重庆）自由贸易试验区、中国（四川）自由贸易试验区、中国（陕西）自由贸易试验区、中国（海南）自由贸易试验区等。2017 年 10 月 18 日，习近平总书记在党的十九大报告中指出，赋予自由贸易试验区更大改革自主权，探索建设自由贸易港。2018 年 11 月 23 日，国务院印发关于支持自由贸易试验区深化改革创新若干措施的通知。在党中央的坚强领导和统筹谋划下，自由贸易试验区还将进一步发挥在加强制度创新、推进地区平等中的特殊功能。

第五章

地区平等问题的政策因素

从第四章的分析来看,我国的地区设置与权限配置,对地区平等有一定影响,但影响并不如我国的地区政策那么明显。原因何在? 对各个地区来说,地区设置是单一制国家中央的专属权限,直接决定地区的“出生”,地区有一定表达的空间,但终归是“有心无力”。而地区权限配置的差异,尽管对各个地区的竞争能力有显著影响,但有的差异往往是考虑到国家统一、民族团结等重大因素后慎重作出的决策。换言之,地区平等因素,并不是配置地区权力时的首要因素。因此,地区设置及其权力配置方面存在差异(或者说“不平等”),虽然会对地区均衡发展和平等竞争产生重大影响,但属于一国宪制秩序中综合考量各种因素后作出的特殊制度安排,也是单一制国家中的各个地区必须服从和接受的。

事实上,与地区设置及其权力配置方面的差异相比,地区政策对地区平等问题的影响更加明显。比如,民族自治地方等自治权比较大的地区,反而绝大多数仍是欠发达地区。是因为自治权运用不充分,变通权没有切实发挥作用,还是因为中央诸如财政倾斜、转移支付、重大项目支持、发达地区对口援助等特殊地区政策比特殊的权限配置更“好使”、更高效? 又如,一般地方(省、直辖市)的权限配置,从宪法和地方组织法的规定来看,没有作出区分。如果不是较大的市、经济特区、自由贸易区等特殊区域的设置,各地区的权限配置大体是均衡的。但是,在权限配置相同或者类似的情况下,一些省份之间、一些省和直辖市之间、直辖市与直辖市之间仍然出现了地区不平等的现象乃至巨大的地区差异。是权限配置对解决地区平等问题乏力,还是因为地区不平等背后还有其他更深层次的原因? 这些问题值得我们思考。

为此,本章着重梳理地区政策的历史沿革,特别是中华人民共和国成立以后我国区域政策的演变对地区平等问题的影响。需要说明的是,虽然本章研究的是区域政策,但在一个由计划经济向市场经济转型、人治向法治过渡的大国,一些区域政策的实质其实是中央与地方关系的深刻变革,其中所涉及的宪法问题,并不比地区设置和权限配置中的少。

第一节　我国历史上的地区政策

目前关于我国行政区划的研究,不同学科都有所涉及。比如宪法学界主要关注不同时期各个地区建制的宪法地位、权力边界等,[1]历史地理学主要关注的是行政区划的历史变迁和地理因素。[2] 从不同角度特别是从历史角度观察中央次一级地区设置及其权力配置,有助于我们理解中国大一统的历史传统对地区平等问题的影响,以及不同历史时期地区不平等所带来的种种问题。下面选择几个具有典型意义的历史时期举例说明。

一、秦朝

根据周振鹤教授的研究,中国行政区划肇始于秦朝。公元前221年,秦始皇嬴政灭六国,实现海内大一统,成为最高统治者,摆在他面前的第一个难题就是国家结构形式实行分封制还是郡县制。针对恢复西周的封建制度的主张,李斯坚决反对,认为只有实行郡县制才能保证国家安宁。最终,李斯的建议得到采纳。秦始皇决定"不立尺土之封,分天下为三十六郡"。从此,以郡县制为表现形式的行政区划体系为历代所奉行。郡县制的一个核心就是"大一统",郡与郡、县与县实行国家统一的制度、统一的标准、统一的法律,除了内史——首都周围"特区",在权限配置上并无二致,大致是均衡的,不允许出现"特殊郡县",更不允许"国中之国"的存在。

二、汉朝

西汉初年,由于当时有功之臣众多,为了维护内部统一,汉高祖刘邦不

---

〔1〕 参见熊文钊:《大国地方——中国中央与地方关系宪政研究》,北京大学出版社2005年版,序言。
〔2〕 参见周振鹤:《中国历史地理十六讲》,中华书局2013年版,前言。

得不在部分地区建立封国制度，分赏有功之臣。其中一种形式是处于中央与郡县之间的诸侯王国，成为一个行政区划层级，主要用于分封同姓；另一种形式是设置与郡县相当的侯国，主要用于分封异姓。无论是诸侯王国，还是侯国，都具有相对独立的政治地位，具有四个方面的特殊权力：一是拥有相对独立的行政权和司法权，除了由中央政府派遣的丞相，诸侯王自行任命其他官员；二是诸侯王国拥有建立、训练、使用地方武装的权力，这些郡国之兵往往成为诸侯王的私人武装；三是拥有收取、支配、使用税赋的权力和财政权；四是部分诸侯王拥有铸造钱币的权力。郡国并存的格局，从某种意义上可以视为一种各方政治势力相互制约的体制，对西汉初期的政治稳定有利。但这些诸侯王国在人事任免、财税收入、军事武装等重要方面与中央分权，势必形成独大之势，与中央抗衡。公元前154年，日益激烈的中央与地方矛盾冲突，终于引发了“七国之乱”。叛乱平息之后，中央通过分割诸侯国、收回人事权、裁撤自行任命的官员、推恩令等各种方式，逐步把这些诸侯王国的特殊权限一一清除，基本上将其变成了中央直接统辖的郡县。

三、唐朝

唐朝中叶，唐王朝设置了10个节度使管辖区，分布在边境地带，主要防止外族入侵，具有很强的军事色彩，所以也称为方镇。一开始，唐王朝严格执行军民分治。节度使主要执掌军事，不理民政。破了先例的是兼任范阳、平卢两个方镇节度使的安禄山，因其受到宠信，兼任了河北道采访使，从此势力和实力都大增，不仅集中了军事和民政权力，而且将方镇这一军事区域拓展为行政管辖区域。[1] 范阳、平卢两个方镇的特殊地位，为安禄山叛乱提供了便利条件。为了快速镇压叛乱，唐王朝采取了在全国范围内普遍设置方镇这一“饮鸩止渴”的紧急措施。更为严重的是，唐王朝还任命了一大批

---

〔1〕 参见周振鹤：《中国历史地理十六讲》，中华书局2013年版，第126～127页。

掌握军民合一大权的节度使。这在有利于镇压叛乱的同时，也埋下了唐王朝覆灭的祸根，说明唐王朝根本没有从安禄山叛乱中吸取教训。叛乱平定后，“方镇”等战时区划转变成了行政区划，形成了节度使与采访使合二为一的新制度。这不仅大大削弱了中央权威，而且形成了“国中之国”，严重威胁到国家统一。

比如，通过平叛战争，河朔地区获取了大量中央权力，既不向国库缴税，也不上报户籍人口，只充实自身财政实力。甚至节度使职务也可以通过世袭或将士拥戴而获得，不需要中央任命，形成了事实上的割据。方镇的节度使在权力的掌控范围和行使方式上就如同古代诸侯一样，甚至可以与朝廷分土而治，因而又被后人称为藩镇。具有特殊军事地位和政治地位的行政区域——藩镇割据，敲响了唐王朝灭亡的丧钟。藩镇割据的态势一直持续到五代十国，这是我国历史上第二个长期分裂的时期。[1]

四、清朝

清朝的统治者作为少数民族入主中原，特别注重中央集权，妥善处理中央与地方关系。在政区设置上，最有影响力的事件就是果断裁撤“三藩”。顺治初年，为了平定天下，清廷命尚可喜与耿仲明征讨广东，孔有德征广西，吴三桂征四川、云南。南方平定之后，清朝将他们分封在一些南方省份，用来剿灭西南的南明残余势力，对抗台湾的郑氏政权，即平西王吴三桂世代镇守云南，兼辖贵州；平南王尚可喜世代镇守广东；靖南王耿仲明世代镇守福建。上述三方势力合称“三藩”。“三藩”在所镇守的省份权力甚大，可以辖制、影响当地地方官员，并可掌控自己的军队、掌握地方税赋等。由此，“三藩”逐渐成为清朝的“特区”，在人事、税收、军队等方面具有超出一般地区的诸多自治权力，渐成尾大不掉之势。康熙亲政之后，深感“三藩”对中央的威

〔1〕 参见周振鹤：《中央与地方关系史的一个侧面——两千年地方政府层级变迁的分析》，载《复旦学报》（社会科学版）1995 年第 3 期。

胁,下决心消除了这一中央与地方关系中的不正常现象和潜在的隐患,加强了中央集权。[1]

五、中华民国

从1911年辛亥革命爆发到1949年中华人民共和国成立这段时期,无论全国层面是否有名义上的中央政府,在地方层面都是事实上的军阀混战或"各自为政"状态。在封建王朝终结之后,中国的中央与地方关系处于最为复杂的态势,既有"大一统"等旧传统的影响,又有联邦制、地方自治等新理念的冲击。特别是孙中山先生提出的地方自治、均权主义等处理中央与地方关系的理念,影响深远,至今都有启发意义。与地区平等问题相关的主要有以下两个阶段。一是1911年辛亥革命爆发后,不少省份宣布独立,脱离清王朝的统治。为了讨论建立全国统一中央政权的问题,独立后的各省分别派代表开会商议,最终制定了《临时政府组织大纲》,孙中山被选为临时大总统。[2] 王振民教授指出,这段历史颇有点像美国开国立宪的场景,当时13个州的代表齐聚费城制定宪法、选举总统,建立联邦政权。[3] 可见,从封建专制统治中解放出来的各个省份,不仅独立意识高涨,而且平等意识也逐渐增强。这直接影响到20世纪20年代曾经出现过的地方自治运动(亦称"联省自治运动")。浙江、湖南、广东等省份都相继制定本省的宪法性文件,赋予本省为中华民国自治省的特殊地位。但是在袁氏窃国、军阀混战的乱世之中,地区平等或者争取地区独立自主地位的理念也如流星一般,一闪即逝,湮没在历史长河中。二是蒋介石领导的国民党集团通过一系列军事、政

[1] 参见辛向阳:《大国诸侯——中国中央与地方关系之结》,中国社会出版社2008年版,第142页。

[2] 参见石柏林、彭小平:《中国近现代政治体制的演变与发展》,河南人民出版社1991年版,第30页。

[3] 参见王振民:《中央与特别行政区关系:一种法治结构的解析》,清华大学出版社2002年版,第43页。

治行动,迫使1928年“东北易帜”,实现了名义上的全国统一。虽然1931年制定的《中华民国训政时期约法》和1946年制定的《中华民国宪法》都专章规定了中央与地方权限,不仅取消了省宪法及其所规定的各省的地方自治地位,而且在具体内容上也是含糊其词、躲躲闪闪,名为共和自治实际上推行中央高度集权的一元化领导。由于国内战事不断,中央与地方关系处于不稳固状态,不仅存在与所谓“中央政府”对立的军事集团,而且还存在对中国历史产生巨大影响的红色特区(边区)。这些特殊“地区”既有和“中央”博弈的资本,也有独立的主体资格,而且在区域分布上看存在极大的地区差异。中国共产党领导下的遍布十几个省、三百多个县的十几个大根据地,实行与国统区完全不同的政治经济政策,有自己的军队,还建立起独立的政权系统——1934年的中华苏维埃共和国中央工农民主政府。虽然在抗日战争时期,为了国共合作,共产党将陕甘宁革命根据地改为“边区政府”,将“工农政府”改为“中华民国特区政府”,但相对其他国统区地方而言,仍是特殊的政权形式。正如王振民教授所指出的,“这段时期中国存在红、白两区,各自实行自己不同的社会制度和生活方式,颇有点儿一国两制的意味”。[1]

总体来看,封建王朝的中央政权在地区问题采取的策略主要包括两个方面。一方面,在有效管辖范围内奉行“一国一制”,除了藩国、边疆外,从中央到地方在制度上要求全国整齐划一,不允许特殊地方存在。即使由于形势所迫存在一些“特殊地方”,也要陆续采取各种方式加以限制或取消。另一方面,为了安抚边疆地区或少数民族,又允许这些地区建立特别的地方行政区域,并赋予这些区域有别于其他地方的特殊权力,以保持政治稳定和国家统一。在王朝末期中央控制力下降之时,中央政权往往不得不通过向地方放权来收买人心以期拱卫中央,但一旦地方势力做大又会形成地方割据,威胁中央政权,甚至实现改朝换代。任何圣明的封建帝王都无法摆脱这个

---

〔1〕 王振民:《中央与特别行政区关系:一种法治结构的解析》,清华大学出版社2002年版,第46页。

两难选择，这一政治难题是任何封建政治理论或统治策略都无法根本解决的。[1]其背后的根源，就是央地关系的人治化以及对地区平等问题的忽视。

第二节　新中国成立后地区政策

一、中华人民共和国成立之初

中华人民共和国成立初期，中央政府面对的是饱受战争蹂躏的国土、千疮百孔的国民经济以及境内外虎视眈眈的各种反动势力，捍卫新生的国家政权、尽快实现国家统一和政权稳固是首要目标。因此，中国共产党取得政权以后，首先面临的问题就是选择什么样的国家结构形式，即建立什么形式的中央与地方关系，来治理这个大国。

苏力教授认为，1949 年后中国的纵向分权问题与当时中国的政治经济社会形势密切相关。那么，什么是近代中国的核心问题？苏力教授认为可以从各地经济文化发展不平衡、中国人缺少一种民族的认同、各帝国主义国家对中国的各地有不同程度的影响这三个方面来认识。[2] 这实际上说明，地区发展不平等、不均衡，各地区之间缺乏相互交流协作认同，是当时的领导者选择国家结构形式和央地关系模式的重要原因。苏力教授进而敏锐地提出，从中国共产党夺取全国政权的历史来看，"当时的中国还不是一个统一的现代民族国家""东方不亮西方亮的大国特点""帝国主义的不同势力范围、军阀之间的混战导致的割据局面""乡村对于城市的相对独立性"成为中

---

〔1〕 参见王振民：《中央与特别行政区关系：一种法治结构的解析》，清华大学出版社 2002 年版，第 42 页。

〔2〕 参见苏力：《当代中国的中央与地方分权——重读毛泽东〈论十大关系〉第五节》，载《中国社会科学》2004 年第 2 期。

国共产党人创立革命根据地的有利条件。[1] 换言之,正是因为各地区发展不平衡甚至相互隔绝的现实状况,为中国共产党走上农村包围城市、武装夺取政权的成功道路奠定了基础。但不可否认,在中国共产党初步完成新中国成立大业,执政使命逐步从革命斗争向社会主义建设转变的大背景下,当年有利于革命成功的社会条件,已经变成了不利于社会治理的负面因素。[2]

因此,地区平等问题从一开始就是领导者和立宪者必须考虑的重大宪法问题,因为这涉及国家政权稳固和长治久安——容易想见的是,革命成功的有利因素,同样也会被敌人争相利用。可以说,中华人民共和国成立初期的地区平等问题不仅是现实存在的,而且有很深的历史延续性。但从一定意义上看,地区平等问题实质上是一个政治问题,而不仅仅是一个经济问题。比如,在确定国家结构形式时,并没有采用从形式上更有利于实现地区平等的联邦制,而是采用了单一制这一中央高度集权的国家结构形式;在解决民族问题时,也没有采用中国共产党历史上曾倡导过的“自由联邦制”“民族自决”等,而是选择了民族区域自治制度,以促进民族团结、保证国家统一。对于新取得政权的政党来说,中央高度集权、建立中央权威是解决地区平等问题的重要前提。

二、“一五”计划

1949 年前,我国的工业布局存在极其严重的地区失衡,大部分大型工业项目集中在沿海城市。据统计,沿海各省市的钢铁工业超过全国八成,工业产值占全国七成以上。[3] 这是旧中国长期存在的地区割据状态以及半殖民地半封建经济所造成的,是新中国成立以后首先要解决的地区问题。从

---

〔1〕 参见苏力:《当代中国的中央与地方分权——重读毛泽东〈论十大关系〉第五节》,载《中国社会科学》2004 年第 2 期。

〔2〕 参见苏力:《当代中国的中央与地方分权——重读毛泽东〈论十大关系〉第五节》,载《中国社会科学》2004 年第 2 期。

〔3〕 参见于锡涛:《三线建设的启动和调整改造》,载《国家人文历史》2014 年第 18 期。

1953 年起的第一个五年计划开始，中央政府就极其重视工业布局的地区平衡问题，注重通过交通建设、工业项目等方式帮扶内地建设。在这一时期，新建成的铁路干线，[1]大部分位于内地特别是中西部地区，初步改变了内地尤其是西南和西北地区的封闭闭塞的状况，为发展工业初步打下了基础。在这一时期，1/3 全国重点工业建设项目集中在西部地区，2/3 以上在内地。这是中央政府有意识改变地区发展不平衡的重要地区政策，采取的方式就是将工业项目等向不发达地区倾斜。但是，1955 年的国务院政府工作报告仍然指出："工业的地区分布，虽然在内地建设了不少新的工业企业，但还不能完全克服原来偏集于一方和沿海的不合理状态。"[2]正如毛泽东指出的："为了平衡工业发展的布局……新的工业大部分应当摆在内地，使工业布局逐步平衡，并且利于战备。"[3]

三、"三线建设"

20 世纪 60 年代，我国面临十分严峻的国际形势，国内情况也不容乐观，特别是国内工业布局不合理，地区差异较大，总体物质水平和生产效率都不高。为了防止可能发生的外敌入侵，保卫国家政权，我国在西南和西北广袤的国土上展开了一场大规模经济建设，客观上改变了工业布局，影响了地区发展，促进了地区平等。这就是大家常说的"三线建设"。

毛泽东同志最先提出"三线建设"的设想。1964 年 5 月，在毛泽东同志的力主下，中央作出了"集中力量，争取时间建设三线，防备外敌入侵"的战略决策。具体要求就是改善全国范围内的工业和国防布局，一线搬家，二线、三线加强。这一决策与当时执政者对国际形势和战争态势的判

---

〔1〕 成渝、天兰、兰青、宝成、黔桂、包兰、兰新、石太等。

〔2〕 1955 年国务院政府工作报告。

〔3〕 毛泽东：《论十大关系》，载《毛泽东选集》（第 5 卷），人民出版社 1977 年版，第 280～281 页。

断有关。[1]为了应对可能的战争威胁,必须借鉴当年苏联的教训,改变我国的工业布局。

一个国家的工业布局,尤其是重工业和国防工业布局与其面临的外部形势有密切的关系。从历史经验来看,幅员辽阔的大国,往往具有广阔的战略纵深地带,可以用于分布重要工业和国防工业基地,防止外部军事突袭造成毁灭性打击。[2] 这就往往对不同地区的发展产生重要影响,人为地推动资源在地区之间的非均衡配置。因此,从军事斗争的角度来理解三线建设的目标就十分清晰了。从总体上看,就是国家的工业布局要有纵深,利于战备,逐步从东向西,从沿海向内地展开。

1965 年国民经济计划提出,要争取时间,大力建设战略后方基地,防备外敌发动侵略战争。与此相适应,"三五"计划提出,加快三线建设特别是国防工业建设。[3] 根据"三五"计划,四川、贵州、陕西以及湘西、鄂西、豫西等地区得到了国家的重点支持,有的成为兵器工业基地,有的开发了煤田和石油基地。

党中央 1964 年决策、1965 年全面开展的"三线建设",是举全国之力落实的一项地区战略调整,动员之广泛、行动之快速,在世界历史上都是罕见的。从"三五"计划到"五五"计划,经过 15 年的集中建设,国家累计投资相当于全国总投资 2/5 的 2052 亿元,[4]很大程度上改变了我国地区发展不平

---

[1] 毛泽东同志说:"在对战争的准备上,迟打还是早打,我们准备它早打;小打还是大打,我们准备它大打;打不打核战争,我们准备它打核战争;敌人在一个方向入侵还是他们互相勾结从多个方向入侵,我们准备它从多个方向入侵。"毛泽东多次说:"在原子弹时期,没有后方不行,三线建设不好,睡不好觉,要认真研究苏联在卫国战争中的经验教训,斯大林一不准备工事,二不准备敌人进攻,三不搬家,这是教训。"

[2] 比如,德国把重工业和国防工业基本上分布在远离边境的中部地区;苏联从 1941 年开始,在不到半年时间里,把国防经济从靠近前沿的西部地区向伏尔加河流域、乌拉尔、西伯利亚和中亚地区搬迁;美国根据防空能力,以距离海岸 300 公里作为国防安全地带,部署国防工业。

[3] 具体要求是:全面考虑备战、备荒、为人民三个因素,统筹安排,突出重点,集中力量,把西南和西北部分省区建成初具规模的战略大后方。

[4] 参见于锡涛:《三线建设的启动和调整改造》,载《国家人文历史》2014 年第 18 期。

衡、工业布局不合理的状况。

可见,“三线建设”是军事因素促进的地区间的各类资源的重新分布。由于工业在国民经济中的重要地位和重大贡献,客观效果是在一定程度上缩小了地区差距,促进了地区平等。但需要注意的是,实现地区之间工业布局和资源分布的均衡,采用的是计划经济的指令手段,而非市场经济的资源配置方式,因而客观上有低效、浪费的情况;由于“三线建设”出发点是防止外敌入侵的国防政策,因此一旦国际形势发生变化,和平与发展成为潮流,这一地区政策必然是不可持续的。

四、“梯度放权”

20 世纪 70 年代末,国家发展道路发生了历史性转折,开启了改革开放,中央与地方关系发生了更加深刻的变化。以“搞活经济”为主要目的的经济体制改革,逐步改变了政治权力过分集中的状况,地方自主权大大增加,在立法、行政、财政等方面都获得了中央的“松绑”。正如 1978 年政府工作报告指出的:“应当由地方办的事情,要积极支持地方去办。”“既要反对中央部门管得过多过死、束缚地方积极性的倾向,也要反对不顾国家统一计划,只考虑一个地区、一个部门局部利益的倾向”。1979 年的政府工作继续强调:“要在中央的集中统一领导下,适当扩大地方在计划、基建、财政、物资、外贸等方面的权限,因地制宜地发展国民经济。”[1]中央向地方放权是大势所趋,但是,从地区政策来看,并没有采取新中国成立初期、“一五”计划时期那种均衡推进的战略,而是采取了“梯度放权”的政策。

中国是一个幅员辽阔的大国,人口多,经济社会发展不平衡。因此,要想按照完全均等的方式同时实现致富奔小康,基本是不可能的。只能让一部分地区、一部分人先富起来,以先富带动后富,从而走上共同富裕的道路。

〔1〕 1979 年国务院政府工作报告。

对此,邓小平同志有着清醒而深刻的认识。1988年9月,邓小平同志提出:"沿海地区要加快对外开放……较快地先发展起来,从而带动内地更好地发展,这是一个事关大局的问题。内地要顾全这个大局。反过来,发展到一定的时候,又要求沿海拿出更多力量来帮助内地发展,这也是个大局。那时沿海也要服从这个大局。"[1]因此,在权力特别是经济管理权力下放方面,中央在金融、税收、土地等优惠政策方面,首先向东南沿海地区倾斜。一方面是因为这些地方濒临港澳台,具有区位优势,有利于吸引外资;另一方面是因为这些地方经济基础比较好,先行一步发展起来的条件比较优越。可见,效率优先的政策取向在地区平等问题上的体现就是非均衡发展和"梯度放权"。当然,还有一个不可忽视的原因,那就是当时全国的思想尚未完全解放,不少地方对改革开放还抱有怀疑和担忧的态度,东南沿海地区由于主政的领导人思想开明、民众思想开放等,更有利于冲破保守教条的封锁,从而"杀出一条血路"。

东南沿海地区的地方政府,通过国家批准设立经济特区、开放沿海港口城市、设立国家级经济开发区和高新技术产业开发区等方式,在中央的放权行动中获取了必需的经济管理权限和必要的规则制定权限,极大地促进了本地发展,地方经济呈现出了旺盛活力。20世纪80年代的政府工作报告提供了一些政策发展脉络的线索。1983年政府工作报告指出,在深圳、珠海、汕头、厦门4个地区试办的经济特区,开始取得积极成果。1984年政府工作报告提出,进一步开放14个沿海港口城市和海南岛,实行经济特区的某些特殊政策,扩大其权力。[2] 1988年政府工作报告提出,国务院建议成立海南

---

〔1〕《中央要有权威》(1988年9月12日),载《邓小平文选》(第3卷),人民出版社1993年版,第277~278页。

〔2〕"在这些港口城市,外商投资办厂,在税收方面可以按照规定享受更优惠的待遇;放宽利用外资建设项目和引进技术的审批权限,简化外商入境出境手续;允许外商兴办独资企业,适当延长合资企业的合营期限;对确实提供了先进技术的产品,允许在国内市场部分销售。这些港口城市和四个经济特区,在沿海联成一线,形成我国对外开放的前沿地带。"(参见1984年政府工作报告)

省，办成全国最大经济特区，实行更加优惠的政策。1991 年政府工作报告提出，集中力量支持上海浦东新区的开发开放。

“梯度放权”的历史成就是不可抹杀的，留下了浓墨重彩的一笔。[1] 正如一些官员所评价的，邓小平同志允许一部分地区先富起来的发展战略，“推动形成了对国民经济整体增长具有强大带动力的经济核心区，实现了国民经济持续快速发展和人民生活水平的大幅度提高，社会主义现代化建设不断迈上新台阶”。[2]

五、协调发展

随着“梯度放权”战略的实施，全国经济社会从整体上快速发展，但地区之间不平衡、不协调的问题越来越突出，东西部发展差距不断扩大。这不仅影响西部发展，也影响东部发展，进而影响整个国家的长远发展。[3] 此外，不同区域产业结构雷同，削弱了区域分工的效率优势，重复建设和资源浪费问题严重，环境问题也越来越突出。针对这些突出问题，国家在继续鼓励东部地区率先发展的同时，相继提出并实施了西部大开发、东北振兴、中部崛起等重大战略，进一步形成和发展了区域协调发展战略。

20 世纪 80 年代末，在计划经济向市场经济过渡时期，各种差距和矛盾

---

〔1〕“八五”规划结束时，对外开放由沿海扩展到沿边、沿江、沿主要铁路线和内陆省会城市，经济特区继续发挥对外开放窗口的重要作用，浦东开放开发取得很大进展；对外开放的领域由一般加工业扩展到基础工业和基础设施；外商直接投资由中小企业扩展到大企业，多方位、多层次、多形式的对外开放格局基本形成。进出口总额五年超过 1 万亿美元。五年实际利用外资超过 1600 亿美元。引进先进技术和管理经验，促进了国内生产技术和管理水平的提高。各地区经济都取得了很大发展，经济社会面貌发生显著变化。东部沿海地区发挥资金、技术、人才和地缘优势，资金技术密集以及外向程度高的产业迅速发展，对外经济技术交流水平进一步提高，辐射和示范作用进一步增强。中西部地区发挥资源优势，农业、能源、原材料等产业进一步壮大，有力地支持了全国经济发展。国家加强了支持中西部发展的力度，在扶持民族地区、贫困地区发展和基础设施建设等方面取得成效。地区间的分工合作与经济交流有了新的进展。（参见 1991 年政府工作报告）

〔2〕陆浩：《实施区域发展总体战略和主体功能区战略》，载《中共中央关于制定国民经济和社会发展第十二个五年规划的建议辅导读本》，人民出版社 2010 年版，第 112 ~ 113 页。

〔3〕参见杨小云：《新中国中央与地方关系沿革》，世界知识出版社 2011 年版，第 113 页。

凸显出来,收入分配不公和地区差距扩大问题尤为突出,这也引起了不少人对“梯度放权”战略的反思。所以,1990 年的政府工作报告在充分肯定“允许一部分人和地区先富裕起来政策”的重要贡献的同时,强调先富起来的人和地区,要帮助还没有富裕起来的人和地区,最终达到共同富裕。先富的不管是人还是地区,都要帮助没有富起来的,这是国家对全社会的倡导,某种程度上也有化解矛盾分歧的意味,在此后的几十年间,形成了扶贫、转移支付、对口援助等一系列“纠偏”的地区政策。需要注意的是,这主要靠的还是中央自上而下的权力指令以及人事控制形成的权威对地方行为的影响,先富起来的地区在宪法和法律上并没有相应的“帮扶”义务。这也导致了后续不少政策缺乏连贯性,经常出现“人走茶凉”或者“人走政息”的情况。如果没有中央的“强力”推进和有力“监督”,这种以“纠偏”为导向的地区政策成效是比较有限的。

1995 年 9 月,党的十四届五中全会明确提出,要坚持区域经济协调发展,逐步缩小地区发展差距。江泽民同志在闭幕会上发表的讲话指出,这是今后改革和发展的一项战略任务。这是执政党对区域协调发展战略最早的系统阐述,也是执政党所提出的十二大关系中“中央与地方关系”的一个重要组成部分。1999 年,党的十五届四中全会决定,实施西部大开发战略。2003 年,党的十六大提出,支持东北地区等老工业基地加快调整和改造。2004 年政府工作报告中正式提出“促进中部地区崛起”的重要战略构想,并指出区域协调发展的一个重要方面就是加快中部地区发展。2005 年 10 月,党的十六届五中全会在总结区域发展布局的基础上,第一次明确提出了区域发展总体战略,即“继续推进西部大开发,振兴东北地区等老工业基地,促进中部地区崛起,鼓励东部地区率先发展”,并首次提出各地区要在综合考虑资源环境承载能力和发展潜力的基础上,明确功能定位,使我国区域发展因地制宜、各具特色。

区域协调发展战略兼顾了效率与公平,对缩小地区差距,推进地区平等，实现可持续发展发挥了巨大作用。这一地区政策与以往相比具有三个典型特点：一是广覆盖，不再局限于经济特区、沿海开放城市、浦东等特定的"点"，而是放眼全国范围的各个区域的"面"；二是突破行政区划，从地区政策角度看，往往是按西部、中部、东北、东部等经济区域制定扶持政策，而不是按照行政区划的各省（区、市）制定扶持政策；三是除了税收、土地等带有一定普遍性的优惠政策外，往往根据不同地区的特殊情况和优势所在，有针对性地给予特殊扶持政策，如针对西部地区的资源开采，针对东北地区的老工业基地改造、资源枯竭性城市转型等。

六、综合配套改革试验区

区域协调发展战略的直接成果就是形成了以西部地区、东北地区等老工业基地、中部地区、东部地区这"四大板块"为主体的各具特色的区域经济发展格局。但其不足之处也是显而易见的：一是以"板块"来定位，尽管有利于政策推行，避免各地争执，但缺乏精准性，未必能够完全覆盖特定板块中具体地区（省区市）的诉求和特色。毕竟，即使处于同一板块中，不同的省区市，发展阶段不同，面对的问题和矛盾也不尽相同。二是区域协调发展战略尽管内含促进地区平等的顶层设计，但在实践中仍然有异化为争夺大型项目、优惠政策的倾向。虽然中西部地区借着国家战略的"东风"有了较快发展，但与东部地区的差距仍比较明显。这也充分说明，促进地区平等的实质不是在资源分配和政策制定上"撒胡椒面"，而是要在对落后地区有所倾斜的基础上，赋予各个地区平等的主体资格和竞争机会，在效率和公平中寻求符合法治价值和法治标准的平衡。三是随着改革开放四十多年的发展，单一制国家结构形式的优势和劣势更加突出，既有中央集权强力推行的高效率优势，也有各地方发展不平衡的劣势。事实上，区域政策已经不仅仅是区域的经济政策，从更高层面来看，其实是应对单一制不足之处的区域改革政策。换言之，就是要结合各个地区发展的阶段和面临的问题，赋予其先行先试的权力,为全国层面的改革来探路。这恰恰是区域协调发展战略的“四大板块”应对乏力的。

为了应对区域协调发展中出现的种种问题,国家从 2005 年开始陆续批准设立了 12 个国家综合配套改革试验区。[1] 这 12 个试验区承担的使命是不同的,或者说是各具特色。按照时任国家发展改革委副秘书长范恒山的观点,这些试验区从主题上可以分为开发开放型、统筹城乡型、新兴工业化道路探索型、农业现代化型、资源型经济转型等。[2] 可以说,综合配套改革试验区既是地区政策,因为是在特定地方、特定领域先行先试,地域性特别鲜明;又是国家政策,因为这一区域政策的出发点,是为全国层面的改革进行探索。这是一个单一制大国,在保持总体稳定和改革活力之间努力寻求平衡的一种尝试,也是处理中央与地方关系的一次重要政策调整。那就是不能再单单依靠政策支持和项目援助的方式解决地区平等问题,而是更加重视先行先试这一“试错权”的赋予,让每个地区因地制宜地自我改革,解决自身发展中面临的问题和矛盾。但同样不可忽视的是,“试验权”或者“试错权”作为一项重要的制度性权力,其在全国范围内的分布也是不均衡的,虽然已经照顾到了东中西部,但对于没有被批准为“综合配套改革试验区”的地区来说,似乎也有些不公平。2005 年 6 月 21 日,上海浦东新区经国务院批准,开始进行综合配套改革试点。此后,不少地方提出了试点申请。据统

---

〔1〕 具体包括:上海浦东新区、天津滨海新区、成渝全国统筹城乡综合配套改革试验区、武汉城市圈和长沙、株洲、湘潭(长株潭)城市群全国资源节约型和环境友好型社会建设综合配套改革试验区、深圳综合配套改革试验区、沈阳经济区国家新型工业化综合配套改革试验区、山西省国家资源型经济综合配套改革试验区、厦门市深化两岸交流合作综合配套改革试验区、黑龙江省“两大平原”现代农业综合配套改革试验区、浙江省义乌市国际贸易综合改革试验区。

〔2〕 “开发开放的,比如上海浦东新区、天津滨海新区、深圳市的、厦门市的、义乌市的,还有统筹城乡的,包括重庆、成都,还有‘两型’社会建设的,包括武汉城市圈、长株潭城市群,还有新型工业化道路探索的,包括沈阳经济区,还有农业现代化的,包括黑龙江省的两大平原,还有资源型经济转型的,包括山西省。这六种情况,是根据不同情况、针对不同任务开展的,但是整个改革不是专项的,是综合配套的”。(《发改委:已批准 12 个国家综合配套改革试验区》,中新网 2014 年 6 月 10 日电)

计,截至2007年年底,18个省区市申请设立21个试验区。[1] 从地区分布来看,东部地区11个,中部地区6个,西部地区4个。最后一个获批的是2013年6月的黑龙江“两大平原”现代农业综合配套改革试验区。此后,国家发展和改革委员会表示,随着改革的深入推进和试点工作的正在进行,原则上不再接受新的申请。

需要重视的是,经济特区是一个正式的法律规范概念,全国人民代表大会直接批准设立经济特区或者通过授权的形式赋予相关经济特区立法权,先行先试的权力是法定的;但综合配套改革试验区并不是正式的法律规范,先行先试的权力只有政策依据,没有法律依据。但从一定意义上讲,综合配套改革试验区更加契合改革的需求。经济特区虽有先行先试的授权,但其主要发展策略是在一定时期内将中央政府的优惠政策与自身的区位优势有机结合,形成吸引外资的政策洼地,从而使经济特区的经济以超出一般地区的速度快速增长。这种改革模式,符合循序渐进的改革要求,所以有可能在短期内取得突破性的进展。随着改革的深入和开放的扩大,地区差距问题更加凸显,解决公平问题在一定意义上比解决效率问题更加迫切。同时,改革进入“深水区”,迫切要求特定地区的地方政府能够试验和探索一些具有全国意义的重大改革措施,在本区域范围内创新发展模式,控制改革的风险和试错的成本,从而为全国范围内的改革探路,解决全国共性难题。这正是综合配套改革试验区的初衷和优势所在。

七、主体功能区

主体功能区战略是与区域发展总体战略一并提出来的。2005年10月,党的十六届五中全会在总结区域发展布局的基础上,第一次明确提出了区

---

〔1〕 没有获批的包括河北省唐山市曹妃甸新区、江苏省苏州市和南京市、浙江省杭州市、浙江省台州市、广东省广州国家级开发区、辽宁省大连市、安徽省合肥市、河南省郑州市和开封市、广西北部湾经济区、贵州省安顺市、江西省赣州市、海南省三亚市、河南省技术产权交易所等。

域发展总体战略,同时首次提出了主体功能区发展的思路。落实党的十六届五中全会精神,国务院开始组织编制全国主体功能区规划。党的十七大提出了到2020年基本形成城乡、区域协调互动发展机制和主体功能区布局的目标;十七届五中全会在强调继续实施区域发展总体战略的同时,明确提出了实施主体功能区战略。[1] 2010年年底,《全国主体功能区规划》正式发布。

"两大战略"共同构成我国国土空间开发战略格局,相辅相成。区域发展总体战略是根据各个地区的自然地理、发展阶段、经济基础等基本国情进行的国土开发的总体规划;主体功能区战略则是在综合考虑各个地区客观"禀赋"[2]的基础上提出的促进区域发展的操作思路和具体举措。简言之,前者是目标,后者是手段。如果从中央与地方关系来看,前者更加侧重于中央和发达地区对于欠发达地区的"补偿",是长期不平等地区政策实施后的"纠偏"措施。[3] 后者更加注重从源头上考虑各个地区的"客观能力",在全国范围内发挥不同地区的比较优势。

将我国国土空间划分为主体功能区域,主要目标是实现全国区域经济合理布局,优化人口分布、经济布局、国土利用和城镇化格局。按开发方式,主体功能区域可以分为优化开发区域、重点开发区域、限制开发区域和禁止开发区域。根据中央的顶层设计规划,将人口密集、开发强度偏高、资源环境负荷过重的部分城市化地区划为优化开发区,主要包括环渤海(包括京津冀、辽中南、山东半岛)、长江三角洲、珠江三角洲等3个地区。优化开发区的主要任务是率先加快转变经济发展方式,调整优化经济结构,提升参与全

---

〔1〕 按照全国经济合理布局的要求,规范开发秩序,控制开发强度,形成高效、协调、可持续的国土空间开发格局。

〔2〕 具体是不同地区资源环境承载能力、现有开发力度和发展潜力。

〔3〕 比如,对西部地区给予特殊政策支持,发挥资源优势和生态安全屏障作用,加强基础设施建设和生态环境保护,大力发展科技教育,支持特色优势产业发展;对东北地区等老工业基地,通过转移支付、政策支持等方式促进资源枯竭地区转型发展,增强资源型城市可持续发展能力;进一步加大对"老少边穷"地区的扶持力度。

球分工与竞争的层次;优化空间结构、城镇布局、人口分布、发展方式、基础设施布局和生态系统格局。国家优化开发区的功能定位是:提升国家竞争力的重要区域,带动全国经济社会发展的龙头,全国重要创新区域,我国在更高层次上参与国际分工及有全球影响力的经济区,全国重要的人口和经济密集区。

根据《全国主体功能区规划》,全国将资源环境承载能力较强、集聚人口和经济条件较好的城市化地区划为重点开发区,主要包括海峡西岸经济区、北部湾地区、中原经济区、长江中游地区(包括武汉城市圈、环长株潭城市群、鄱阳湖生态经济区)、成渝地区、关中—天水经济区、兰州—西宁地区等18个城市化区域。根据《全国主体功能区规划》,全国(除台湾省、香港特别行政区、澳门特别行政区)31个省、区、市都有重点开发区。重点开发区的主要任务是在优化结构、提高效益、降低消耗、保护环境的基础上推动经济可持续发展;推进新型工业化进程,提高自主创新能力,聚集创新要素,增强产业和要素集聚能力,积极承接国际及国内优化开发区域产业转移,形成分工协作的现代产业体系;加快推进城镇化,壮大城市综合实力,改善人居环境,提高集聚人口的能力;发挥区域优势,加快沿边地区对外开放,加强国际通道和口岸建设,形成我国对外开放新的窗口和战略空间。国家重点开发区的功能定位是:支撑全国经济增长的重要增长极,落实区域协调发展总体战略、促进区域协调发展的重要支撑点,全国重要的人口和经济密集区。

限制开发区域分为两类:一类是农产品主产区,即耕地较多、农业发展条件较好,尽管也适宜工业化、城镇化开发,但从保障国家农产品安全以及中华民族永续发展的需要出发,必须把增强农业综合生产能力作为发展的首要任务,从而应该限制大规模、高强度的工业化、城镇化开发的地区,包括东北平原、黄淮海平原、长江流域、汾渭平原、河套灌区、华南、甘肃新疆等7个农产品主产区为主体的区域。农业主产区的主要任务是严格保护耕地,稳定粮食生产,增强农业综合生产能力,增加农民收入,加快建设社会主义新农村，保障农产品供给，确保国家粮食安全和食物安全，努力建成保障农产品供给安全的重要区域，农村居民安居乐业的美好家园，社会主义新农村建设示范区。另一类是重点生态功能区，即生态系统十分重要，关系全国或较大范围区域的生态安全，目前生态系统有所退化或比较脆弱，资源环境承载能力较低，不具备大规模高强度工业化、城镇化开发的条件，必须把增强生态产品生产能力作为首要任务，从而应该限制进行大规模、高强度开发的区域，包括大小兴安岭森林生态功能区、阴山北麓草原生态功能区、藏西北羌塘高原荒漠生态功能区、祁连山冰川与水源涵养生态功能区、三江源草原草甸湿地生态功能区、川滇森林及生物多样性生态功能区等25个地区，涵盖了水源涵养、水土保持、防风固沙和生物多样性维护等4种类型。国家重点生态功能区以保护和修复生态环境、提供生态产品为首要任务，加大生态环境保护和修复投入力度，保护和修复生态环境，提高生态产品供给能力，因地制宜地发展不影响主体功能定位的适宜产业，引导超载人口逐步有序转移，努力建设成为全国重要的生态功能区和人与自然和谐相处的示范区。

禁止开发区域，即对有代表性的自然生态系统、珍稀濒危野生动物物种的天然集中分布地、有特殊价值的自然遗迹所在地和文化遗址等需要在国土空间开发中禁止进行工业化、城镇化开发的区域，主要包括国家级自然保护区、世界文化自然遗产、国家级风景名胜区、国家森林公园和国家地质公园等1443多处。国家禁止开发区的管制原则是：依据法律法规和相关规划实施强制性保护，严格控制人为因素对自然生态和文化自然遗产原真性、完整性的干扰，严禁不符合主体功能定位的各类开发活动，引导人口逐步有序转移，实现污染物“零排放”，提高环境质量。

需要注意的是，主体功能并不是唯一功能，明确一定区域的主体功能及其开发的主体内容和发展的主要任务，并不排斥该区域发挥其他功能。主体功能区战略的出台，对于根据地区的禀赋有针对性地谋划功能、推动发展具有重要意义。

八、自由贸易试验区

党的十八大以来，我国地区政策的亮点莫过于自由贸易试验区（以下简称自贸区）。2013 年 7 月 3 日，国务院常务会议原则通过《中国（上海）自由贸易试验区总体方案》；8 月 22 日，国务院正式批准成立中国（上海）自由贸易试验区（以下简称上海自贸区）；8 月 26 日，第十二届全国人大常委会第四次会议决定，授权国务院在上海自贸区内，暂时停止实施外资、中外合资、中外合作企业设立及变更审批等相关法律规定，并确定于当年 10 月 1 日起施行；9 月 29 日，上海自贸区正式挂牌。

自贸区在中国是一个新鲜事物，但在海外已经有较长一段时间的实践。从国际上看，自贸区主要分为两类，一类是广义的，指两个以上国家或地区达成的自贸协定；[1]另一类是狭义的，是指在一国部分领土内运入的任何货物在进口关税及其他税收方面被视为关境以外，并免于实施日常的海关监管。[2] 目前，学者们在国际上都采用“自贸区”这一概念囊括各类开发区和特殊经济区。[3] 自贸区的历史传统、形成背景各不相同，自贸区内的制度设计和安排也各具特色，但一个共性就是突破所在国家或地区的整体法律框架，努力接轨国际规则、国际标准形成富有吸引力和竞争力的制度创新，在贸易、金融、航运、服务业等方面提供更加便利和人性化的措施，进一步厘清政府与市场边界，最大限度发挥市场作用，努力实现营商环境更加自由、宽松、公平。中国香港、德国汉堡、荷兰阿姆斯特丹港、美国纽约和阿联酋迪拜港等都是典型的自由港区。

上海自贸区是中国改革进入“深水区”后的必然产物，不仅承载着更大

---

〔1〕 从泛全球化的 GATT、WTO、TPP、TIPP 到国家之间的双边、多边协定，都属于此类。

〔2〕 参见 1973 年国际海关理事会签订的《京都公约》。

〔3〕 根据德国经济学家罗伯特·崔迈（Norbert Zimmert）的归纳，世界上各类开发区和特殊经济区可分为 7 大类：保税仓库区（Bonded Ware – house Zone）、自由区（Free Zone）、对外贸易区（Foreign Trade Zone）、出口加工区（Export Processing Zone）、经济特区（Special Economic Zone）、企业区（Enterprise Zone）、银行自由区（Bank Free Zone）。基于这一概念，迄今全球 15 个发达国家设立了 425 个自贸区，占 35.4%；67 个发展中国家共设立了 775 个，占 65.6%。

对外开放的希望,而且担负着更好深化改革的使命。从国家层面而言,国际竞争日趋白热化,需要在入世的基础之上不断扩大在国际贸易中的规则制定权和话语权;国内改革进入攻坚期,中央政府明确提出简政放权,大力压缩行政审批事项,但囿于部门利益等,进展并不顺利,因而迫切需要在一个节点上打开局面。上海就是这个节点。从设立之初,上海自贸区就承载了制度创新重任。[1] 从这点上看,自贸区与综合配套改革试验区的设立初衷颇有类似之处。正如有的学者所评价的,上海自贸区试验,已经超越了特区、新区、开发区等争取优惠政策层面的价值,其核心在于从体制机制上探索开放要素市场、厘清政府边界和放开行政管制。[2]

值得关注的是,中央已决定在更大范围推进自贸区试点,使之成为新一轮高水平对外开放的重要抓手。一方面,以上海自贸区试点内容为主体,继续探索经验并向全国推广;另一方面,在多个省份增设自贸区,在试点内容上突出地方特色,实践经验成熟时适时向全国推广。新设立的自贸区,各具特色,与粤港澳合作、京津冀一体化、对台合作交流等国家战略相呼应,对于从不同角度继续探索和试验简政放权的成效很有战略价值。2013 年、2014 年,全国人大常委会两次作出决定,授权在有关自贸区内暂时调整“外资三法”关于外商投资企业审批等规定,试行准入前国民待遇加负面清单管理方式。2016 年,根据自贸区取得的可复制可推广的经验,对“外资三法”作出修改,在法律中确立外商投资企业实行准入前国民待遇加负面清单管理制度,将试点经验推广到全国。2019 年 3 月 15 日,第十三届全国人大第二次会议表决通过了《外商投资法(草案)》。通过后的《外商投资法》共有六章四十二条,适应了新一轮高水平对外开放的需要,确立了“准入前国民待遇 + 负

---

〔1〕 全面推进“以负面清单管理为核心的投资管理制度、以贸易便利化为重点的贸易监管制度、以资本项目可兑换和金融服务业开放为目标的金融创新制度和以政府职能转变为导向的事中事后监管制度”。

〔2〕 参见杨力:《中国改革深水区的法律试验新难题和基本思路——以中国(上海)自由贸易试验区的制度体系构建为主线》,载《政法论丛》2014 年第 1 期。

面清单”的新型外资管理制度，建立了侧重于投资促进和投资保护、兼顾防范风险要求的新型外商投资法律制度框架，是对目前以“外资三法”为基础的外商投资法律制度的重大调整。外商投资法的制定出台，也标志着自由贸易试验区试点探索出的重要成果，已经形成了法律制度，开始在全国范围内全面施行。

第三节　地区政策对地区平等的影响

纵观改革开放四十多年来的地区政策，各地区从争资金、争项目向争政策、争优惠，再向争制度创新、争先行先试的转变，既是经济社会迅猛发展的必然结果，也是地区平等理念逐步融入决策、深入人心的例证。

一、“先行先试”对于地区发展的机会平等至关重要

过去的改革试点，主要依靠区域性优惠政策，通过政策的地区差异和开放的梯次差异，引导资源要素向特定地区集中。这种试点模式虽然效率很高，但却相对剥夺了其他地区的发展机会，不利于地区之间的平等竞争。以往“先行先试”的主要内容其实是国家特殊政策扶持和政策优惠，而非制度上的试验、探索和创新。从市场统一和公平竞争的角度出发，中央不应再给予特定试点地区特殊的优惠政策，而是应该赋予其“先试先行权”。从综合配套改革试点启动以来，中央采取了“三不政策”，[1]与此同时，赋予浦东、滨海、前海、雄安等试点地区最大的“特权”就是制度方面的先行先试，使地方能够在发展市场经济、扩大对外开放、探索行政管理体制改革等方面获得更大的改革空间和自主权。地方自主形成综合配套改革方案，上报国家调

〔1〕 不给一分钱，不给一个项目，不给一条财税优惠政策。

整和批准，给予相应的先行先试权。在这个过程中，地方不再依赖国家的优惠政策，而是结合各自的发展现状和区域特点，通过体制机制的创新推动改革和发展。如果从地区平等的角度来观察，我们可以发现，地区之间的竞争已经从优惠政策和重大项目转变为先行先试、改革创新。这一方面展现了改革开放四十多年的成效，另一方面也凸显了制度竞争力的重要性。特别是在一个实行单一制、具有大一统传统的国家，获取一部分带有“变通性”的“试错权”“试验权”至关重要。相对于直接给予特定地区特殊的政策优惠和项目支持，赋予特定地区制度创新权更“接地气”，更有利于促进地区平等。但无论是经济特区还是综合配套改革试验区，都没有明确各个地区都具有平等的“先行先试”资格，在具体审批时也不可能面面俱到。这可以从各地区申报的积极性十分高，但获批的数量比较有限这一现象中得到印证。

二、主体功能区战略是地区政策的平等观念重构

主体功能区战略的提出，按照主体功能对不同地区进行“分类”，是地区政策的一次重要的观念重构。这对于从宪法规范层面确立地区平等原则并明确其内涵也有很强的借鉴意义。第一，地区的平等权与公民的平等权在内涵上有显著不同。一般而言，公民享有的权利种类及其范围，不能因为民族、性别、种族、职业、宗教信仰、财产状况、家庭出身、教育程度、居住期限等方面的因素进行限制。但对于地区而言，是否可以因历史因素、环境容量、资源禀赋、开发程度、人口分布、经济布局、发展潜力等原因而影响其法律地位并进而对其享有的权利的种类和范围进行限制？显而易见，主体功能区的划定，必然影响一个地区的经济发展权利。从国家优化开发区、国家重点开发区，到国家限制开发区、国家禁止开发区，从经济发展的权限和能力方面，是依次递减的。尽管符合经济学的规律，有利于一国范围内实现地区比较优势，但对于不同地区及其居民，未必是完全公平合理的。这就需要考虑建构合理的地方利益的表达机制和协调机制，保障国家限制开发区和国家

禁止开发区居民的合法权益。第二，在地区发展问题上“平等”并非仅仅是机会平等和结果平等，还要从起点上考虑不同地区在“禀赋”上的客观差别。与以往的地区政策相比较，过去无论是重大项目、优惠政策，还是先行先试的放权，都是“定点”“定向”的，与特定地区挂钩，不可避免地造成冷热不均，无法面面俱到，容易造成地区攀比，有违地区平等；但主体功能区的划分，虽然也涉及特定地区，但主要是定标准，将一个通过一定民主程序形成的地区划分标准作为中央政府实施地区政策的重要依据。这一做法，较好地消弭了地区争执和隔阂，对于促进地区平等有积极意义。毕竟，在一个单一制国家，不可能对所有地区都采取完全相同的地区政策，否则在经济上是低效的，在实践中也是行不通的。既然要因地制宜，那么最公平的方式无疑是“定标准”。只要标准是按照地区均衡参与和充分表达的方式确定下来的，最终按照“标准”实施的地区政策（包括各种特殊优惠政策、项目支持、制度创新等）也容易达成最大限度的共识。问题的关键在于，“标准”出台的程序是什么？各地区是否平等参与？能否提出修改或修订的动议？对于利益受损的地区，通过何种程序获得中央和其他地区的补偿？回答这些问题，对于理解地区平等的宪法内涵，逐步建构地区平等参与国家政治的民主程序，是一个极为重要的课题，也是本书第八章重点研究的。

三、自贸区是推进地区平等的一次有益尝试

与改革开放初期通过政策优惠推进地区发展的模式不同，自贸区建设的目标并不是要形成不公平竞争的“政策洼地”，而是要打造“改革高地”与“制度高地”，通过制度创新、先行先试形成全国范围内“可复制、可推广”的经验，从而促进各地区共同发展、平等竞争。特别是全国人大常委会的授权是有期限限制的，就是用立法方式倒逼政府改革。如果改革成功，那么就及时修订相关法律，在全国范围内一体适用；如果改革不成功，那么就恢复适用相关法律的条款，没有给予自贸区“豁免”的特权。习近平总书记把上海

自贸区取得的经验比作在试验田上培育出的种子,明确要求尽快把这些种子在更大范围内播种扩散、开花结果。[1] 中央对待各个地区的政策取向是公平和平等的,即任何制度创新的成果不能成为某一个地区的“特权”,而是要尽可能在其他地区甚至全国范围推广、普遍适用。2014 年 12 月 12 日,国务院常务会议就已决定在全国推广上海自贸区的改革试点经验。这就意味着,“先行先试”不再是给予某个地区的“特权”,而是要求某个地区承担的“责任”。尽管“先行先试”会让特定地区先行一步、占据先机,但从根本目的上不是维持地区之间的政策和法治不平衡的状态,而是要在全国层面形成统一的制度,确保各个地区在机会平等的前提下开展良性的、公平的竞争。

---

〔1〕 参见习近平总书记在主持召开中央全面深化改革领导小组第六次会议时的讲话。

第六章

解决地区平等问题的域外经验

对于任何一个追求繁荣富强的大国,区域协调发展都是一个不得不面对并必须妥善解决好的问题。无论是发达国家还是发展中国家,由于存在历史发展、自然禀赋、地理区位以及制度政策等差异,都会出现发达地区和相对欠发达地区、快速发展区域和发展较缓区域并存的非均衡格局。区域协调发展问题的根源是地区平等问题,地区平等问题从本质上而言是中央与地方关系问题,无论是保障地区平等,还是促进地区平等,都需要科学合理的中央与地方之间的权限与责任划分。因此,国家结构形式对地区平等问题十分重要。

所谓国家结构形式,就是全国性政府和区域性政府如何进行权力分配,即中央与地方之间的权限划分。宪法学界一般将国家结构形式主要划分为三种,即单一制(Unitary system)、联邦制(Federal system)和邦联制(Confederal system)。邦联制是国家联合的一种形式,更像是一个比较紧密的国际组织,并没有全国统一的宪法,也没有全国性的政府,因此并不具备一个国家的主要元素,与单一制和联邦制有本质的不同。为此,我们在研究保障与促进地区平等的域外经验时,主要考察单一制国家和联邦制国家,重点是分析这两种国家结构形式(或央地关系)在地区平等问题上的优势与劣势,以利于比较、借鉴和吸收。

第一节　单一制国家的经验

一、日本

日本地处东亚,是重要的经济大国,但自身地理环境却存在明显劣势。[1]明治维新后,日本逐步将工业布局在东京、大阪、名古屋及九州北部等

〔1〕 日本四面环海,资源贫乏,国土狭长,全国面积37.77万平方千米,仅为我国的3.93%,绝大多数工业原料、燃料需要海外进口。

沿海开放地区,“一战”后逐步形成了四大工业基地。“二战”后,日本经济一度陷于困顿。为了应对危机,日本制定了多种适应经济发展不同阶段的区域开发计划,特别是以发达地区为中心和基础,有针对性地开发不发达地区,从而优化地区资源配置,逐步消除地区差别,促进地区平等,为日本战后经济持续高速增长提供了重要动力。[1]

日本虽然是单一制国家,但同时也实行地方自治。1945 年 8 月,日本战败投降,代表盟军在日本行使统治权的美军占领当局制定了日本国宪法,并于 1946 年公布、1947 年施行。这部宪法对地方自治制度作了专章规定。1947 年,日本国会按照宪法精神,整合各种有关地方自治的法律制度,制定了一部统一的地方自治法,扩大居民参政权,扩大地方议会权限,将各级地方行政首长改由地方居民直接选举产生,采用各种居民直接参政形式弥补代议制的不足、设置若干相对独立的行政委员会等。此后,日本又相继制定了 1948 年地方财政法、1950 年地方税务法等,不断完善宪法规定的地方自治制度。

虽然日本实行地方自治,各都、道、府、县和市、町、村[2]都具有一定的自治权,但日本单一制性质没有改变。相反,日本的中央政府一直保持了对地方政府比较强的控制力。正如有的学者所总结的:“日本地方与中央政府的关系是三分自治、七分集权。”[3]第一,中央通过立法控制、财政控制和行政监督加强对地方的统合力。比如,地方议会条例的内容不能超出法律、法令和政令范围,否则一律无效;条例不得涉及司法事务等国家规定事务;条例的立改废必须报告内阁自治省大臣。第二,地方公共团体虽有财政自治权,但缺乏财政自治能力。地方公共团体拥有法定的自主财源,包括地方

〔1〕 参见郑长德:《世界不发达地区开发史鉴》,民族出版社 2001 年版,第 193 ~ 194 页。

〔2〕 日本的地方政府也被称为普通地方公共团体,第一级包括 1 都(东京都),1 道(北海道),2 府(大阪府和京都府)和 43 个县,共 47 个行政单位。第二级即基层地方公共团体,目前约有 649 个市、1991 个町和 615 个村,共计约 3255 个。

〔3〕 杨凤春主编:《中国地方政府》,中央广播电视大学出版社 2007 年版,第 26 页。

税、地方债和财产收入等。但据统计，“二战”后日本地方公共支出占全国公共支出的2/3左右，但地方公共团体的地方税收入只占全国税收总额的1/3，因此地方公共团体的财政收入依赖于中央政府根据《国家下拨税法》等法律所进行的转移支付和特别财政援助。由此可见，日本作为一个实行地方自治的单一制国家，中央政府仍然具有较强的集权特征，因此在保障和促进地区平等方面可以充分调动各方面资源，充分发挥统合协调的作用。

一是制定国土综合开发计划，有针对性、有重点地促进区域平衡发展。1950年颁布的国土综合开发法，主要目的是修复由于战争而荒废的国土。但该法并没有全面实施，主要原因是美国对日占领政策发生转变，与此同时还爆发了朝鲜战争。但特定地区综合开发计划得到了有效执行。根据该计划，日本集中有限的财力、物力、人力，在21个重点开发的特定地区建设本国粮食基地，实现自给自足。很显然，该计划的目的并不是通过欠发达地区的开发来缩小地区差距。1955年，日本战后恢复阶段基本结束，经济进入高速发展阶段，迫切需要在京滨、名古屋、大阪和北九州等原有工业基地的基础上不断拓展新的发展空间。1960年，日本“太平洋狭带地区”设想正式提出，即将新工业区布局在连接四大工业基地的地区。其他地区自然会强力反对并坚决抵制这一倾斜性过于明显的地区政策，但这一政策却在实践中有力推动了日本经济全面起飞。但负面效应就是工业向中心地带聚集，人口向大城市聚集，导致发达地区更加发达、落后地区更加落后，地区间的矛盾冲突更加激烈。为缓和矛盾，日本政府分别于1962年、1969年、1977年、1987年和1995年通过五次全国综合开发计划，着力调整地区产业布局，改变地域经济差距，促进地区平等和人口流动。在此期间，日本颁布实施发电设施周边地区整备法、国土利用计划法、孤岛振兴法、新产业城市建设促进法、过疏地区振兴特别措施法、工业再配置促进法、水资源地区对策特别措施法、低度开发地区开发促进法等，通过法律手段并辅以经济手段和行政措施，促进区域之间平等发展。

二是全力推动落后地区的开发和振兴,缩小地区差距,促进地区平等。北海道地处日本最北端,面积约占国土总面积的1/5,是最大的“省级”行政区,但人口密度却是全国最低的。由于气候条件和区域位置,北海道劳动力不足,市场萧条,开发困难。日本政府在战后十分重视对落后地区的开发。1950年制定的北海道开发法确立了开发北海道的原则和方针;国家专门设立了北海道开发事业预算,中央政府设立北海道开发厅;依法对北海道开发给予资金倾斜政策。据统计,20世纪90年代以来中央政府给地方发放的关于开发项目和农业开发的补贴,北海道占据的比重远远高于其他地区。

三是作为一个单一制国家,日本同样面临着法制统一与地方创新之间的矛盾,既要鼓励各个地区先行先试,同时又要保证国家整体的法制统一。2002年4月,日本开始的全国性特区改革,在改革思路和实施路径上与以往的地区政策有很大不同,特色鲜明:第一,决策非集权化。通过自上而下的决策过程确定改革框架,通过自下而上的过程推进改革计划。第二,特区只能获得中央的政策支持,不能获得中央的财政支持。第三,允许先试先行。特区开展的各项改革措施经过考核论证后,可以向其他地区推广运用。第四,充分尊重地方自主权。内阁主导改革进程,特区直接对内阁负责。这就避免了决策者与实施者之间的中间环节,特别是摆脱了中央各部门的约束,激发了各地区改革动力。第五,注重法律先行。为了防止官僚集团出于自身利益在操作过程中背离改革目标,通过立法详尽规定改革内容,给出改革的路线图。第六,比较灵活地设置特区。原则上以市町村为中心建立特区,但也允许各种地区以组合形式建立特区。

二、英国

英国是一个岛国,由英格兰、苏格兰和威尔士,以及北爱尔兰和一系列附属岛屿共同组成。从名称上看,英国(大不列颠及北爱尔兰联合王国)很像一个联邦制国家,但从国家权力在纵向的划分来看,尽管有十分浓厚的地方自治传统，但仍然是一个单一制国家。

英国是欧洲国家中最早提出地区差别问题及相关解决办法的。英国以南北差异为主要表现的地区差异由来已久。早在 19 世纪，就有人用“两个国家”来形容相对富裕的南部和相对贫穷的北部。20 世纪 20 年代，以煤炭工业为基础的英国东北部发展缓慢，英国政府正式提出了对该地区的援助问题。1934 年，英国制定特别区法，确定南威尔士、东北部、西北部和苏格兰中部为援助区。但由于历史心结、宗教信仰等各种复杂因素的影响，对英国地区政策和地方制度影响最大的是苏格兰。

1707 年，由于英格兰的步步紧逼和自身岌岌可危的经济状况，苏格兰终于同意了联合法案，放弃了政治独立，与英格兰合并。合并在短期内掩盖了苏格兰民族主义的独立呼声，增强了大不列颠王国的实力。但“二战”后，英国在全球的殖民统治趋于瓦解，苏格兰民族主义情绪也出现高涨。此外，尽管英国政府在不同历史时期都采取了一些地区政策促进苏格兰的发展，但相对于英格兰和威尔士，苏格兰的绝大多数地区仍然属于落后地区。苏格兰人口约占全国总人口的 8.34%，面积约占全国总面积的 1/3，但经济总量仅约占全国的 9.2%。这种地区不平衡不协调的现状给了苏格兰民族主义者更有说服力的寻求独立的借口。在这种形势下，英国政府不得不实行渐进的“权力下放”政策，在保留苏格兰相对独立的司法系统、宗教信仰和文化传统的基础上，赋予苏格兰更大的自治权力。[1] 根据 1997 年苏格兰关于成立苏格兰议会的第二次全民公投结果，1998 年苏格兰法令在英国国会得到表决通过。根据这部法令，苏格兰议会在时隔 290 年之后重新成立，并且可以自行制定教育、医疗、税收、福利等方面的法律。相应成立的苏格兰政府，对苏格兰议会负责，依法主管教育、环境、能源、运输等诸多事务，其最高长官被称为“苏格兰首席部长”。

---

〔1〕 参见刘丽丽：《苏格兰独立问题的历史与未来》，载《烟台大学学报》（哲学社会科学版）2014 年第 6 期。

2007年,苏格兰民族党首次击败工党,以一票的优势获得组阁权;2011年,由于苏格兰民族党在大选中获胜,成为议会中的绝对多数,其党首萨蒙德抛出了苏格兰独立公投的施政目标。英国政府尽管不希望国家分裂,但是经过多个回合的协商,由于担心拒绝公投会更加容易激发苏格兰的民族主义情绪,加上刚刚执政的保守党正面临欧债危机、经济停滞等内忧外患,卡梅伦政府不得不妥协同意2014年公投方案。[1] 苏格兰地区独立公投于2014年9月18日如期举行,但最终失败,英国避免了一场分裂灾难。

在这次公投中,苏格兰虽未如愿以偿地获得独立,但这次公投迫使英国政府在政策上对其作出更大的妥协和让步。在公投前,英国财政大臣就表示,英国议会三大主要政党均同意,只要苏格兰不独立,就可以获得中央政府授予的包括税收、开支、社会福利等在内的更多自主权。否决独立的公投结果一经确认,议会将立即兑现这些承诺。公投结果出来后,英国政府不得不按照原先承诺,向苏格兰政府进一步下放权力,倾斜财政转移支付,提高苏格兰民众的社会福利。

这如同一把"双刃剑",苏格兰的人心短期内得到安抚,可以避免独立运动再次风起云涌;但从长期来看,由于中央政府在行政、经济等方面大幅让步,不断扩大苏格兰自治权,导致苏格兰更有可能走向独立,因为发动独立运动的障碍会更小也会更少。[2] 更为严重的是,苏格兰地方自治权的扩大会引发连锁反应,威尔士和北爱尔兰为了实现与苏格兰的"地区平等"待遇,也会向中央政府提出扩大地方自治权的要求。这将造成一个国家的权力日益分散化,英国将变成一个越来越难于集中全国之力的国家,在欧盟内部的地位和影响力明显下降。[3] 有的观察者甚至表示,英国中央政府向苏格兰

---

〔1〕 参见李维维:《英国的政治角力——由苏格兰独立公投说起》,载《世界知识》2014年第21期。

〔2〕 参见刘丽丽:《苏格兰独立问题的历史与未来》,载《烟台大学学报》(哲学社会科学版)2014年第6期。

〔3〕 参见周永生:《苏格兰独立公投的深远影响》,载《人民论坛》2014年第30期。

大幅度放权，将推动英国由一个中央集权的政府变成一个联邦政府。

三、法国[1]

法国作为一个单一制国家，同样面临地区发展不平衡不协调的问题，同时，不同地区之间出现越来越多需要相互合作才能有效解决的事务。为此，法国通过立法推进地区合作和区域一体化发展，从而推动地区平等。

一是明确事权分工。法国自20世纪末以来，进行了一系列旨在推进国家治理现代化的改革，重要内容之一就是明确中央、大区、省和市镇的事权分工。这项事权分工的改革坚持两项原则：第一，“就近原则”，即与公众最接近的事权尽可能配置给地方和基层政权。法国1958年宪法（现行宪法）第七十二条第二款规定，地方政权有义务对其能够最优实施的职能全面进行决策。第二，“补充原则”，当低级别政权不能有效解决，而高一级政权能够有效解决问题时，由高级别政权负责。

二是明确“龙头”地位。没有隶属关系的地方政权相互间既没有领导与被领导关系，也没有监督与被监督关系。但一体化或合作又必须有“龙头”组织。为此，2017年2月28日的法国法律规定，大区作为“龙头”，在下列方面，负责牵头组织有关大区的合作：国土的整治和可持续发展；保护生物的多样性；气候、空气质量和能源；青年政策；运输方式的交叉手段和互补，特别是车站的改善；对高等教育和研究的支持。省作为“龙头”，在下列方面，负责牵头组织合作：社会治理、社会发展和减少能源贫乏；人的自主权；国土间的相互支助。市镇或市镇合作公共机构作为“龙头”，在下列方面，负责牵头组织合作：可持续的流动性；组织周边的公共服务；空间整治；本地区发展。根据法国法律的规定，进行合作的市镇可以获得上级或中央政府的补贴，可以开设特别地方税，可以获得上级或中央政府在本地区的更多投资。

---

〔1〕 上海交通大学凯原法学院叶必丰教授分享了宝贵研究资料。

建立市镇联盟的地方,对因原市镇机构裁撤而失去岗位的公务员,必须安排在市镇联盟任职;不能安排的,应当予以补贴。法国法律还规定,对合作或一体化的市镇赋予更大管辖权。例如,2014 年 1 月 27 日法律规定:"在不违背本《法典》的情况下,里昂大区完全有权行使法律赋予省的管辖权。"对大巴黎区也作了相同规定。

三是授权允许"先行先试",区域一体化推进改革。为此,2003 年 8 月 1 日的法国法律专门规定了地方的先行先试。根据规定,法律允许地方政权以试验的名义,对有关法律条文作例外处理,但确定试验的目标和持续时间,不得超过 5 年,"并明确列举可以排除适用的具体法律条文"。"在规定的试验期结束之前,政府要向国家议会提交一份附有参加试验的地方政权对试验的观察意见的报告。该报告应反映地方政权采取措施的实施效果,尤其应反映实施成本和质量、地方政权的组织、国家服务的组织以及财政和税收影响方面的效果。"在规定的试验期届满之前,根据评估报告,决定"一、延长或改变试验期的条件,但不得超过 3 年。二、试验措施的维持和推广。三、放弃试验"。

四是规范地方合作。法国推行地方合作的主要法律制度是合作协议即行政合同。合作协议可以约定甲地方政权的行政管辖权委托给乙地方政权行使。2014 年 1 月 27 日的法律第一款规定:"一级地方政权可委托另一级地方政权或税收独立的市镇合作公共机构行使它的管辖权。"第二款规定:"依照第一款的规定所委托的管辖权,需要以委托人的名义并且为了委托人的利益而行使。"第三款规定:"该委托由委托政权和受委托政权之间签订的协议来确定委托管辖的时间、目的和委托政权对受委托政权的监管方式。这一协议的具体形式由最高行政法院通过法令来确定。"合作协议可以约定其他任何法律未禁止事项的合作。法律明确规定了合作协议的缔结主体、主要条款和缔结程序。关于合作组织,2015 年 8 月 7 日的法国法律规定:"地方政权可以按照法律规定的形式和条件,创建合作公共机构,以联合行使其管辖权。”合作组织可以分三类:第一,混合政权,与地方政权类似,有议会和管理机构。对此,法律详细规定了各成员市镇应把自己的权力移交给混合政权,各成员市镇所占混合政权议员的名额、选举程序、议员津贴、议会的组织和运行,管理机构的产生,以及财政经费等。第二,财税独立的管理机构,即没有相应议会、具有主体资格、负责合作事务的管理机构,以成员市镇的议会为民意决策机构。为此,法律详细规定了各成员市镇如何一致决策的规则。第三,协调机构,即不具有决策权,只负责协调各成员市镇一致行动的机构。上述合作组织的设立,也需要以行政合同的形式予以约定。

五是加强国家监督。法国中央政府对地方的监督是通过“国家代表”进行的。国家代表几乎参与地方合作的方方面面。合作事务是否属于地方政权管辖的事务,合作协议是否合法,合作组织的设立和运行,以及合作组织主要官员的任职等,绝大多数需要“国家代表”的审查或同意。如先行先试的请求“应转给国家代表,由他签署意见后,再呈交主管地方政权事务的部长”。市镇合作组织的章程“由相关各大省的国家代表通过政令的方式予以通过”。“管辖权移交的决定由相关大省的国家代表,在征得所有成员市镇的市长以及市镇合作公共机构主席的一致同意的前提下,以政令的方式作出。该管辖权移交的终止适用相同的规定。”

第二节　联邦制国家的经验

一、美国

究竟是中央集权制好,还是各州分权的联邦制好,是费城的制宪会议争论的焦点问题。大州与小州各有算计,争论不休。[1] 为了照顾小州的利益,

---

〔1〕 参见[美]麦迪逊:《美国制宪会议记录辩论》,尹宣译,辽宁教育出版社2003年版。

制宪会议修改邦联条例,把原来的一院制改造成两院制:一方面,把众议院改造成代表选民利益的"民权议会";另一方面,增设参议院,作为代表各州利益的"州权议会"。按照"弗吉尼亚方案"的原先设想,参议员席位也要在各州之间按人口分配,就和众议员席位一样。这样一来,特拉华州只有一席,弗吉尼亚至少十席,势必导致大州在两院独大的局面。这个意图,受到小州的坚决抵制。为了达成妥协,最终大州同意:众议院席位按人口分配,参议院席位各州一律平等,都是两席。麦迪逊在《联邦党人文集》中坦承,这是"各方让步的结果,是我们所处的政治形势所需的特殊产物",同时他又对此作出这样的解释:既然"人民已经完全融入一个国家","各州不论大小,都应在政府中占有平等份额",那么,"在一个兼备国家和联邦双重性质的复合共和国里,联邦政府应该建立在混合原则上,众议院按人口比例分配席位,参议院内各州席位平等,这种安排,也就不无道理"。[1]

从美国的制宪历程可以看出,地区平等的原则既是大州与小州妥协的结果,也是联邦制国家从理论和实践上得以成立的基石之一。一方面,联邦制本身就蕴含了中央与地方分权的理念,联邦与各州之间,大州与小州之间,地位是平等的,通过平行独立的政府系统各自履行宪法职责。只有这样,才能实现均势和平衡。另一方面,美国国会是在联邦层面协调全国利益和地方利益、地方利益与地方利益的重要平台。[2]联邦国会的一个重要职责就是通过宪法确立的各州平等参与国家政治的参议员名额分配机制,平等保护各州利益,从而实现全国利益和地方利益在宪法层面的平衡。正因为有宪法制度设计中对地区平等问题的特别关注并赋予各州平等参与政治决策的权力,在多重力量的推动下,美国在建国以后特别注重解决各地区发

---

〔1〕[美]亚历山大·汉密尔顿等:《联邦论:美国宪法述评》,尹宣译,译林出版社2010年版,第427页。

〔2〕参见王振民:《中央与特别行政区关系:一种法治结构的解读》,清华大学出版社2002年版,第15页。

展中的不平衡与不协调问题。

美国也是一个大国，幅员辽阔，资本主义经济从大西洋沿岸的东北部逐步拓展到五大湖地区。由于各种因素影响，美国建国以后一直存在较大的地区差异，其西部和南部长期都是不发达地区，与东北部、中北部差距甚大。[1]在世界各国中，美国较早注意到区域问题并通过立法促进地区之间均衡发展，制定了大量促进地区开发、保障地区平等的法律法规。[2]

20 世纪 30 年代初，联邦政府为了促进各州的协调发展，制定了大量的法律法规实施相对独立且有差别的税收政策，保证美国南部、西部等不发达地区税负低于相对发达地区，刺激社会资本流入不发达地区。直到 20 世纪 90 年代，联邦政府才开始适当缩小地区间税负差异。[3] 在联邦制国家，税收有中央税与地方税的明确划分，联邦政府有权采用差别化的中央税收政策，实现对落后地区的反向支持，促进各地区的实质平等。在地方税方面，各州可以根据自身情况作出决定，越是税率低、公共服务好的地方，越容易吸引居民定居和外来投资，这就在各地区之间形成了良性的竞争态势，保障各地区的机会平等。

美国在 20 世纪 50 年代末 60 年代初遭遇经济危机。很多地区失业率急剧上升，出现了严重的区域发展问题。1961 年 5 月颁布的地区再开发法，第一次将地区失业和经济落后问题视为全国性问题。[4] 根据该法案，当地失业标准是确定有权获得政府援助的经济再开发地区的标准。[5] 两年内，共有 1000 多个地区符合标准并接受援助，美国 1/5 的人口和 27% 的失业人口受益。1965 年颁布的公共工程和经济开发法，调整了地区再开发法的地区

---

[1] 参见郑长德：《世界不发达地区开发史鉴》，民族出版社 2001 年版，第 151 页。

[2] 参见刘水林、雷兴虎：《区域协调发展立法的观念转换与制度创新》，载《法商研究》2005 年第 4 期。

[3] 参见傲敦：《论我国地区权利平等的宪法保障》，清华大学 2012 年法律硕士专业学位论文。

[4] 参见郑长德：《世界不发达地区开发史鉴》，民族出版社 2001 年版，第 155 页。

[5] 即该地区的失业率在过去的 3 ~ 4 年超过全国平均水平 75%，或者在过去的 2 年里有 1 年超过全国平均水平 1 倍。

政策，重点通过投资公共工程进行援助，不再直接扶持落后地区和困难地区的私人企业。同时明确规定，只有出现失业水平严重或持续升高、中等家庭收入低于全国平均水平 40% 或失业率因关键企业倒闭突然升高的地区，才能获得联邦援助。虽然这两部法案自出台到实施一直受到学者和企业的批评，认为破坏了公平竞争的市场原则，但换个角度来看，中央政府在提供政策支持和资源扶持时并没有明确指向特定地区，而是通过数据统计测算划定了具体标准，这对于实现地区平等却是有益的。这对于我国通过扶贫政策促进地区平等也具有一定借鉴意义。

1993 年出台的联邦受援区和受援社区法案比较系统地提出解决落后地区发展问题方案。25 亿美元的税收优惠是该法案核心内容，其中 10 亿美元无偿用于城市和乡村的各项援助项目。[1] 主要援助模式是采取综合措施为地区创造经济机会，尤其是形成各地区可持续发展的路径，避免各地区依赖来自上级政府的援助。主要援助目的是努力消除地区差异和贫富不均。据统计，提出援助申请的有 500 多个地区和社区，其中 6 个城市受援地区和 65 个城市受援社区、3 个农村受援地区和 30 个农村受援社区获得联邦政府批准。[2] 其中不少地区有历史遗留的贫困人口增长过快、人口外流严重问题。虽然美国宪法并没有明文将保障和促进地区平等作为联邦政府的法定职责，但从国家的长远发展和长治久安而言，这是任何一个国家的中央政府都不得不承担起来的宪法责任。

二、德国

德国的地区差异问题经历了三个阶段。第一阶段是“二战”以前。德国南北发展不平衡比较严重，北部主要依靠资源优势，形成了以鲁尔为核心的

---

〔1〕 参见王俊文：《国外反贫困经验对我国反贫困的当代启示——以西方发达国家美国为例》，载《社会科学家》2008 年第 3 期。

〔2〕 参见陈耀：《对欠发达地区援助的国际经验》，载《经济研究参考》2000 年第 28 期。

工业区，成为德国工业化基地和动力源，南部的经济社会发展则相对落后。第二阶段是“二战”后。南北发展发生逆转，北部相对落后，南部则由于20世纪70年代后期新兴工业的兴起，经济快速发展。第三阶段是20世纪90年代初。随着东德西德的统一，东部地区成为德国的落后地区，东西部发展不平衡成为主要地区差异问题。[1]

德国的地区差异问题与“二战”有着密切联系。一方面，战争的爆发改变了原先的地区产业结构。如果说市场能够促进地区之间的均衡发展，那么战争就是造成地区差异的十分重要的推动力量。另一方面，战后的占领格局从实质上分裂了德国，形成了明显的地区差异。“二战”结束后，美、英、法、苏分占德国，形成四个军事管辖区。1948年，美、英、法三国所占领的州提议制定宪法，次年基本法生效实施，成立了西德。与此同时，苏联占领地区也通过宪法，成立东德。西德与东德相互隔绝，实施不同的宪法、遵循不同的意识形态、生活方式也截然不同，“柏林墙东西两侧的政治、经济、社会与人权经历了迥然不同的发展”。[2] 这不仅在经济上，而且在制度上形成了东西部的地区差异。

德国在传统上一直奉行以“平等”“公正”为核心的社会市场经济理论，对区域之间的失衡状态本身就比较敏感，加上对被战争和分裂所打破的区域平衡心有余悸，西德在制定基本法时，比其他联邦制国家更加关注和重视地区平等问题。德国基本法重视州权平等配置，明确规定在涉及各州利益的关键影响事务时，如联邦和各州所分享的各类税收、联邦与各州的联合作业等必须经由参议院同意方能执行。为了发挥联邦政府在促进地区平等中的重要作用，德国基本法授权联邦政府可以通过对各州投资或者财政援助的方式，在联邦领土内均衡各州经济能力的差异。德国基本法关于地区平等的原则和内容，陆续体现在联邦《改善区域结构共同任务法》、联邦《空间

---

[1] 参见郑长德：《世界不发达地区开发史鉴》，民族出版社2001年版，第248页。

[2] 张千帆：《联邦德国的〈基本法〉与宪政法院》，载《法制现代化研究》2001年第00期。

布局法》和联邦《财政平衡法》等法律中。[1] 这些法律的主要目的就是实施“改善区域经济结构共同任务”政策(GRW),逐步缩小各州在社会福利和经济收入方面的差距,促使各州拥有大致均衡的基础设施、生活设施、公共服务和自然环境。同时,从经济学上看,也可以通过在全国范围内合理配置各类要素,促进各州产业结构平衡,实现经济增长的可持续性。西德通过立法和政策促进和保障地区平等,取得了比较明显的成效,不仅有利于区域均衡发展,而且有利于联邦层面统一市场的建立和人力、信息、资源等的自由流动,为德国经济的恢复奠定了良好基础,也为两德统一后西德对东德的援助提供了可能。

值得注意的是,德国基本法第七十二条明确提出,国家必须保持各地区人民生活条件的一致性,将地区平等的原则落实到每个地区居民平等的生活条件上。相应地,对联邦税收公平的合理分配作出了规定。[2] 这从宪法上确立了德国联邦制的一个基本原则,即国家应当保证全国范围内公民生活水平基本相同。德国联邦通过在各州之间进行财政转移支付,确保各州无论经济发展程度高低都能在社会服务等方面达到相同或相近的水准。这是从地区平等的角度出发,对人权保障的一大贡献。似乎在 1945 年制宪之时,冥冥之中就为此后若干年发生的东德与西德的合并埋下了铺垫,从制度上为解决东德和西德的地区不平衡状态提供了宪法依据。

20 世纪 80 年代末 90 年代初,苏东剧变,德国重新统一。统一之后,经过少量修正的西德基本法对全体德国人民有效,适用于全德 16 个州。德国政府面临的首要任务,就是东德和西德的融合,更确切地讲,就是缩小东德与西德的地区差距。一是征收团结税。为了解决统一带来的财政负担,促

---

〔1〕 比如,联邦改善地区结构共同任务法规定,联邦和州共同出资对落后及结构薄弱地区的开发给予补贴。联邦《空间布局法》规定,联邦领土在空间上应该得到普遍发展。

〔2〕 德国基本法第一百零七条第二款:“保障财政强州与弱州之间的合理均衡,并适当考虑地区社团或社团联盟的财政能力与要求;这类法律还可授权联邦从联邦基金中拨款给财政弱州,以补充其日常财政所需资金。”

进东德地区的发展，原东西德地区各州纳税人都必须缴纳团结税，税率为5.5%。2018 年联邦政府征收的团结税高达 189 亿欧元。2019 年 11 月，德国联邦议会正式批准部分取消团结税。从 2021 年开始，德国 90% 的纳税人不再缴纳团结税。部分取消团结税，并不意味着联邦政府不再对原东德地区进行帮扶。相反，联邦政府会另外从财政中拨款，对境内所有经济薄弱地区进行帮扶和促进。二是实施“改善区域经济结构共同任务”政策。根据西德《改善区域经济结构共同任务法》，联邦的经济部长、财政部长和州的经济部长代表共同组成计划委员会，制定促进区域经济发展的常规计划。[1] 两德统一后，东德的 5 个州都被确定为区域经济促进区。[2] 联邦对区域经济促进区进行财政资助、经济补贴、基础设施投资和鼓励投资、税收优惠。据统计，两德统一后的 10 年，西德对东德的资金援助高达 1.6 亿马克，扣除 4000 亿马克回流西德，东德净吸纳资金高达 1.2 亿马克。这些资金用于解决失业问题、改善投资环境、改造基础设施等，对促进东德地区发展、缩小地区差距、实现地区平等起到了重要作用。2019 年联邦内阁作出决定，自 2020 年起，“改善区域经济结构共同任务”政策不再将东德地区作为专门的资助对象，而会将全德国的经济薄弱地区都作为资助对象。

第三节　单一制和联邦制解决地区平等问题的比较

从形式上看，联邦制比单一制在解决地区平等问题上更具有优势。就国家的创立次序而言，联邦制国家是先有地方（成员州）后有中央（联邦），而

---

〔1〕 主要内容包括：促进地区的划分、促进区域内重点项目的确定、受促进地区应当达到的目标、列举所有促进措施和资金、每项促进措施的性质和执行。

〔2〕 划分标准包括四个因素：就业人员的平均年薪；前 4 年的平均失业率；地区居民人均国内生产总值和基础设施情况指数；就业市场未来 5～10 年的供求情况。

单一制国家则是先有中央后有地方。因此，从政治参与的角度来看，联邦制国家更加注重地区之间的平等，否则也就没有各个地区自愿联合结成联邦。从美国的立宪史可以发现，大州与小州在创立联邦问题上的利益冲突和观念冲突是极其剧烈的，特别是在维护和拓展自身权力方面，更是吵得不可开交。最后达成的妥协就是，参议院的名额分配按照地区平等的原则，无论大州小州，不管人口多少，一律有两名参议员。这就在政治参与的起始阶段保障了各个地区的平等权利，从而有助于在经济发展、民生改善等各个方面落实地区平等。但在单一制国家，由于各个地方一般是中央政府负责划分行政区域并创立相应层级的政府，各地区在政治参与的起始阶段缺乏地区平等的宪法保障。如果地方在争取中央政府支持方面存在“技巧”的匮乏或“底气”的不足，那么只有在发展过程中出现了比较严重的地区差异，甚至恶化为地区分离主义时，中央政府才会不得不重视地区平等问题。

事实上，比较单一制国家和联邦制国家解决地区平等问题的路径与成效，不能简单地说哪一种国家结构形式下的央地职权配置，更有利于保障和促进地区平等。事实上，实现地区平等的因素是复杂的，单一制和联邦制各有优势和劣势。

一、单一制的优势与劣势

单一制国家解决地区平等问题的优势在于中央政府具有较高的权威以及相应的职权配置，可以调动的资源比较丰富，在促进地区协调发展方面的手段较多、效率较高。无论是否实行地方自治，单一制国家的地区政府往往被视为中央政府的附属和派出，因此中央政府几乎垄断了制定区域政策的权力。特别是在中央集权型的单一制国家，中央政府基本上会采用国土规划的方式，划分地区的类型，有侧重地推进地区平等。劣势就在于地区发言权和参与度不足，一般只能被动地接受和服从中央制定的地区政策，无力与中央进行商讨。目前来看，还没有一个单一制国家的地区政策被纳入违宪审查的范畴,即使地区政策制定失当,有违地区平等原则,受到不利影响的地区也无法通过法律途径,特别是诉讼途径主张自身权益。

二、联邦制的优势与劣势

联邦制国家解决地区平等问题的优势恰恰在于地区参与度高,甚至在政治决策的初始阶段,各地区往往就可以通过在联邦议会(参议院)中的代表提出自身的主张,从而有效表达地方利益诉求。相应地,联邦中央政府在某种程度上受到了制约,在制定地区政策时,往往要充分考虑各地区的均衡参与和利益诉求,否则不仅无法推行下去,而且容易影响自身的政治权威和连选连任。但劣势在于中央政府的统合能力相对而言比较有限,一般比较依赖于通过市场的力量和自发的调节实现地区之间的均衡发展,而不是通过规划的方式对各地区进行各有侧重的援助和支持,因而见效较慢,效率不高。联邦制国家的中央政府相对而言权力受到的掣肘要多一些,但如果赋予各个地区独立的宪法资格,并将司法调控等手段充分运用好,同样会对各个地区形成有效的统合力,尽量将政治问题法律化,避免在地区差异过大或者地区冲突频繁的情况下出现地区分离主义的倾向。

第四节　对我国的启示

按照通说,我国是一个单一制国家,只有一部宪法、一个中央政府,中央可以赋予特定地方较大的自治权力,但地方没有“剩余权力”。决定国家结构形式的因素是多样化且极其复杂的。由于中华人民共和国成立之初决定国家结构形式的各种因素是不断变动的,因此国家结构形式尽管在宪法文本上可能是稳定的,但在宪法实践中却是不断发展和深化的。中国又是一个幅员辽阔、人口众多、各地政治经济社会文化发展很不平衡的大国,研究中国的中央与地方关系，不能忽视地区发展不平衡的现实国情。实现中国这样一个大国治理体系与治理能力的现代化，必须兼顾地区平等问题。从联邦制国家和其他单一制国家推进地区平等的实践中，我们既可以借鉴一些经验，也可以吸取一些教训。

一、避免国家分裂

地区发展不平衡、地区地位不平等是造成地区分离主义、甚至分裂主义的重要源头。无论国家结构形式是单一制还是联邦制，无论是中央集权还是地方自治，如果各地区发展进程不平衡、宪法地位不平等，很容易引发分离主义或者分裂主义。不仅不发达地区如苏格兰有分离主义倾向，发达地区如西班牙的加泰罗尼亚等同样也会出现独立诉求。苏格兰的独立公投刺激了西班牙、意大利等国家的地区分离势力，它们密切关注并希望借此机会表达独立诉求。这些国家寻求独立的地区在经济发展水平上高于本国的其他地区，对国家的经济贡献大，却要缴纳更高的税收来补贴其他相对贫穷的地区，这一地区经济不平等的因素是除了语言、文化、历史原因外，导致分裂主义的主要原因。联邦制国家由于建国的特殊性，在宪法的设计中就特别重视各地区的均衡参与和平衡发展。单一制国家也不得不面对和解决地区平等问题，往往通过国土空间规划、特定地区援助等方式促进落后地区的发展，有的时候为了实现国家统一、民族团结，还赋予特定地方特殊权力，以地区不平等之“异”实现国家形式上的“同”。但不管出于什么理由，在单一制国家赋予某一个地区过大的地方自治权力，一定要慎之又慎。一方面，自治权力的过分膨胀，很可能演化为主张分离和独立的力量，一旦中央缺乏制衡手段，类似于加泰罗尼亚独立公投、苏格兰独立公投这样的“运动”将此起彼伏。另一方面，人为造成不同地区的地位、权限差别，将造成一个国家内部的潜在张力和结构松散，也不利于全国范围内的安定。

二、注重分配公平

资源利益分配要注意公平公正，充分考虑资源所在地的利益。这是地区平等的重要内涵，也是实现中央与地方关系规范化、法治化的重要环节。苏格兰民族党主张苏格兰独立的一个重要理由是目前英国约 80% 的油气资源来自北海地区开发的油气，而近 90% 的油田和 60% 的气田都位于苏格兰的领海，但英国政府获取的收益却远远高于苏格兰。如果苏格兰独立，仅这部分收益就将大大提高苏格兰人民的生活水平。对中下层民众而言，这样主张的诱惑力与煽动性无疑是极强的。我国地域辽阔、国情复杂，来自内部的威胁国家统一的种种因素不可忽视。地区不平等虽然并不必然导致地区分离和独立，但如果地区差异过大，尤其是在利益分配和政策支持上不公平，往往容易成为分裂主义分子的口实。因此，运用法治方式推进地区平等、逐步缩小地区差异，对于维护国家统一、促进民族团结意义重大。

三、规范先行先试

单一制国家要处理好全国法制统一和地方先行先试的关系，通过授予特定地区“试验权”，弥补单一制这一国家结构形式的弊端。我们细究日本结构特区改革的主要内容，似乎与我国在不同历史时期承担先行先试职能的经济特区、综合改革配套试验区、自贸区等有神似之处。法国也通过立法授权特定地区“先行先试”并予以制度和程序上的规范。事实上，赋予特定地区先行先试等“试错权”，有利于解决单一制国家结构形式不利于鼓励地方创新的弊端。从地区平等的角度来看，地区之间的竞争从优惠政策和重大项目转变为先行先试、改革试错，凸显了制度竞争力的重要性。特别是在一个单一制、具有集权传统的国家，获取“试错权”“试验权”至关重要。相对于直接给予特定地区特殊的政策优惠和项目支持，赋予特定地区制度创新权更“接地气”，更有利于促进地区平等。但从地区平等的角度考量，还需要明确两点：第一，“试错权”不是某一个地区的特权，不能固化，应该明确为每个地区都应享有的基本权利，中央政府根据国家战略和改革发展的需要可以确定不同的地区承担“试点”任务，否则对没有先行先试的地区不公平；第二，先行先试的成果不能“独享”，要“可复制、可推广”，否则不仅在全国范围内形成不了统一公平的制度，而且在制度资源和政策资源上不利于实现地区平等。

四、增强国家认同

一个大国要保持统一，必须解决好民族国家认同的建构。世界上的“民族国家”都是人为“建构”起来的，没有先天就存在的。建构民族国家，是一项包括国语推广、族群融合、文化整合等内容的长期、复杂的系统工程。只有坚持不懈，经过一段时期，民族国家才可能形成共同的历史、利益和文化，日益牢固地凝结为一体。[1] 美国是各州联合形成的，在立宪之时就面临分崩离析的现实危险，因此制度设计就特别注重地区平等和均衡参与，以利于在全国范围内成为美利坚民族情感的共同体。东德西德尚在对峙分立之时，西德的基本法就确立了地区均衡发展的原则，并通过财政转移支付、公共服务均等化等方式予以保障。两德统一之后，东德与西德之间的地区差异之大，世所罕见，不仅是经济发展水平的差异，还面临着生活方式的调整等。西德的基本法经过适当修改转化为德国基本法，继续保留了地区均衡的相关条款，不遗余力地促进东德落后地区的发展，甚至不惜违反执政承诺让西德地区背上“团结统一税”的负担。其目的就是尽快走出分立的隔阂，加快形成统一的国家意识和民族认同。与美国和德国这两个联邦制国家相对比，苏格兰独立公投反映出英国这个单一制国家在构建共同体方面的缺

---

〔1〕 参见田德文：《解读苏格兰独立公投》，载《中国党政干部论坛》2014年第11期。

陷。[1] 这是引发苏格兰独立公投的一个很重要因素。我国按照“一国两制”的伟大构想制定了香港基本法、澳门基本法，香港和澳门在社会制度与生活方式、法律和司法制度、行政管理、经济、文化教育和思想、人权保障标准和机制、区旗区徽、国家安全标准、对外交往等九个方面可以与内地不统一，同时根据宪法和基本法还被赋予了很大的自治权。这在最大限度上降低了实现国家统一的成本和代价，还在某种程度上拓展了中国的国家结构形式内涵，使之变得更加灵活、更加适应实际需要，但在客观上造成了不同地区之间的制度差异、权力配置差异，造成了一个统一国家内部的张力。香港和澳门回归后，中央政府通过各种途径进行支持，香港和澳门也在对外开放、帮扶内地、抗震救灾等领域为内地作出了重要贡献。但“庄丰源案”“限购奶粉”“蝗虫论”等香港与内地之间由于各种差异所造成的问题也不断涌现。香港“占中”事件、“修例风波”等更加凸显香港回归以后在国民教育方面的缺失。2015 年 1 月 8 日，全国港澳研究会会长陈佐洱就直言：“占中”事件暴露出部分青年在国家民族意识上的缺失，为什么在香港回归时才咿咿学语的娃娃，现在却有人成为冲击军营、立法会及政府总部的排头兵？[2] 香港特别行政区秉持的教育理念与贯彻实施中国宪法、“一国两制”方针及基本法是否存在不衔接的地方？地区之间在权力配置、发展程度、历史传统乃至社会制度方面可以存在不同，事实上要做到完全一致也并不现实，但地区之间的“异”也存在合宪性的底线，即国家民族的认同，否则“权宜之计”和“特别照顾”将变成不受约束、引发分离的“特权”。

---

〔1〕几百年过去了，英国作为“联合王国”无疑已经具有共同历史、共同利益、共同文化，但不少国民对于国家的认同度仍然很低。2011 年 10 月，YouGov 公司针对英国公民的一项民意调查显示，只有 19% 的受调查者认为自己是“英国人”，其他人都认为自己首先是“英格兰人”、“苏格兰人”、“威尔士人”或“爱尔兰人”。

〔2〕参见查文晔、白田田：《专家建议加强对香港青少年的国家公民意识教育》，载中国政府网：http://www.gov.cn/xinwen/2015-01/08/content_2802286.htm，最后访问日期：2019 年 9 月 6 日。

第七章

明确地区平等的宪法原则

本书第二章第二节从地区平等与宪法法律规范的相容性、与当前宪法学理论的契合性以及与丰富多彩的地区发展实践的匹配性出发，专门论述了在宪法规范和宪法学研究中引入“地区平等”概念的可能性和必要性。从实践看，造成地区不平等的原因，既有制度设计中的权力配置问题（第四章），也有地区政策中的利益衡量问题（第五章），这两个问题都涉及中央与地方的关系，从本质上讲需要从宪法的角度去理解和解决。从域外经验看，对于地区发展不平等、不均衡这一涉及权力配置、政策制定、资源分配的重大问题，无论是单一制国家还是联邦制国家，都十分注重通过法治思维和法治方式去调整和解决。因此，有必要在宪法中明确规定地区平等原则：一是中央促进和保障地区平等的责任；二是地区的宪法主体资格以及各地区在宪法权利能力方面的平等；三是地区平等原则在地区权力配置、地区政策差异、公民权利保护这三个不同方面的具体内涵。

第一节 中央促进地区平等的宪法责任

本书第六章梳理了比较典型的单一制国家和联邦制国家促进地区平等的制度设计与实践经验。其中一个共同特点就是，无论国家结构形式如何，中央政府在地区平等问题上都扮演着极其重要的角色，甚至是主导性的角色。作为地区不平等、不平衡的“纠偏者”，中央政府自身的执政理念、执政资源、宪法权力以及政治权威都直接决定了政策取向和资源分配，并对地区平等问题产生深远的影响。其实更需要注意的是，中央政府可能又是地区不平等、不平衡的“制造者”，在地区权力配置、资源分配等方面可能会对不同地区差别对待，其中可能存在争议，关键在于差别对待能否“通过特定的平等保护审查标准”。[1] 从这个意义上讲,中央政府不仅有义务,而且也有责任,担负起促进和保障地区平等的宪法责任。

一、两种模式

1. 宪法明示模式

德国和加拿大都在宪法中明文规定了中央政府的这一宪法任务。德国基本法第七十二条提出了“国家必须保持各地区人民生活条件的一致性”的基本要求,第一百零七条第二款从财税政策相应作出了规定。[2] 加拿大1982年宪法法案第三章“平均分担与地区差距”第三十六条第一款专门规定了加拿大国会和政府促进机会平等的义务,[3] 第二款则规定了相应的措施。[4] 德国与加拿大宪法关于中央政府保障和促进地区平等的条款规定有异曲同工之妙,首先是原则性规定中央的宪法责任,区别在于德国强调“各地区人民生活水平的一致性”,更加侧重实质平等;加拿大则强调“促进均等的机会”,更加侧重机会平等。其次是具体规定中央促进地区平等的主要措施,即包括转移支付在内的财政上的均衡措施,主要目的在于保障各地区在公共服务方面的均等化。

2. 宪法默示模式

还有一些国家的宪法并没有明文规定中央政府的这一宪法责任,但并不意味着这些国家不存在地区平等问题或者不重视地区平等问题。主要包括两种情况。第一种情况以美国为代表。美国联邦宪法没有明文规定中央政府在地区平等问题上的宪法责任,但“州际贸易条款”赋予了联邦政府调

---

[1] 王建学:《作为基本权利的地方自治》,厦门大学出版社2010年版,第120页。

[2] “保障财政强州与弱州之间的合理均衡,并适当考虑地区社团或社团联盟的财政能力与要求;这类法律还可授权联邦从联邦基金中拨款给财政弱州,以补充其日常财政所需资金”。

[3] “为了加拿大人的幸福,促进均等的机会;促进经济发展,以减少机会悬殊;为全体加拿大人提供质量合理的主要的公共服务事业;关于公共服务事业方面的义务”。

[4] “议会和加拿大政府应采取均衡支付原则,以便各省政府有足够的收入,能够在彼此相当类似水平的税收下提供彼此相当类似水平的公共服务事业”。

控州际贸易的权力,这对各州政府的权力形成了限制,对于保障各州获取平等的发展条件和公平的竞争机会极其重要。美国最高法院在长期的司法实践中形成了“联邦占优”“库利法则”等一系列调控联邦与各州权力及利益的规则,核心目标就在于避免各州对州际贸易采取歧视性措施,促进全国统一市场的形成。第二种情况以英国、中国为代表。英国本身是不成文宪法国家,中国虽然是成文宪法国家,但在宪法文本中却没有明确规定相对应的中央政府促进地区平等宪法责任的条款。但是,“地区平等”问题在国家的法政实践中始终存在。无论是处理地区分离或分裂倾向,还是财政转移支付、地区税收优惠,都与中央政府促进和保障地区平等的宪法责任密切相关。这究竟是“看不见的宪法”(invisible constitution)抑或“隐蔽的宪法”(secret constitution)?还需要我们从宪法其他规范乃至法律的实际运用中探求中央政府在地区平等问题上的具体宪法责任是什么。

二、必要性

中央在地区平等问题上既是掌握资源的纠偏者,本身又可能是地区失衡的制造者。因此,既要赋予中央政府必要的促进地区平等的权力,又要确立中央政府保障地区平等的宪法责任,避免引发或者扩大地区之间的不平等。借鉴有关国家的实践经验,基于以下几点考虑,有必要确立中央保障和促进地区平等的宪法责任。

1. 统合国家整体利益的需要

全局利益的最大化和整个国家的统一有序,是中央政府施政的主要目标。因此,既要尊重地方政府的独立性和灵活性,发挥地方政府的积极性和主动性,实现地方局部利益的最大化,又要统筹协调地方政府之间截然不同甚至相互冲突的利益。其中,最容易引发矛盾和冲突的,莫过于地区不平等。一方面,制度设计上对地区的“厚此薄彼”,如果缺乏正当程序和合理理由,特别是如果没有通过宪法平等原则的审查,得不到各地区的认同,必然导致地区之间的利益冲突和对中央的离心力。另一方面,在一个统一的国家内部,如果经济社会发展长期存在不均衡,必然导致迁徙需求的激增。作为地方民主机制下的正常反应,人口流入地政府从迎合本地居民利益诉求出发,必然以户籍、学历等各种方式阻碍人口流动,特别是避免外来人口摊薄本地福利。这种有违社会公平的措施将导致一个国家内部事实上的分割和分裂,影响国家稳定、人权保障和社会和谐。在一国范围之内,“不同地区的经济发展、生活水平差异过大,这就可能涉及中央政府促进不同地域均衡发展的宪法义务问题”。[1] 因此,中央政府必须主动承担起保障和促进地区平等的宪法责任,既要对地区之间的权力配置差异和政策资源倾斜给予符合宪法平等原则和正当程序的解释说明,又要主动采取措施,逐步缩小地区差距,促进地区均衡发展,实现国家全局利益的最大化。

2. 保证公民权利平等的需要

公民在法律面前一律平等的宪法规定,蕴含着丰富的平等理念和人权保障思想。无论中央与地方的权力如何分配,其出发点和落脚点都不能忽视公民权利的平等,否则中央与地方关系就失去了基本的判断标准。公民权利平等与地区平等紧密相关。一方面,地区之间的经济发展水平和人民生活水平差异,可能导致公民社会福利方面的权利存在结果和实质上的不平等;另一方面,如果在地方各项资源分配方面存在不公平现象,如高考招生名额、全国人大代表名额、财政资金等,势必影响特定地区公民的受教育权、选举权、经济权利等。公民由于出生或者居住在不同的地区,最终就可能享受天壤之别的法律权利和实际利益。这或许是长期历史或自然形成的,但不符合宪法规定的平等原则。“作为统一国家的公民,个人权利在原

---

〔1〕 黄建军:《地域权利平等问题论纲》,载张千帆、[美]葛维宝编:《中央与地方关系的法治化》,程迈、牟效波译,译林出版社2009年版,第251页。

则上不应取决于其碰巧出生或生活的地区。"[1]为此,中央政府有义务也有责任尽快取消那些没有存在理由的地区权利差异;对于因现实条件的限制而一时取消不了的差别,也应该采取必要措施逐步缩小差距。

3. 维护全国统一市场的需要

任何一个大国的崛起,都离不开全国统一市场的形成和发展。如果各个地区各自为政,相互封锁,甚至通过征税或收费的方式排斥外地商品、进行恶性竞争,必将威胁统一市场的形成,加大国内贸易流通的成本,削弱国家的整体经济实力和竞争力。中央在维护全国统一市场方面承担着重要的使命,一方面,中央本身就是国家整体利益的统合者,有义务协调地方利益,打破地区封锁和地方保护;另一方面,中央具有全面掌握信息的优势,具有解决地区恶性竞争的先天条件。因此,确立中央保护和促进地区平等的宪法责任,内在地就赋予中央统一调控全国市场,防止地区封锁的宪法权力,这对于缩小地区差异、实现地区平等至关重要。正如薄贵利教授所指出的:"要克服地方梯度分权所带来的负效应,就必须实现地方分权;在合理划分中央与地方的职责权限的基础上,使同级地方依法具有同等的地位,享有同等的权力。"[2]

4. 公平裁决地区争议的需要

改革开放前,我国地方政府之间是相互阻隔的,没有自发形成合作与交往,完全依赖并服从于中央的计划调度与政策安排。改革开放后,经济全球化和区域经济一体化必然要求打破行政区域的限制,加速地区之间的合作与联系,使各类资源要素得到更加合理有效的配置。没有地区合作,央地关系的表现形式是单调的;有了地区合作,央地关系的表现形式就丰富多了。中央不仅要处理好与各个地区之间的关系,还要公正、权威地裁决地区之间

[1] 张千帆:《权利平等与地方差异——中央与地方关系法治化的另一种视角》,中国民主法制出版社2011年版,第3页。
[2] 薄贵利:《集权分权与国家兴衰》,经济科学出版社2001年版,第246页。

产生的各类争议。比如,援助地区与受援地区关于援助金额、方式、时限的争议,三峡工程、南水北调和西气东输等国家重大跨地区工程所形成的受益地区和贡献地区之间关于利益补偿的争议,上海和浙江关于"洋山港"利用的争议,江苏和山东关于"微山湖"分界线的争议,北京和河北关于治霾责任的争议等,都极其复杂敏感,亟待公正、权威地裁决。因此,中央承担起促进和保障地区平等的宪法责任,内在就包含了平等对待产生争议的各个地区,并作出公开、公平、公正的裁决。

三、具体内容

中央保障和促进地区平等的宪法责任内容十分丰富,包括以下三个方面。

首先,既包括法律制定过程,又包括法律适用过程。中央立法机构是前者的主要约束对象,客观上要求立法权受到宪法平等原则的限制,立法者对相同的情形必须作出相同的规范,对不同的情形作出不同的规范;各地区在相同情形中有权要求平等相待,在不同情形中有权要求区别对待。行政机关和司法机关是后者的主要约束对象,要求法律适用不能因为地区不同就采取不同标准。现实生活中,法律制定的地区平等比法律适用的地区平等更重要,因为如果中央立法机构已经在地区的权利或者利益方面作出了有违宪法平等原则的制度安排,行政机关和司法机关越严格执法,越有可能导致地区不平等。[1]

其次,既包括作为义务,又包括不作为义务。中央在制定法律、出台政策、进行授权、分配资源时,应当充分吸纳地方意见、协调地方利益,确保各个地区受到平等相待,如有差别待遇,应有正当理由、经过合法程序。中央还有义务通过财政转移支付、对口支援等方面促进各地区均衡发展,增加对

---

〔1〕 参见黄建军:《地域权利平等问题论纲》,载张千帆、[美]葛维宝编:《中央与地方关系的法治化》,程迈、牟效波译,译林出版社2009年版,第251页。

落后地区的投入力度,逐步缩小地区差异,以实现以公共服务均等化为重点的地区平等。此外,中央立法机构应努力调整不合理、不平等的地区政策。改革开放初期的梯度放权政策造就了东部沿海地区的先行先试、“先富起来”,这是从效率出发所采取的有利于国家整体利益的战略选择。但国家实力整体增强之后,“不患寡而患不均”,一方面要反哺不发达地区,另一方面在地区政策的制定上要更加注重地区平等的因素。如果持续给予特定地区税收和政策等优惠,造成“政策洼地”“税收洼地”,不仅不利于地区的公平竞争,更不利于实现地区平等。

最后,中央承担地区平等的宪法义务,并非完全取消地区差异、忽视地方特点,也不是要搞平均主义,而是在尊重地区宪法主体资格平等的前提下,以地区公民的权利平等作为参照系,逐步避免地区因素影响公民权利平等。人类要从大自然的不公平对待中创造出一种平等的秩序,通过中央与地方关系的制度设计,将远隔山水的不同地方统一在一个国家,并为不同地方、不同种族、不同性别的人提供基本的平等权利。

第二节　赋予地区平等的宪法主体资格

解决地区平等问题的关键在于中央与地方关系。构建科学合理的央地关系,绕不开的是地区的“身份”问题。

一、理论上的争议

一部成熟的现代宪法,要承担起国家根本法的任务,必须包括三个方面的内容或者确立三个关系:一是人民与国家的关系,即国家是属于谁的,人民享有哪些权利,哪些权力被授予政府;二是国家取得人民授权后,如何在不同国家机构之间对权力进行横向分配,通过职能划分和分工合作规范不同国家机构之间的关系，确保国家权力既有序运转，又受到监督；三是国家取得人民授权后，如何在不同层次之间对权力进行纵向划分，即通过确立中央与地方的关系，既能保证中央的权威和统一领导，又能保证地方的积极性和主动性得到充分发挥。这三个关系中涉及的"主体"包括：人民（公民）、国家（中央）、国家机构、地方。把前三者列为宪法主体一般没有争议，但地方是否有宪法主体资格，则是众说纷纭。

国内宪法学界在比较单一制和联邦制时，往往将地区（地方）是否具有独立的宪法主体资格作为一个区分因素，一般认为联邦制下的地区（主要是中央次一级的地方）具有宪法主体资格，但单一制下的地区不具有宪法主体资格。比如，吴家麟教授认为，在单一制下，"人民创设了全国中央政府，而地方则是全国中央政府的创造物"。[1] 何华辉教授认为，"不论中央与地方的分权达到什么样的程度，地方的权力都由中央通过法律文件予以规定或改变，地方权力没有宪法保障"。[2] 许崇德教授认为，"（单一制）各行政单位或自治单位都受中央的统一领导，没有脱离中央而独立的权力"。[3] 王振民教授更加明确地指出，国家结构形式不同，区域政府在法律上的资格也是不同的；单一制下的中央政府是唯一的宪法法人，所有区域政府都是中央政府的代理以及中央权力的扩大与延伸，不具有独立的宪法权利能力和行为能力；联邦制下的全国政府和区域政府都是宪法上的独立法人，拥有各自独立的宪法人格。[4]

综合来看，认为单一制下的地区政府不具有独立宪法主体资格的理由主要有：第一，地区政府是中央政府延伸权力、受委托行使职权的"代理"，责任和后果由中央政府承担；第二，地区政府从理论上可以被全国政府改变乃

〔1〕 吴家麟：《宪法学》，群众出版社1983年版，第247页。
〔2〕 何华辉：《比较宪法学》，武汉大学出版社1988年版，第148页。
〔3〕 许崇德：《宪法》，中国人民大学出版社2009年版，第142页。
〔4〕 参见王振民：《中央与特别行政区关系：一种法治结构的解析》，清华大学出版社2002年版，第21页。

至撤销；第三，在任何关键性的政府事务上，地区政府都没有独立的决策权；第四，宪法没有清晰地划分地区政府的权力和责任，这不符合法律主体“谁行使权力，谁承担责任”的要求。

二、对争议的回应

以上四项理由虽有一定道理，但并不能彻底否认地区政府具有独立的宪法主体资格。

首先，从权力的分配来看，尽管中央占据绝对或相对的主导地位，但中央行使权力并不是随心所欲的，中央与地方的事权划分存在相对稳定的标准和范围。根据宪法和民族区域自治法的规定，民族自治地方享有自治权利。出于民族团结的考虑以及新中国成立之初对少数民族同胞的政治承诺，中央政府即使有撤销、改变民族自治地方自治权利的“权力”，也会十分慎重、不会轻易行使。根据宪法和港澳基本法的规定，港澳享有高度自治权。如果中央政府要取消特别行政区的高度自治权，就需要修改基本法。按照香港基本法的规定，其修改权虽然属于中央（全国人民代表大会），但中央（全国人大常委会、国务院）行使提案权却在程序和实体上受到约束：一是在修改基本法的议案列入大会会议议程之前，须先由香港基本法委员会研究并提出意见，而该委员会的组成人员中包括了香港本地的代表人士；二是任何对香港基本法的修改，不得同中央对香港的既定基本方针政策相抵触，即不能改变港人治港、“一国两制”、高度自治。出于国家统一的宏伟目标以及香港与澳门回归时的政治承诺，再加上制度设计上对中央改变特别行政区高度自治权的约束，中央政府不会随意去变更港澳地区已经享有的自治权。除了民族自治地方和港澳特别行政区以外，对于其他一般地方（省、直辖市），中央是否也可以随意变更地方的权限呢？答案同样是否定的。尽管中华人民共和国成立以后央地之间的权力收放比较频繁，但为了避免“一放就乱、一乱就收、一收就死”的恶性循环，中央与地方之间始终在探索各自事权范围的边界,在一定时期内,地方的权力范围还是比较稳定的。按照宪法规定的充分发挥地方积极性与主动性的原则,从保持经济社会发展的可持续性和稳定性出发,中央对地方权力边界也不会随意变更。事实上,改革开放以来,中央政府一直在进行向地方政府"放权"的改革,逐步扩大了各级地方政府的权限,特别是经济管理和行政审批权限。地方政府在财政、税收、投资甚至人事编制管理等方面,都获得了相对独立、稳定、较大的决策权和执行权。[1] 因此,单一制之下,中央虽然占据分配权力的主导地位,但地方在权力的分配上并非完全是从属的角色,国家统一、民族团结乃至经济发展、社会稳定等多重因素保证地方在权力范围上的稳定性。从这个意义上讲,如果把地方仅仅看作中央的委托或代理,忽视地方在获取权力、占有权力和行使权力方面的稳定性,进而否认地方的宪法主体资格,就不符合实际了。

其次,从利益的主体来看,经过改革开放后实行的"分灶吃饭"财政体制以及 1994 年的分税制改革,中央政府不断扩大地方财政收支的支配权和管理权。在地方预算成为相对独立的一级预算的前提下,地方政府更加有了发展经济的激励机制,有很强的动力做大税基、增加收入。[2] 中央与地方的利益发生了分化,地方逐渐成为利益主体。由于中央的宏观政策有赖于地方的执行,地方不仅有扩大自身利益的冲动,而且在与中央"讨价还价"的博弈方面显示出越来越明显的主动性。从利益的分化来看,地方已经不再是简单接受中央委托的代理者,而是独立的利益主体。

再次,从历史的发展来看,地区的宪法地位也并非是一成不变的。在小农经济的封建时代,地方政府的职能比较简单,主要就是"刑名"和"钱粮"。新中国成立后的很长一段时间,我国实行计划经济,地方政府的主要职能就是接受中央的各项指令、完成中央的各项指标。即使赋予地方独立的宪法主体地位,也很难真正参与到宪法所规范的央地关系中去。但改革开放以

---

〔1〕 参见高韫芳:《当代中国中央与民族自治地方政府关系研究》,人民出版社 2009 年版,第 58 页。

〔2〕 参见万江:《政策执行失灵:地方策略与中央态度》,载《北方法学》2014 年第 6 期。

后实行市场经济，地方政府的职能大大拓展，不仅要履行政治忠诚的使命，还需要承担发展经济、改善民生、社会管理等诸多任务，独立性和主体性大大增强。在这种形势下，即使不赋予地方宪法主体地位，地方事实上也会在央地关系中扮演极其重要且相对独立的角色。与其固守传统的单一制理论，实行"鸵鸟政策"，对地方的主体性视而不见，不承认地方的宪法主体资格，不如顺应历史的发展和实践的演变，明确地方的宪法主体资格，将地方恶性竞争、"上有政策、下有对策"、地区发展不平衡等央地关系中的突出问题纳入宪法框架内，通过法治手段来解决。

最后，从责任的承担来看，各级地方政府都是独立的责任承担者，责任不会上交，也不会传递。否则，如果各地方都是中央代理人，所有责任都由中央承担，地方没有责任约束，权责不相适应。在计划经济体制下，全部社会责任都由中央政府来承担，甚至包括地方政府对本地居民的责任。这就将地方政府的地位弱化为传令兵和执行者的角色。但改革开放和市场经济的发展，大大拓展了公民的生活自由度，相应也迅速扩大了政府的责任，虽然中央政府的责任承担仍然十分重要，但大量地方事务的责任，比如安全生产、食品安全、公共安全、环境保护等，"板子是打在地方屁股上"的。中央让渡了自身最终责任承担者的角色，承担责任追究者的"顶层问责"角色。

总之，地区的个体意识和主体能力，是在获得权力、责任与利益的同时所形成和发展起来的。改革开放四十多年来，地区已经成为具有稳定权限、独立利益和目标取向的宪法主体。需要注意的是，即便是单一制国家，还有中央集权型和地方分权型的区分。只有承认地方的相对独立性，中央才能更好地对地方政府施加影响、加以控制。

第三节　明确地区的宪法权利能力平等

赋予地区宪法主体资格，也就是说地区具有宪法权利能力，能够行使宪法赋予的权利,承担宪法规定的义务,并且作为宪法主体参与宪法关系的形成和实施中。推进和保障地区平等,首先就要承认并保护地区平等的宪法主体资格,即不能对同一层级的地区在资格方面予以区别对待,即便是存在一般地方(省、直辖市)和特别地方(自治区、特别行政区)的区分,也只是在具体权限的分配上存在不同,而非在主体资格上“亲疏有别”。

一、作为宪法权利主体的地区

地区承担宪法义务没有问题,但能否成为“宪法权利”的主体呢?传统的宪法权利是以自然人为主体的,包括公民和特定情形下的外国人和无国籍人。20世纪中期以来,以德国基本法为代表的宪法体制,逐步扩大了宪法权利主体,由传统的自然人扩展到法人,由私法人有条件地扩展到公法人。但公法人是否具有权利能力,能否成为权利的主体,过去几十年一直争论不休,至今没有达成共识。[1] 一是传统理论认为,包括国家和地方在内的公法人行使公权力的行为具有强制性,并不存在享有权利的问题,因而似乎也就不涉及权利能力的问题。[2] 二是“在我国的宪法学说中,权限与基本权利不能相容的观点也构成通说的地位”。[3] 因为一般而言“作为人权的防范对象和义务主体的公法人是不被视为人权主体的”。[4] 如果承认公法人同样也是权利主体,那么如何解释公法人自身作为权利防范对象和实现权利的义务人的角色?三是传统理论认为,权利的主体必须是“可辨识的个体”,[5]地区是行政区划范围内的领土、居民以及行使治权的各个公法机关的复合体,似乎也不具备作为权利主体的条件。公权力主体之间出现权限

---

[1] 参见王建学:《作为基本权利的地方自治》,厦门大学出版社2010年版,序。

[2] 参见王建学:《作为基本权利的地方自治》,厦门大学出版社2010年版,第53页。

[3] 王建学:《作为基本权利的地方自治》,厦门大学出版社2010年版,第64页。

[4] 曲相霏:《人权主体论》,载徐显明主编:《人权研究》(第1卷),山东人民出版社2001年版,第47页。

[5] 林来梵:《从宪法规范到规范宪法——规范宪法学的一种前言》,法律出版社2001年版,第83页。

争议，也是公权力内部的关系，不属于基本权利范畴，因为其相互之间欠缺人的直接关联。[1] 四是国际通说认为，各种权利自身的特性，决定了宪法权利主体是否包含法人。法人可以成为财产权或其他经济自由权利主体，但人身自由、生存权等宪法权利的特性决定了其主体只能是自然人。[2] 如果说地区具有宪法权利主体的资格，那么地区享有的权利是什么呢？是一项具体的权利形态，还是一类权利的体系？

目前，国内宪法学界对地区的宪法权利能力问题，逐步放弃了传统的绝对否定论，有条件地持开放性立场，对原有理论进行了部分修正。第一种是周伟教授的观点，认为一般而言公法人不具有基本权利，只有在以下两种不行使公权力的情况下才作为基本权利主体：一是在诉讼权方面，当公法人被视为公民"准私人地位"时，可以作为民事诉讼或行政诉讼主体；二是在公法人以其"组织整体"的立场，可以享有与其民事权利能力、行为能力相适应的基本权利。[3] 第二种是叶海波博士、秦前红教授的观点，[4]认为地方作为公法人可以成为基本权利主体，但仅限于私经济行为，而排除公权力行为。第三种是我国台湾地区的李建良、刘淑范两位教授[5]和大陆王建学博士[6]的观点。整体上认为，权力与权利不能兼容并不能排除地方的基本权利能力。李建良、刘淑范两位教授认为，公法人的组织独立性是判断其基本权利能力的前提。王建学博士也认为，这是解决公法人基本权利能力问题的关键，同时提出两项明确的要件：一是"团体"要件，即公法人的基本权利

[1] 参见法治斌、董保城：《"中华民国"宪法》，台湾空中大学印行1997年版，第107～108页。

[2] 参见林来梵：《从宪法规范到规范宪法——规范宪法学的一种前言》，法律出版社2001年版，第86页。

[3] 参见周伟：《宪法基本权利救济研究》，中国人民公安大学出版社2003年版，第12页。

[4] 参见叶海波、秦前红：《基层政权建设的若干思考——基于"下级政府状告上级政府第一案"的分析》，载《中国宪法学年刊》（2007年卷），法律出版社2008年版，第104～106页。

[5] 参见李建良、刘淑范：《"公法人"基本权利能力之问题初探——试解基本权利"本质"之一道难题》，载汤德宗主编：《宪法解释之理论与实务》（第4辑），台北"中央"研究院法律学研究所筹备处2005年版，第364～365页。

[6] 参见王建学：《作为基本权利的地方自治》，厦门大学出版社2010年版，第71～74页。

只能向国家主张,而不能向个人主张;二是“独立性”要件,如同个人与国家的分立与分离,在法律上公法人必须也与国家保持分立或分离。[1]

笔者总体上赞同第三种观点,并作如下的补充。第一,地区作为公法人的特殊性在于其是国家与公民之间的中介。地区与公民之间,既有权利授予关系,又有权力行使关系,地区获得中央授权和公民同意,通过公法机关行使必要的治权,因而是权力主体。但国家与地区之间,是中央与地方关系,虽然剩余权力属于中央,但从统治的便利、法治的要求来说,地区毕竟也要有自身固有的、对于行使治权必不可少的“权利”。因此,地区作为权利主体,主要是向国家(中央)主张的。因此,地区具有权利主体与权力主体的双重复合性,关键就是要看所参加的法律关系中的另一方是谁。从规范的角度考察,根据我国宪法和民族区域自治法的规定,民族自治地方享有“自治权利”而非“自治权力”,就是因为自治权是民族自治地方向国家(中央)所主张的。第二,确定地区的宪法权利能力,目的并非是要增强地区的独立性,进而产生与中央的离心力,反而是要将长期在名义上视作“中央附属”,但实践中却经常与中央产生利益冲突甚至政策抵触的各个地区纳入宪法框架之中。只有给其一个宪法上的“名分”,并明晰地区基本权利范围,才有可能通过法治方式处理央地之间的权限冲突和利益冲突。第三,地区的宪法地位与公民的权利息息相关。按照耶里内克在《公权论》中对公民权利提出的经典分类,可以分为自由权、政治权、受益权与基本义务,四者依次对应个人于国家的消极地位、主动地位、积极地位与被动地位。[2] 前三项都有赖于地区的参与和保障。换言之,如果地区相对于中央的合法权利得不到平等对待和充分保障,那么公民权利的实现也将受到影响。只有将地区作为权利主体,参与到中央与地方的法律关系中,保证地区必要的权利范围,才能确保

---

[1] 参见王建学:《论地方法人团体的基本权利能力》,载《政法论坛》2011年第5期。

[2] 参见林来梵:《从宪法规范到规范宪法——规范宪法学的一种前言》,法律出版社2005年版,第86~87页。

公民的权利不因其所在的地区而受到歧视性待遇。

总而言之,地区可以也应当作为权利主体,其宪法权利能力起始于行政区划确立之时,只要未经法律程序被撤销或者改变,就会一直存续。按照传统理论,中央与地区之间的关系就像是总公司与分公司的关系,地区没有独立的宪法资格,也没有相应的宪法权利能力。这与实际不符,理论上也存在难以自洽之处。合理的处理,是将中央与地区之间的关系改造为母公司与子公司的关系,中央对地区仍然保有控制力和权威性,但两者各自都具有独立的宪法"人格"。这既有利于央地关系的法治化,也有利于保障地区的合法权利,实现地区平等。

二、地区基本权利的范围

权利能力是法学领域一个极其重要的学术概念,是指在某个特定法的领域成为法律关系主体的资格。罗马法中的"人格"经过演化成为权利能力。徐国栋教授认为,人格是以不平等为目标,筛选一定的生物人成为法律人,而权利能力则是为了矫正人格制度的不平等性。[1] 将权利能力的主体范围从自然人拓展到私法人再到公法人,最重要的考虑也是为了平等。单一制国家中央之下的各个地区,地理环境、风俗习惯、经济条件、历史传统甚至语言都可能千差万别,但在宪法之中,每个地区都具有拟制的"人格",无论差别有多大,在资格上首先是平等的。换言之,地区平等首先是地区的宪法主体资格的平等。没有这个前提,地区差异和非均衡发展问题就无法嵌入宪法学研究的视野,也很难用法学领域的"平等"观念进行考量和推进。既然宪法主体资格是平等的,那就意味着每个地区的宪法权利能力也是平等的,平等地享有宪法权利、承担宪法义务。那么,哪些权利是一个地区作为宪法主体所必须享有的?这就涉及地区基本权利的范围问题。

---

〔1〕 参见徐国栋:《民法总论》,高等教育出版社2007年版,第215页。

目前,我国中央之下的次一级地区分为省、自治区、直辖市、特别行政区,按照宪法和相关法律的规定,它们的权限是有所不同的,这取决于中央的政治决断和综合考量。比如,特别行政区依据基本法享有的自治权,不仅远超内地省份,甚至比联邦制下的州还要大。这里需要着重探讨的是,这些地区是否享有一些不受外界因素影响,对于维持一个地区宪法主体资格必不可少的"基本权利"? 就像人格尊严、生命权、健康权、平等权等公民的基本权利,不受外部因素干扰,是维持一个公民"人格"的最起码的要求。事实上,各个地区实际行使的权力大小存在差别,但基本权利的类型应该是平等的,不因为外部因素的影响导致一些地区享有该项权利,而另外一些地区不享有该项权利。比如,规则制定权(立法权),应该是一个地区作为宪法主体所必须享有的,这是其权利能力的范畴,应当符合平等原则审查的标准;但立法权究竟有多大,能否变通上位法,是否需要上级机关批准等,则属于其行为能力的范畴,受到各种因素的影响。当然,这些因素一般都会在宪法和法律中予以明示。

关于地区的基本权利,可以从不同角度进行界定。

从宪法法律规范中考察,根据宪法和地方组织法的规定,我国省、直辖市的"权利"包括:(1)参与国家政治的权利(通过选举产生的全国人大代表以及大会期间的代表团);(2)立法权;(3)范围广泛的行政管理权。根据宪法和民族区域自治法的规定,我国自治区的自治权利包括:(1)变通执行或者停止执行的权利;[1](2)经济方面的权利;[2](3)政治方面的权利;[3](4)文化方面的权利。[4] 根据宪法和港澳基本法,香港、澳门的高度自治权

[1] 对于那些不适合民族自治地方实际情况的上级国家机关的决议、决定、命令和指示等,民族自治地方的自治机关可以结合当地的实际,上报上级国家机关批准,变通或者停止执行。

[2] 包括自治管理和安排地方性经济建设、自主地管理地方财政。

[3] 包括立法权、依照国家的军事制度和当地的实际需要,经国务院批准,组织本地维护社会治安的公安部队、培养民族干部等。

[4] 包括使用本民族语言文字、自主地管理本地区教科文卫体等事业等。

包括:(1)范围广泛的行政管理权;[1](2)立法权,不仅范围超越一般地方的立法权,而且主要是创制性的,底线是不违反基本法和列入附录1的少数全国性法律,限制相对较小;(3)独立的司法权和终审权(参见附录5)。

综合比较理论界的分类,结合宪法法律规范的考察,对地区的基本权利的范围可作如下限定:(1)这些权利能够确保一个地区独立行使权力、承担义务,能够依法按程序向中央政府主张正当利益、表达合理诉求。(2)地区不同于自然人,人身自由、婚姻家庭等自然人才能享有的带有人身属性和伦理性质的权利,地区不能享有;地区也不同于国家,不能享有主权者才能享有的带有专属性质的权利,比如国防、外交、确定各地方的政治体制等。(3)地区基本权利的范围应当符合单一制国家结构形式的性质,毕竟不同于联邦制下各州享有的“州权”。(4)既要考虑理想的设计,又要兼顾现实的规范,不能脱离现行宪法、地方组织法、民族区域自治法、香港基本法、澳门基本法的规定。比如,作为单一制国家,地方无权自主决定政治体制以及政权组织形式。我国地方组织法、民族区域自治法明确规定了各省、区、市的地方政治运作规则和程序。香港基本法、澳门基本法明确规定了特别行政区的政治体制,特别行政区无权自行决定或改变其政治体制。

根据以上限定,笔者认为地区的基本权利范围包括:[2](1)集体参政权。每一个地区都有权参与国家大政方针的制定,但与联邦制国家各州通过委派参议员的方式不同,我国是通过各个地区选举产生全国人大代表,并在大会期间参加地方代表团,提出议案,参与审议,表达利益诉求,决定国家大事。(2)规则制定权。无论立法权的范围有多大,各个地区都应具有制定规则的权利。特别是对于中国这样一个大国,各地发展不平衡,统一的法律需要结合各地实际才能得到有效执行,因此必须赋予各个地区因地制宜制

---

〔1〕 包括财政、金融、贸易和工商业、土地、航运、民用航空、教育、科学、文化、体育、宗教、劳工和社会服务等。

〔2〕 参见本书附录4。

定规则的权利。(3)行政管理权。地区行使治权的关键就是在本行政区域范围内,对属于本地区的居民行使行政权力,承担相应责任,完成中央交办的任务,实现良法善治的目标。(4)制度创新权。我国改革开放的一个成功经验就是全国层面的改革先在地区层面进行试点,既有自下而上的倒逼,也有自上而下的推进,通过试点积累经验、分散风险,成功之后再向全国推广。制度创新权也是试错权,对于经济特区和沿海开放城市的占据先机、快速发展至关重要。但制度创新不是特权,尽管不是每个地区都适宜试点和试错,但不能剥夺其他地区制度创新的权利和机会。(5)财政权。一个地区的存续和发展,离不开"钱"。经过1994年分税制改革,地区在财政上已经逐步实现了独立性。主要包括收入权,即通过征收地方税和中央地方共享税形成地方收入;预算权,即自主管理财政收入并自主开支;发债权,在国家的审批或者监督之下,发行债券筹措资金,满足地方发展需要。这三项权利构成地区的财政权。(6)获益权。地区有权在发生自然灾害、存在历史欠账、自然环境恶劣等情况下,获得国家通过转移支付、定向援助、指令援助等方式提供的利益。(7)平等权。各地区有权要求国家平等对待,国家没有正当理由、未经法定程序不得对特定地区予以优待或者加以歧视。

这七项权利构成了一个地区的基本权利。换言之,我们所讲的地区平等,首先就是地区的宪法主体资格平等,无论什么样的地区,在宪法资格上都是平等的。其次是地区的权利能力平等,有权平等享有宪法权利,承担宪法义务,并且平等参与到宪法关系之中,不能被剥夺参与的机会。最后就是在这七项基本权利的享有上是平等的,每一个地区都应该享有,否则这个地区就很难存续宪法主体资格,也得不到公平的发展机会。地区平等纳入宪法规范和宪法学研究的范围,最先就要解决地区的宪法主体资格问题,在底线上保证各个地区的资格平等、能力平等和基本权利范围平等。在此前提之下,我们才可以"放心大胆"地去研究,中央对地区的区别对待,哪些是符合平等原则的,哪些是可以优化或改进的。

本书第二章在分析地区平等的概念时提出地区平等具有地区和公民两个不同的维度。以地区作为主体,第四章分析了地区权力配置的制度因素,第五章分析了地区发展战略的政策因素。因此,我们还需要从三个不同层面来探析地区平等原则的具体内涵,即地区权力配置层面的平等问题、地区政策层面的平等问题和不同地区公民权利的平等问题。

第四节　权力配置层面的地区平等问题

一、作为宪法主体的地区与自然人相比较的特殊性

本章第二节、第三节对地区的宪法主体资格、权利能力及其基本权利的范围作了专门研究。地区不同于自然人,一方面,其宪法主体资格与宪法权利能力在理论上一直聚讼纷纭。对于自然人而言,人人平等从理论上讲首先是人的法律资格平等,这早已是学界公认和实践认可的;但地区特别是单一制国家的地区,能否像联邦制国家的地区一样,在宪法上具有一定的独立地位,参与宪法法律关系,则有很大争议。另一方面,其享有的权利范围与自然人存在很大不同。自然人所享有的带有人身属性和伦理属性的不少基本权利,比如人格尊严、人身自由、生命健康、婚姻家庭等,都是地区所不能享有的;同时,地区维系其宪法主体资格所必须具有的基本权利(相对于中央而言是权利,相对于本地居民而言是权力),比如规则制定权、制度创新权等,则是自然人所不能享有的。正因为地区不具备自然人所享有的精神文化自由、人格尊严等内生性的宪法权利,因此对地区作为主体进行宪法平等权的审查标准,就要比公民作为主体要宽松一些。在某些领域的区别对待,对于公民是不能接受的,但对于地区则可能通过合宪性审查。

二、地区权力配置差异是否违反地区平等原则

我国中央之下的地区,大致可以分为三类:省和直辖市、自治区、特别行政区。这三类地区在权力配置上存在较大的差异,从权限范围上看呈递增态势,从一般权限到自治权利再到高度自治。权力配置的差异自然会对地区平等产生直接的影响。但从宪法审查的角度来看,不违反平等的原则。主要理由有二:第一,单一制国家的地区权力配置,是制宪问题,一般都在宪法或基本法律中规定。比如,全国人大根据宪法确立的民族区域自治制度,制定了民族区域自治法,赋予民族自治地方变通权等特殊权限。我国宪法还确立了特别行政区制度,全国人大据此制定了香港基本法和澳门基本法,确立了特别行政区的高度自治地位,赋予特别行政区终审权、自行发行货币等特殊权限。因此,地区权力配置的差异,是主权者从国家统一、民族团结等宪法价值出发所作出的政治决断。即使在实行司法机关违宪审查的国家,一般也是作为政治问题排除在违宪审查范围外的,更适宜通过民主程序来决定。更何况在我国,最高权力机关既是宪法审查的主体,同时也是"特别地方"的创设者。第二,地区平等首先是地区宪法主体资格平等,即无论什么样的地区,在宪法资格上都是平等的,平等地享有宪法权利、承担宪法义务,平等参与宪法关系,不能被剥夺参与机会。只要每个地区享有足以存续其宪法主体资格的基本权利(本章第三节归纳为七项),那么地区之间的地位就是平等的,可以通过宪法平等原则的审查。至于每项权利的范围有多大,则属于行为能力的范畴,是由多重外在因素所决定的,并不影响地区的主体资格平等。

三、地区基本权利方面的不平等

如上所述,地区平等的第一层含义就是地区的宪法主体资格平等,其中蕴含的宪法要求就是地区应该平等地享有一些基本权利。如果有的地区有,有的地区没有,那么就可能违背平等原则;但如果每个地区都有,但有的

地区权利范围大一些，有的地区小一些，或者有的地区经常性行使，有的地区很少适用，则一般不应认定为违反平等原则。（参见附录5）

这里以地区的制度创新权为例说明。在中央政府一系列区域战略推动下，中央政府赋予了发达地区地方政府发展地方经济的试错权。[1] 从实践来看，发达地区充分利用了中央的授权规定或者优惠政策，对试错权进行了大胆演绎和创新，远远超过最初授权或政策范围。[2] 地方政府通过制度创新权进行先行先试，从全国层面看有利于为全面改革探索经验、分散风险，从地方层面看则有利于利用制度的优势，抓住发展的先机。由于法律和政策在单一制国家是全国性适用的，对于那些管制型的制度，无论是土地利用还是行政审批，如果能在某一个地区得到暂停实施或者变通适用，无疑将为该地区的发展注入强劲动力。单一制国家的结构形式，尽管有助于维护国家统一和中央权威，但可能不利于地方创造力的充分发挥，也不利于制度政策的适时调整。因此，制度创新权是市场经济和民主法治条件下的地区固有的权利（力）。改革开放以来，被中央赋予“试错权”的，绝大多数还是沿海发达地区。比如全国人大对广东的深圳、珠海、汕头，福建的厦门以及海南的特殊授权，允许这些地区在不违反国家法律基本原则的前提下制定经济特区法规，先行先试；全国人大常委会授权国务院，在中国上海、广东、福建自由贸易区暂停适用有关行政审批的部分法律的规定，推动这些地区的投资便利化和政府职能转变。国务院虽然也通过综合改革试验区的审批，赋予中西部一些地区先行先试的改革探索任务，但毕竟不同于最高权力机关的正式授权。从地区分布看，制度创新权主要集中在沿海发达地区，这与地区平等原则不符。尽管不同地区的资源禀赋、发展进程、开放程度等有区别，但作为一个统一国家，应当赋予每个地区同等的先行先试和制度创新的

---

〔1〕 参见高韫芳：《当代中国中央与民族自治地方政府关系研究》，人民出版社2009年版，第64页。
〔2〕 陈文烈：《西部民族地区政府竞争力塑造的多元视角分析》，载《青海民族研究》2007年第4期。

权利或者资格。即使是中西部地区，在适宜为全国性改革“试错”的城乡统筹、资源开发、环境保护等领域，完全有条件也有动力进行制度创新。在选择试点地区时，应当充分考虑改革目标、改革措施与试点地区的关联性，可以制定标准由各个地区自主申报。

第五节 地区政策层面的地区平等问题

权力配置的平等主要是从法律制度规范层面考察地区平等，但在我国，对地区平等有更大影响的，则是地区政策。中央制定和发布的地区政策，直接影响地区利益分配和均衡发展，因而是运用地区平等原则进行合宪性审查的重点内容。

一、梯度放权政策

改革开放初期对东南沿海地区的梯度放权，是最为典型的差别化的地区政策。对于深圳、珠海、汕头、厦门等经济特区，不仅赋予其包括引进外资等较大的经济审批权限，而且在税收、信贷、土地等方面给予特殊优惠，地区之间的政策不平等是显而易见的。关键问题是这样的差别待遇是否有正当的理由。允许一部分地区先富起来，目的是更快地实现共同富裕，因为只有沿海地区先发展起来，才有经济实力带动内地更好发展。可见，差别化地区政策的理由就在于效率优先，对于一个各地方经济发展不平衡的大国，全面开放并不现实，让具备区位优势、思想理念比较解放的东南沿海地区先行一步，不仅有助于探索全国性的改革开放，而且有利于通过快速的发展积累国家经济实力，为推进全国性的地区平衡奠定基础。正如邓小平同志所强调的：“发展到一定的时候，又要求沿海拿出更多力量来帮助内地发展。”梯度放权政策实施之初，尽管从形式上看有违地区平等原则，但从国家整体利益出发,还是全力向前推进。其理据就在于以暂时的“机会不平等”换取长久的“实质平等”,其前提就在于中央具有权威,在地区问题上具有较强的统合能力。

二、区域协调发展战略

梯度放权政策对于推动地方经济快速发展是有明显裨益的。但由于长期形成的惯性延续,地区差距不仅没有缩小,反而呈现不断扩大的趋势。正如本书第三章所梳理的,20 世纪末,针对不断扩大的地区差距,中央践行当年“共同富裕”的承诺,中央和发达地区共同加大对不发达地区的投入和帮扶。因为对于中西部地区和东北老工业基地而言,在市场竞争中,即使赋予与沿海发达地区完全相同的政策、提供完全同等的机遇,囿于自身基础和区位条件的限制,也无法凭借自身的努力消弭地区差异。在这种情况下,就需要牺牲一些形式平等,通过“纠偏行动”实现实质性平等。从平等权的一般原则看,无论主体是个人还是地区,都应该在相同起跑线上进行竞争,在平等的政策与法律环境中通过自身能力以及机会机遇,获得成长与发展。但问题在于,某些地区长期以来没有获得先行先试的机会,没有得到税收优惠措施的支持,没有中央倾斜性的转移支付,没有良好的地理位置和基础设施等,因而与其他地区在竞争的起跑线上就已处于劣势,不可能完全凭借自身努力就实现实质平等。这就需要中央政府出面,通过制度和政策纠正历史造成的偏差。当然,纠偏同样要符合目的正当、手段合理的要求。“纠偏和歧视确实只有一步之遥,而如果时代跨越了这一步,我们就需要反思有关政策的必要性和正当性”。[1]

三、主体功能区战略

梯度放权政策和区域协调发展战略,都是在外在条件方面给予不同地

〔1〕 张千帆:《权利平等与地方差异——中央与地方关系法治化的另一种视角》,中国民主法制出版社 2011 年版,第 191 页。

区差别待遇或者纠偏措施,但都没有在制度上对地区本身作出划分。自然人平等权的一个前提条件是,人格尊严决定了绝不能根据公民的智商、相貌、出身、种族、性别等先天因素进行“立法归类”。如果在权利的享有方面,区分聪明人和愚笨人,美人和丑人,贵族和平民,白种人、黄种人和黑种人,男人和女人,一般会被认为是有违平等原则的。但地区与自然人不同,地区没有所谓的“人格尊严”。从现实状况看,不同地区自然禀赋条件确实存在很大的差异。如果不正视地区的先天差异,理想化地追求地区平等,既不利于全国的整体利益,也不利于各个地区的长远利益。因此,根据一定标准,把地区划分为优先开发、重点开发、限制开发、禁止开发四类,作为实施差别化地区政策的前提和基础,不应认为是对地区的歧视或者优待,而是从整体利益和全局效益出发,进行“立法分类”,努力作出最优化选择。换言之,在地区发展问题上的“平等”并非仅仅是机会平等和结果平等,还要从起点上考虑不同地区在“禀赋”上的客观差别。需要重视的是,“分类”的标准如何确定,不适宜开发的地区及其居民的权益如何保障?这是主体功能区战略实施过程中,最有可能与地区平等原则形成冲突的难点问题。下一章将重点分析地区平等参与国家政治决策机制与地区之间利益补偿机制,有助于解决这两个难点问题。

四、“老少边穷”

中华人民共和国成立以来,中央政府就十分注重对民族地区的帮扶和援助。1954 年宪法在第二章“国家机构”第五节“民族自治地方的自治机关”第七十二条就有明确规定。[1] 1982 年宪法将类似的规定提前到了总纲

---

[1] “各上级国家机关应当充分保障各自治区、自治州、自治县的自治机关行使自治权,并且帮助各少数民族发展政治、经济和文化的建设事业。”

之中。[1] 2001年修改民族区域自治法，专门将第六章“上级国家机关的领导和帮助”修改为“上级国家机关的职责”，并在第五十五条和第六十五条增加了相关规定。[2] 国家对民族地区的特殊支持在宪法和法律中一以贯之，且呈现越来越强的约束性，将对民族自治地方的支持和帮助确立为国家，特别是中央政府的法定义务。经梳理自1954年以来历年国务院所作的政府工作报告，对民族自治地方的支持和帮扶政策的落实情况都是必备内容和“保留节目”。对民族地区的特殊政策和差别待遇，既是实现实质平等的宪法措施之一，也是中央政府的积极行动和法定义务。主要的理据就在于：由于历史原因、区位劣势等多重原因，绝大多数民族自治地方处于边疆，属于不发达地区，不仅经济社会长期落后，而且发展基础十分薄弱。[3]

通过检索1954年以来历年的政府工作报告，“老少边穷”作为一个固定词汇，最早出现在2002年。虽然老、少、边、穷被并列在一起，被视为中央政府应当予以特殊政策和差别待遇的地区，但革命老区、边境地区、欠发达地区与民族地区不同的是，后者的特殊待遇有宪法和民族区域自治法的明文规定作保障，前三者的特殊待遇只是散见于国务院及其有关部委的政策文件之中。对革命老区、边疆地区、欠发达地区给予特殊政策，在进行规范分析时，既与民族地区有类似之处，也有各自的特殊之处。

“革命老区”这个特定概念，与中华人民共和国的成立史关系密切。为什么要对革命老区予以特殊待遇？国务院《关于支持赣南等原中央苏区振兴发展的若干意见》（国发〔2012〕21号）指出：“赣南等原中央苏区地跨赣闽粤，是土地革命战争时期中国共产党创建的最大最重要的革命根据地，是中

〔1〕第四条第二款明确规定：“国家根据各少数民族的特点和需要，帮助各少数民族地区加速经济和文化的发展。”

〔2〕“上级国家机关应当帮助、指导民族自治地方经济战略的研究、制定和实施”；“国家制定优惠政策，引导和鼓励国内外资金投向民族自治地方”。“国家引导和鼓励经济发达地区的企业按照互惠互利的原则，到民族自治地方投资，开展多种形式的经济合作。”

〔3〕参见高韫芳：《当代中国中央与民族自治地方政府关系研究》，人民出版社2009年版，第116页。

华苏维埃共和国临时中央政府所在地,是人民共和国的摇篮和苏区精神的主要发源地,为中国革命作出了重大贡献和巨大牺牲。由于战争创伤的影响,以及自然地理等多种原因,迄今为止,原中央苏区特别是赣南地区,经济发展仍然滞后,民生问题仍然突出,贫困落后面貌仍然没有得到根本改变。还有不少群众住在危旧土坯房里,喝不上干净水,不能正常用电,一些红军和革命烈士后代生活依然困窘;基础设施薄弱、产业结构单一、生态环境脆弱等制约当地经济社会发展的问题仍然比较突出。"

对边境地区予以特殊政策扶持,更多是从国家统一的因素。有的边境地区由于发生过战争,医治战争创伤需要很长时间和较多资源;有的边境地区虽未发生战争,但由于与邻国的关系紧张,军事形势长期影响地方发展,这些地区的经济有的停滞,有的甚至处于倒退的状态;还有的边境地区虽然总体形势稳定,但出于边防安全的考虑,需要在产业发展、人口分布等方面作出一定牺牲。(参见本书附录6)边境地区享有的差别待遇,是国家给予的一种补偿。毕竟,国防是全国性的公共产品,各个地区都可以享受强大国防保护下的和平红利,但不同地区的付出是不一样的。对于付出较大的边境地区予以补偿,是一种矫正正义,符合地区平等原则。

综合以上分析,"老少边穷"虽然并列,但予以差别待遇的理由是不同的,分别侧重于历史因素、民族因素、国防因素和经济因素。以民族因素、国防因素和经济因素作为理由,存在许多先例,一般认为是符合平等原则的。

地区平等原则除了要求"理由正当",还要求"手段合理",即所采取的特殊政策对于实现地区平等是必要的,手段与目的是成比例的。在下一章,还要进一步分析,经济领域采取的转移支付,社会领域推进的公共服务均等化,生态领域推行的生态补偿,在具体实践中如何更好地符合地区平等原则,从而推进地区平等,缩小地区差距,实现地区均衡。特别需要重视的是,地区平等不是强行推进的绝对平等。如果理想化地追求各地区在各项经济社会指标上实现"平均主义",势必会增强欠发达地区的惰性,打击发达地区积极性,形成逆向歧视,很可能造成国家政治不稳定和社会动荡不安。在迁徙自由作为一项宪法基本权利越来越被重视和认可的前提下,推进地区平等的步骤还要充分考虑可能大量涌入发达地区的外来居民对本地居民福利的挤占和摊薄问题。在公民迁徙自由与实现地区平等之间存在十分微妙的平衡,需要精心设计和小心把握:一方面,地区平等是公民迁徙自由的必要前提;另一方面,公民迁徙自由又会给地区平等的进程造成十分明显的压力。

第六节　公民权利层面的地区平等问题

"对于统一国家的公民,个人权利在原则上不应取决于其碰巧出生或生活的地区。"但在我国这样一个幅员辽阔、民族众多、发展又很不平衡的大国,公民作为平等权的主体,各项权利存在地区差异是十分常见的。从公民权利层面审视地区平等问题,最直接的表现就是公民权利的地区差异。有的是制度设计引发和允许的,如港澳和内地公民权利的地区差异;有的是历史原因造成并不断改善的,如城市和农村公民权利的地区差异。地区平等原则的引入,对于逐步消除公民权利不合理的地区差异,具有积极意义。

一、港澳和内地公民权利的地区差异

以和平方式实现香港和澳门顺利回归,最大限度降低了国家统一标准,不再要求每个地方都实行相同的制度和体制。同时,形成了新的国家统一标准。核心一条就是宪法上的统一,这是国家统一的底线标准。但宪法在香港特别行政区和澳门特别行政区的法律效力及适用方法,长期以来却一直存在争议。一种流行的观点认为,香港基本法是香港的"小宪法",宪法在香港不直接具有法律效力,须通过香港基本法来实施。尽管这种观点并不

符合宪法上国家统一的底线标准，但不可否认的是，宪法中的不少条文确实与香港基本法的有关规定不尽一致，比较典型的就是有关公民权利的章节和条款。

二、城市和农村公民权利的地区差异

我国是一个发展很不平衡的大国。从行政区划上看，各个地区之间存在显著差异；从经济属性分类看，城市和农村之间同样存在巨大地区差异。城市、农村的分野是自然原因、经济原因等多种因素综合影响的结果，城市与农村的区分并不必然导致城乡公民权利的差异。1958 年全国人大常委会制定的户口登记条例将城乡居民明确分为“农业户口”和“非农业户口”，并相应限制了城乡居民间的流动。[1] 这就在城乡之间构筑了一道制度的鸿沟，社会成员不是依照相同的公民身份平等地享有权利、承担义务，而是根据农民和市民两种不同身份有差别地享有权利和承担义务。[2] 改革开放以后，市场经济浪潮席卷全国上下，人口从农村向城市大规模流动，不断冲击原有户籍制度。各地有针对性地调整户籍政策，对于改善进城务工农民生活条件有所帮助，但从根本上看户籍制度的坚冰并未打破，城乡公民权利的差异并未彻底消除。在公民的政治权利方面，曾经存在对城市和农村公民的选举权区别对待现象。[3] 此后，根据我国民主政治发展的实际，全国人大及其常委会分别于 1982 年、1986 年、1995 年和 2004 年修改选举法，农村与城市每单位人口所选举的代表比例逐步从 1:8 发展到 1:4。直到 2010 年第五次修改选举法，明确规定城乡按相同人口比例选举代表，实现了城乡公民选举权利的彻底平等。在社会权利方面，城乡公民的受教育权和社会保障

〔1〕“公民由农村迁往城市的，必须持有城市劳动部门的录用证明，学校的录取证明，或者城市户口登记机关的准予迁入的证明，向常住地户口登记机关申请办理迁出手续。”

〔2〕参见都玉霞：《平等权的法律保护研究》，山东大学出版社 2011 年版，第 109 页。

〔3〕1979 年选举法确定了农村每一代表所代表的人口数 8 倍于城市每一代表所代表的人口数的代表名额分配原则。

权也存在较大差异。在受教育权方面，城乡公民存在较大差异，一方面，由于长期以来办学政策的倾斜和对农村教育投资的严重不足，农村教学质量不高，师资严重不足，在义务教育阶段农村学生受教育水平不高。另一方面，高考指挥棒越来越向素质化方向发展，对考生综合素质要求越来越高，明显对城市考生更加有利。这就导致城乡学生接受高等教育的机会虽然是平等的，但在最终结果上，农村考生考进名牌大学的概率越来越低，以致北大、清华等名牌大学的农村生源比例连年递减。〔1〕在社会保障权方面，城乡公民存在较大差异：一是项目多；〔2〕二是覆盖面广；〔3〕三是标准高；〔4〕四是统筹层次高。〔5〕城市与农村公民之间的权利差异，其实也是不同地区的公民权利差异的一个具体表现。从人口流动的规律来看，往往是不发达地区向发达地区转移，农村人口向城市转移。因此，公民因城乡差异所引起的权

〔1〕参见张千帆：《中国为什么需要平等的大学招生制度》，载《探索与争鸣》2010年第7期。

〔2〕我国城镇居民享受的社会保障项目主要包括社会保险、最低生活保障和传统困难救济。社会保险还可以细分为基本养老保险、基本医疗保险、失业保险、工伤保险和生育保险，其中基本养老保险和基本医疗保险是城镇居民最主要的两项社会保障。与城镇居民相比，除部分试点地区的农民享受了农村社会养老保险、新型农村合作医疗保险外，其他地区的农民都没有参加这两项保险；全国所有农村居民均没有失业保险、工伤保险（部分农民工除外）和生育保险。

〔3〕2004年，全国在职职工10,576万人，离退休（职）职工为4675万人，两者合计15,251万人，其中参加基本养老保险的职工为16,353万人，占所有职工的107%；参加基本医疗保险的职工为12,404万人，占所有职工的81%；参加失业保险的职工为10,584万人，占在职职工的100%；参加工伤保险的职工为6845万人，占在职职工的64%；参加生育保险的职工为4383万人；全国有2205万名城镇居民领取最低生活补贴，120万人获得了城镇传统社会救济。与此同时，2004年全国农村参加农村社会养老保险的有5382万人，参加新型农村合作医疗的有8040万人，领取农村居民最低生活补贴的有488万人，有1402万人获得农村社会救济。

〔4〕从绝对数看，2004年城镇离退休（职）职工人均领取养老金为9270元，而参加农村社会养老保险的农民人均领取的养老金仅为492元，前者是后者的18.8倍，这个比例远高于城乡居民收入比和人均生活消费支出比；城镇居民最低生活保障水平是农村居民的2倍。从相对数看，城镇离退休职工领取的养老金与城镇居民可支配收入基本持平，为城镇居民人均生活消费支出的1.3倍；参加农村社会养老保险的农民人均领取的养老金，仅相当于当年农民人均纯收入的1/6，不到当年农村居民人均消费支出的1/4。

〔5〕城镇居民享受的社会保障至少可以划分为两个层次，社会保险为较高层次，通过社会保险特别是养老保险和医疗保险，城镇居民实现了“老有所养、病有所医”的目标，确保了城镇老年职工的生活和医疗水平不低于城镇居民平均水平；最低生活保障和传统城市救济，则为城镇困难家庭提供了最基本的生存保障。部分地区的农村居民虽然也有养老保险和医疗保险，但其保障程度相当低，养老保险与农村最低生活保障和农村救济一样，同属于最低层次的生存保障。

利差异,在一个具体的地方,就表现为因地区差异所导致的权利差异。

三、地区平等原则在实现公民权利平等进程中的作用[1]——以选举权为例

选举法在一个国家的政治生活中发挥着的合法性、权威性、统一性与凝聚民心、形成社会共同体基本价值观的基本作用。[2] 在我国,选举权是人民代表大会制度的基础与出发点,也是实现人民当家作主的基本方式,更是在政治权利方面落实地区平等原则的基础。选举权是公民平等权与地区平等权的一项交集,一方面,选举权平等是公民平等权的重要组成部分;另一方面,地区平等权既可以体现在各地区直接参与国家政治方面的平等,也可以体现在通过各地区公民行使选举权产生各地区民意代表的平等。因此,保障公民选举权的地区平等,某种程度上可以转化为全国性民意代表名额在各地区之间的"平等"分配。

1. 选举权平等的两种解决思路

按照选举权的本质属性,选举权的平等意味着"一人一票、同票等值",因此代表名额分配应当采取按人口比例分配的原则。但由于各个地区人口基数相差较大,很有可能出现有的地区在全国性议会中代表较多,有的地区在全国性议会中代表较少的情况,不利于实现地区利益表达和政治参与的平等。在联邦制国家,比较典型的是美国,采取参议院和众议院两院制,参议院的组成以各州为单位,无论大州小州,参议员的名额一律两名;众议院的组成以选区为单位,大州选民多、选区多,自然众议员的名额就多。

---

〔1〕 本部分内容主要转引自笔者已公开发表的论文:《平等权的宪法内涵及其实践路径》,载《四川理工学院学报》2012年第1期;《我国选举权平等的实现路径及其完善建议——以选举法和全国人大代表名额分配方案为主线》,载《华东政法大学学报》2012年第2期;《宪法平等权对立法者的拘束力及其实现方式——以选举法的修改为主线》,载《南都论坛》2012年第2期。

〔2〕 参见韩大元:《"城乡按相同人口比例选举人大代表"的规范分析及其影响》,载《国家行政学院学报》2010年第2期。

在单一制国家，特别是像我国这样实行人民代表大会制度“一院制”的国家，如何解决这个难题呢？由于我国各地经济、社会发展不平衡，地区差异较大，有的地区经济发展相对缓慢，农村人口较多；有的地区城市化进程较快，农村人口少。如果完全按照人口比例分配人大代表名额，必将出现各地方代表名额的大幅变动。比如，城市化程度高的地方，如北京、上海代表名额可能减少；而像河南、河北、山东这样的农业人口较多的大省，代表名额可能大幅增多。2010年修改《全国人民代表大会和地方各级人民代表大会选举法》，明确提出人人平等、地区平等和民族平等这“三个平等”是“我国国体、政体的内在要求，是有机统一的整体，不能强调其中一个方面而忽视其他方面”。〔1〕 修改后的选举法第十六条明确规定必须保证各地区相同的基本名额数，〔2〕某种程度上是对地区平等原则的落实。但相同的地区基本名额数究竟确定为多少，一直是各地方特别关心的问题，如果定得较高，对那些人口基数小的省区市是有利的，至少抵消了一些因为城乡选举权平等所导致的代表名额数的下降；如果定得较低，对那些人口基数大的省区市是有利的，这意味着通过城乡选举权平等而大幅增加的代表名额数不至于在实质上出现缩水。

对这个敏感问题，立法者并没有通过立法的方式来解决，尽管已经有很多学者呼吁代表名额的确定标准和程序应当法律化。修改后的选举法没有直接规定全国人大代表名额分配办法，特别是新出现的“地区基本名额数”，而是规定全国人大代表名额的具体分配由全国人民代表大会常务委员会决定。全国人大常委会根据修改后的选举法，在第十一届全国人大第五次会议召开之前作出决定，确认同级行政区域法律地位应当平等，无论人口多

〔1〕 王兆国：《关于选举法修正案草案的说明》，2010年3月8日在第十一届全国人民代表大会第三次会议上。

〔2〕 “省、自治区、直辖市应选全国人民代表大会代表名额，由根据人口数计算确定的名额数、相同的地区基本名额数和其他应选名额数构成。”

少,在国家权力机关都应有一定数量代表,且应当有相同的地区基本名额数。根据该决定,第十二届全国人大代表选举的地区基本名额数为 8 名,确保即使人口较少的地区也有一定数量的代表。但从最终名额分配结果看,山东、河南、广东、江苏、四川 5 省均高于 130 个名额,位于“第一梯队”,尤其山东、河南、广东三省更是高达 150 余人,这相当于一些中等省份(如江西 76 人、福建 62 人、吉林 58 人、山西 61 人、贵州 66 人)的 2 倍多,更是青海(18 人)、宁夏(18 人)、西藏(17 人)等省(自治区)的 8 ~9 倍之多。河北、湖南、湖北、安徽、辽宁等省份,因其人口优势,也有百余名的代表数,属于“第二梯队”。随着社会主义民主政治的推进,一个地区拥有全国人大代表数量的多寡,在一定程度上影响该地区在整个国家的政治影响力以及表达地方诉求、争取地方利益的话语权。比如,法律规定,一个代表团或者 30 名以上的人大代表联名,可向全国人大提出议案。在现实中,对于一些关系到地方利益且所在代表团(省、自治区)不便出面的公共议题(如重大投资项目或铁路修建等重大基础设施建设等),地方上的全国人大代表便可出面、作出联署,以引起中央的重视或争取对所在地方利益的倾斜。[1] 换言之,一个省份全国人大代表名额越多,其对中央政府的游说能力也就越大。因此,确保全国人大代表名额分配的地区平等,对于实现公民选举权利的平等乃至地方利益表达与政治参与的平等至关重要。

2. 改进措施

以地区平等原则来审视目前我国的全国人大代表名额分配方案,还可以采取以下改进措施,以实现公民选举权利的地区平等。

第一,“由根据人口数计算确定的名额数”应在代表分配中占据主体地位。自 19 世纪以来,世界绝大多数国家都将人口—代表比例的平等化作为政治上代表权平等化的重要基础,人口—代表比例原则成为不少国家确定

---

〔1〕 李克诚:《全国人大代表名额分配“政治学”》,载《南风窗》2013 年第 4 期。

议会议员名额的主要依据之一。[1] 根据这一原则,议员名额的确定应以人口为基础,确保每位议员代表的人口数大致相等。正如美国最高法院沃伦(C. J. Warren)首席大法官“选区重划第二案”[2]中所确立的“一人一票、每票等值”的基本原则:“平等保护条款要求,一州必须做出诚实努力来重划立法两院的选区,使之尽可能在人口上平等……只有从严格的人口标准之偏离是为了实现州的合法政策,宪法允许对平等人口原则的有限偏离。但无论是历史、地域、经济或其他类型的团体利益,都不能为从人口代表的偏离提供独立的理由。”

为了保证代表名额分配的公正、客观和规范,建议全国人大常委会在分配方案中明确“由根据人口数计算确定的名额”的具体数目,并保证该部分名额在代表名额中至少占据2/3多数以上,防止对地区平等、民族平等以及各方面代表人士的特殊照顾,克减或者冲淡公民平等的选举权,防止每名代表所代表的人口数存在不合理的较大差别。

第二,少数民族的代表数额应当计入“相同的地区基本名额数”。我国除了汉族外,还有55个少数民族。世界上一些多民族国家在国家结构形式上一般实行联邦制,在议会的组织结构形式上采取两院制,并通过其中的一院来体现民族平等。比如,苏联宪法就规定,联盟苏维埃和民族苏维埃由人数相等的代表组成。民族苏维埃代表名额的分配是每个加盟共和国32人(15个加盟共和国),每个自治共和国11人(20个自治共和国),每个自治州5人(8个自治州),每个自治专区1人(10个自治专区),因此民族苏维埃共有750人。我国是单一制国家,且以人民代表大会为权力机关,实行“一院制”。“各少数民族除了共同利益之外,还有与民族特点有关的各自特有的特别利益”,需要在权力机关中得到反映,这就要求在“一院制”的人民代表大会中,要有一定数量的少数民族代表。我国自1953年选举法开始,就对少

[1] 阚珂:《全国人民代表大会代表名额确定依据探讨》,载《政治学研究》1987年第5期。
[2] Reynolds v. Sims, 1964.

数民族代表名额作出特别规定，确保人数特少的少数民族至少也有1名代表。尽管这种“纠偏行动”（Affirmative action）由于涉嫌反向歧视，在美国屡遭挑战，[1]但在中国却由于历史上就形成的对少数民族特殊照顾的政治传统和普通民众对民族团结理念的广泛认同，而且在立法中有明确的平衡措施，因而一直延续至今。

但民族平等原则的贯彻，应当与所在地区紧密结合起来，将少数民族代表名额计算进“相同的地区基本名额数”之中。因为我国的民族分布状况是“大杂居、小聚居”，少数民族代表在5个自治区相对集中，但在其他省市中也有广泛分布。我国的民族自治政策是民族区域自治而非民族自决、民族自治。因此，对少数民族的特殊照顾，应与地区平等紧密结合起来。事实上，分配名额到各个省市区而产生的少数民族代表，既是本民族的代表，也是该地区的代表，承担着反映地方情况、表达地方利益的重要职能。

第三，地区平等不能仅限于内地的各省区市，也应扩展到港澳，否则会导致港澳中国公民与内地中国公民的选举权有较大差别。目前选举法所确认的“地区平等”，其实是指内地的各省、区、市之间的平等，只有各省（自治区、直辖市）的代表名额才包括“相同的地区基本名额数”。

港澳地区的全国人大代表名额分配较为特殊。根据香港基本法与澳门基本法，1995年修改选举法时增加规定，港澳应选全国人民代表大会的名额由全国人民代表大会另行规定。在香港、澳门回归祖国前，香港、澳门也产生全国人大代表，但都是作为广东省代表团的成员。香港和澳门回归祖国后，全国人民代表大会作出决定，香港和澳门都单独组织代表团参加全国人民代表大会。因此，2004年修改宪法时，在第五十九条第一款增加规定“特别行政区”作为全国人民代表大会代表的选举单位和全国人民代表大会的

---

〔1〕 如种族纠偏行动“加州医学院录取案”（University of California Regents. Bakke，1974），“北卡善意滥化第一案”（Shaw v. Reno，1993）。

组织单位之一。[1] 2002年3月,第九届全国人大第五次会议确定香港特别行政区和澳门特别行政区应选代表名额分别为36名和12名,此后历届全国人大延续了港澳应选代表名额。

香港和澳门在我国近代史上具有十分特殊的意义,反映中华民族一段屈辱的历史,也警示后人"落后就要挨打"。港澳地区长期以来为外国殖民者所占领、管辖,与母体分离,导致国家未能完全统一。港澳顺利回归祖国,体现出我国国力和综合实力的增强。但如何贯彻"一国两制",实现港澳高度自治,继续保持港澳的繁荣与稳定,则被执政党视为"治国理政的重大课题"。[2] 港澳回归后,中央采取各种措施支持港澳地区政府依法施政,保障港人治港、澳人治澳、高度自治,在港澳遇到亚洲金融危机、SARS和世界金融危机时,及时出手,予以大力支持,确保港澳的繁荣稳定。中央政府还支持有关方面与香港、澳门相继签订CEPA协议,提高内地和港澳之间的经贸合作水平,实现共同发展。除了经济领域,在水源和食品供应、基础设施建设等民生方面,内地也全力以赴,确保港澳同胞的各项福祉。这些特殊的照顾政策,对于实施"一国两制"是完全必要的,有利于确保港澳的繁荣稳定,也有利于增强港澳同胞对国家的认同感。据2011年4月28日国家统计局公布的第六次全国人口普查数据,截至2010年年底,香港人口临时数是709.76万人,澳门人口数是55.23万人。考虑到港澳居民中,还有一些外籍人士甚至双重国籍人士,因此适格的中国公民人数还要小于各自的人口数。可以看出,港澳代表所代表的人口数远远少于内地代表所代表的人口数。此外,港澳属于特别行政区,虽然地域小,但与内地的省、区、市一样,都是中央之下平等的行政区域,在国家权力机关有平等的参与权,无论其人口多少,都应有与其他地方相同的基本名额数,真正体现单一制和"一国两制"之下的"地区平等"。全国人大常委会在确定"相同的基本名额数"时,应当充

---

〔1〕 参见蔡定剑:《宪法精解》,法律出版社2006年版,第303页。
〔2〕 胡锦涛同志在中国共产党第十七次代表大会上所作的报告。

分考虑到港澳的特殊情况。

对公民因所处地区不同而导致的权利差异，“冰冻三尺非一日之寒”，解决起来既需要充足的财力，还要考虑适当的步骤，既要实现宪法平等权，又要基本维持社会秩序和发展繁荣。因此，对于中央政府而言，其重要职责就是尽快取消没有正当理由的公民权利地区差异，即使因为各种现实条件的限制，一时还不能取消的差别，也要尽快采取必要措施逐步缩小不同地区公民权利的差距。[1]

---

〔1〕 参见张千帆：《权利平等与地方差异——中央与地方关系法治化的另一种视角》，中国民主法制出版社2011年版，第3页。

第八章

落实地区平等原则的现实路径

第一节　保障地区利益表达与政治参与的平等

第七章第三节对地区的基本权利问题作了一些探讨,并界定了其范围边界。国政参与权是地区一项重要的基本权利。实现地区平等,首要的就是保障地区利益表达与政治参与的平等,这也是地区平等的源头环节和政治基础。无论是在联邦制国家还是在单一制国家,客观上都存在地方的利益表达与政治参与问题。民主体制下的民意表达,某种程度上是与地方的利益表达、政治参与紧密结合在一起的。特别是代议制民主,议员或者代表的产生往往与选区密切相关,表达地方利益是其当选的砝码,也是不可推卸的责任;有的两院制国家,其中一院就是地区院(或参议院),其议员由各地区通过选举或者推荐产生,参与国家政治、维护地方利益的分量更重。

一、地方利益表达与政治参与的必然性与必要性

中华人民共和国成立后,中央政府在国家权力机构中居于中心,完全具备支配、控制和影响全局的能力。[1] 但不可否认,无论是争取全国性资源的分配,还是处理与其他地区的关系,各地区都有自己的利益和诉求。正如毛泽东同志1956年在《论十大关系》中所指出的,"中央要巩固,就要注意地方的利益"。但地方利益必须服从和服务于整体利益。[2] 毛泽东同志肯定了地方利益的存在,也强调了要顺应各地特殊情况给予地方利益照顾和协调。

改革开放后,随着市场经济的深入发展,地方政府特别是省级政府成为

---

〔1〕 参见高韫芳:《当代中央与民族自治地方政府关系研究》,人民出版社2009年版,第80页。

〔2〕 "为了建设一个强大的社会主义国家,必须有中央的强有力的领导,必须有全国的统一计划和统一纪律,破坏这种必要的统一,是不允许的。同时,又必须充分发挥地方的积极性,各地都要有适合当地情况的特殊。这种特殊不是高岗的那种特殊,而是为了整体利益,为了加强全国统一所必要的特殊。"(毛泽东:《论十大关系》)

具有相对独立利益和发展目标的主体。尤其是随着经济管理权限的下放、财税分配制度的调整，中央政府不断扩大地方政府的独立性和自主权，使地方政府逐渐成为本地区经济利益的代表、独立的投资主体和从事社会经济管理活动的公共权力机构。[1] 地方利益是客观存在的，这就必然产生地方利益的表达问题以及与此直接相关的政治参与问题。如果没有给地方提供正当、合法、有效的表达利益的渠道，地方必然通过非正常的方式，甚至通过非正当的方式参与并影响国家政治。[2] 比如，有的地方“跑部钱进”，向中央有关部门搞权力寻租；有的地方为了本地利益，“以邻为壑”，搞“地方保护”，与其他地方进行不正当竞争；还有的地方对中央政策搞选择性执行，有利于本地利益的就加大执行力度，不利于本地利益的就“高高挂起”。这从一个侧面说明，中央与地方关系不再简单是命令服从关系，而是建立在法律规定和利益权衡基础之上的博弈关系。为了在法治框架内及时高效地表达地方利益、反映地方诉求，同时保障和促进中央决策充分吸纳地方意见、平衡地方利益、做到科学民主，这就要“通过体制改革和制度创新……建立科学合理的地方利益表达与平衡机制……以正式的渠道，扩大地方参与中央决策的机会”。[3]

二、实现地方利益表达与政治参与平等的路径

对一个地区而言，通过表达利益参与国家政治，不仅是维护自身权益的重要保障，也是维系其地区宪法资格的一项基本权利。因此，地区平等这一宪法原则在实践中的应用，首先是促进和保障地方利益表达与政治参与的平等。“平等参与是建立地方利益表达与平衡机制的重要原则……不管大

---

〔1〕 参见高韫芳：《当代中央与民族自治地方政府关系研究》，人民出版社2009年版，第80页。
〔2〕 参见董泽文：《转型时期实现我国中央与地方关系民主化的路径》，载《前沿》2005年第1期。
〔3〕 薄贵利：《集权分权与国家兴衰》，经济科学出版社2001年版，第256页。

省小省、穷省富省，在中央决策过程中具有平等的表达权和参与权。”[1]地方利益表达与政治参与的路径与国家权力横向分配有关，主要包括立法途径、行政途径以及司法途径。鉴于司法途径一般不涉及利益分配问题，主要是对争议进行中立的裁决，这里主要探讨立法途径和行政途径。

1. 立法途径

立法在某种程度上就是利益的表达、博弈和平衡的过程。不少国家的宪法都十分注重各地区平等参与国家立法过程。比如，阿富汗的大支尔格国民议会由其国会议员和各省、区议会的议长组成，在涉及国家最高利益事宜的决定时应当召集。印度尼西亚的地方代表理事会，其议员从各省普选产生，各省人数相同，总数不超过国会议员的1/3，每年至少开会一次，可以向国会提交关于地方自治、央地关系、地区建立、扩张与合并、自然资源及其他经济资源管理、央地财政平衡的法案，并在上述法案通过后监督其实施，并将监督结果提交国会作为决策参考。南非的全国省级事务委员会，由各省派遣10人的代表团组成，每省1票，所有问题都需要获得至少5省赞成票的支持。

在我国，全国人大常委会作为国家最高权力机关的常设机关，在立法中具有十分重要的地位。事实上，绝大多数法律都是由全国人大常委会制定和修改的。有的学者称，全国人大常委会才是“事实上的立法机关”。与全国人民代表大会主要由各地区推选的地方代表团构成不同，全国人大常委会的组成人员是选举产生的，没有所谓的各地区的“基本名额数”，也不再按照地域划分。因此，地方利益如何在全国人大常委会中表达、博弈和平衡，既是一个十分重要的问题，也是保障“地区平等”原则，实现中央与地方关系法治化的重要环节。具体来说，一是通过来自特定地区代表团的常委会委员表达地方的利益诉求和意愿；二是通过不是常委会委员会的专门委员会

---

〔1〕 薄贵利：《集权分权与国家兴衰》，经济科学出版社2001年版，第257页。

组成人员表达地方的利益诉求和意愿；三是通过列席常委会会议的各省区市的人大常委会负责人表达地方的利益诉求和意愿。

为了通过立法途径促进并实现地方利益表达和政治参与的平等，还可以在以下几个方面进行改进：一是常委会组成人员名额中预留地区专门名额，每个省级地区无论面积大小、人口多寡，都具有相同的名额（2 名或者 3 名）。人大常委会委员的构成比例引入地区平等原则，解决地方代表性问题，通过地方代表反映地区诉求、协调地区利益，是立法机关成为地方利益博弈和平衡的途径之一，有利于促进央地关系的法治化、规范化和透明化。二是全国人大设立专门的地方事务委员会，由各地方代表团推选本地方代表作为委员候选人，负责初步审议各地方代表团、全国人大常委会、“一府一委两院”等提出的涉及地方利益的议案，并向大会主席团提出审议意见。不少国家的议会都有类似的机构，比如英国议会的下议院就设立了由各地区选出的议员组成的威尔士委员会、苏格兰委员会、北爱尔兰委员会等，对下议院审议的有关地方事务的议案有很大的话语权和影响力。[1]

目前已有学者研究中央与地方关系的司法调控，[2]但笔者认为，在司法审查制度缺乏的前提下，这一思路虽有理论价值，但现实中缺乏可能性。与司法调控模式相比，人大的代议机制是更为现实的模式，且有进一步完善的可能。现在一提起中央与地方分权，总是限于中央政府与地方政府之间的权限划分，却忽视了最高国家权力机关与地方国家权力机关之间的互动关系。一旦地方国家权力机关的各项机能充分启动起来，尤其是其组成人员的作用得到充分发挥，与选民的互动频繁起来，必然带来地方利益诉求高涨的洪流，势必自下而上形成压力机制。一般而言，地方代表更加关注地方选民的利益和本地区的福祉，缺乏所谓的“全局观念”，对“长远利益”的照应不够。因此，地方民主机制的形成和完善，必然会导致地方利益的膨

---

〔1〕 参见谭波：《我国中央与地方权限争议法律解决机制研究》，法律出版社 2014 年版，第 191 页。

〔2〕 参见郭殊：《中央与地方关系的司法调控研究》，北京师范大学出版社 2010 年版。

胀，很容易导致地方保护主义的蔓延。因此，研究央地关系，就不能仅仅简单限于政府分权，从宏观上忽视代议制可能发挥的作用和造成的困境。对中央而言，如何在分权的前提下，积极应对地方民意表达机制的压力，协调各项利益冲突，不仅是对执政者政治智慧的考验，也是对现有制度资源的考验。

2. 行政途径

我国是一个单一制国家，中央政府在各项资源的分配过程中具有决定性作用。因此，才会有地方"跑部钱进"，到各部委跑项目、跑批文、跑转移支付等现象。对地方而言，除了单向面对各个审批部门，几乎没有表达自身利益以及与其他地方进行利益协商的平台和空间。虽然中央也成立了一些涉及地方的机构，比如东北振兴办公室、西部开发办公室、南水北调办公室、三峡办公室等，但这些机构的中心工作并不是促进和保障地方利益表达的平等。为了保障决策的科学化和民主化，减少权力的寻租空间，有必要建立地方利益表达与政治参与的平台。比如，高等院校招生名额的分配，教育部可以成立专门的各地区参与的委员会，对招生名额分配的公平性，特别是地区平等性进行充分讨论，进而提出指导性意见。又如，国家发改委在国家重特大工程项目审批、财政部在进行一般性转移支付时，可以成立专门的各地区参与的委员会，充分表达地区的利益诉求，促进地区之间的利益平衡与地区之间的良性合作，实现全国利益与地方利益的有机统一。通过这些平台的建立，形成整合中央与地方利益的协调机制和双向互动机制，将自上而下的监督和自下而上的反向监督结合起来，避免权力行使的任性。[1]

---

〔1〕 参见熊文钊：《大国地方：中国中央与地方关系宪政研究》，北京大学出版社2005年版，第170页。

第二节　转移支付是实现地区平等的财政保障

一、历史与现状

财政既是政府重要的政治资源,也是有效的宏观调控手段之一。在央地事权划分和财权配置中,财政转移支付制度是一项核心制度安排。一方面,转移支付是中央对地方进行财政控制的重要手段。[1] 另一方面,转移支付是各级财政财力再分配的重要方式,也是对事权与财力不匹配状况的矫正安排。[2] 我国各地区的经济社会发展差异很大,在财力方面存在严重的不均衡状况。有研究显示,中华人民共和国成立以来我国经济发展地区差距变化经历了三个阶段:1952～1978 年为人均国民收入与人均 GDP 相对差距扩大阶段;1978～1991 年为人均国民收入与人均 GDP 相对差距缩小阶段;1991～1995 年为人均国民收入和人均 GDP 相对差距重新扩大阶段,今后一段时间内还可能呈现扩大趋势。[3] 地区差异大和政府财政能力是联系在一起的,政府财政能力的差异越大,不同地区的公民享受的公共服务水平差距越大,其公民基本权利的受保障程度落差越大。[4] 因此,在中央承担促进地区平等的宪法义务的前提下,转移支付是实现地区之间财力均衡、促进地区平等的重要财政保障,既有利于实现中央的集中统一领导,又有利于防止地区发展的不平衡和公民权利的不平等。

1994 年分税制改革实施后,中央通过税收返还保证地方利益,主要包括

[1] 参见熊文钊:《大国地方:中国中央与地方关系宪政研究》,北京大学出版社 2005 年版,第 148 页。

[2] 参见刘剑文等:《中央与地方财政分权法律问题研究》,人民出版社 2009 年版,第 60 页。

[3] 参见胡鞍钢、邹平:《社会与发展——中国社会发展地区差距研究》,浙江人民出版社 2000 年版,第 34～35 页。

[4] 参见刘剑文等:《中央与地方财政分权法律问题研究》,人民出版社 2009 年版,第 163 页。

增值税、消费税两个税种的返还以及所得税基数的返还。[1] 目前,中央对地方的财政转移支付包括两类:一类是财力性转移支付,[2]另一类是专项转移支付。前者主要目标是均衡地区财力差距,弥补欠发达地区的财政缺口,实现地区基本公共服务均等化。这部分资金主要靠中央补助,不须地方配套,完全由各地自主统筹安排。后者主要目标是实现中央特定的政策目标和发展战略,此外还可以对委托地方政府代理的部分事务进行资金补偿。这部分资金必须专款专用、不得挪用,重点用于医疗、卫生、教育、文化、社保等公共服务领域。

财政转移支付的初衷是解决地区间财政不平衡。但有研究表明,虽然1994 年分税制改革后增强了地区的财政自主权,但地区之间的财政均衡程度却不如改革开放之前,地区差距有不断扩大的趋势。这与中央政府财政转移制度设计和实践运作有密切关系。从我国目前的转移支付形式来看,具有明显均等化功能的只有一般性转移支付,但数额较小,比例不高,自然导致整个转移支付体系的均衡化程度不高,解决地区平等问题乏力。此外,“由于过多地考虑保护既有利益,使得以均等化为目的的一般性转移支付份额相当低,这就使我国的财政分权制度在平等权、社会保障权、教育权、发展权等基本权利保障方面的作用显得相当有限”。[3] 国务院《关于改革和完善中央对地方转移支付制度的意见》(国发〔2014〕71 号)专门分析了现行中央财政转移支付制度存在的问题:转移支付结构不够合理;一般性转移支付项目种类多、目标多元,均等化功能弱化;专项转移支付涉及领域过宽,分配使用不够科学等。

---

〔1〕《国务院关于规范财政转移支付情况的报告——2007 年 6 月 27 日在第十届全国人民代表大会常务委员会第二十八次会议上》:“增值税、消费税两税返还按 1:0.3 增长比率计算,所得税基数返还为固定数额。中央财政并不拥有税收返还的分配权、使用权,这部分收入实际上是地方财政可自主安排使用的收入,在预算执行中通过资金划解直接留给地方。”

〔2〕目前财力性转移支付包括一般性转移支付、民族地区转移支付、县乡财政奖补资金、调整工资转移支付、农村税费改革转移支付等。

〔3〕刘剑文等:《中央与地方财政分权法律问题研究》,人民出版社 2009 年版,第 142 页。

二、改进路径

从地区平等的角度出发，有必要在以下几个方面进一步探讨财政转移支付制度的改革：

一是财政转移支付目标法定化。评价转移支付行为的合理性和合法性，应当有一个底线标准。这个标准既不是保护富裕地区，也不是偏向贫困地区，而是努力实现各个地区政府的公共服务水平大体相当，确保各地区的公民都能享受最低标准的公共服务。有必要以立法形式明确，转移支付的目标就是社会公共水平的地区均等化。

二是明确财政转移支付的基本形式。一般转移支付应当作为财政转移支付的重点，辅之以政策性转移支付和特定目的转移支付。从目的上看，应以弥补地方财政缺口、均衡不同地方财力为追求的目标，因此财政能力强弱应与得到补助的多寡成反比。从方式上看，一般不规定资金的专门用途，增强地方政府统筹使用的自主性。同时，清理整合一般性转移支付，新的一般性转移支付体系应当以均衡性转移支付为主体，以“老少边穷”地区转移支付为补充。

三是确立财政转移支付的计算标准。转移支付的资金分配，应当采用符合地区平等原则的客观标准和计算方式，从而减少随意性，增强透明度，避免各地区的恶性竞争。目前，采用基数法确定各级政府的财政收支基数，出现了很多问题，有必要引入国际通用的因素法。所谓因素法，就是通过人均 GDP、人口数量、人口密度、城市化程度等客观性因素来确定各地的转移支付金额，防止人为因素影响，充分反映各地区收入能力和支出需求，总体而言比较公平。〔1〕 采用因素法，有利于增强转移支付的透明度和可预见性，比较科学民主、客观公正，有利于规范央地财政关系，推进地区平等原则。

---

〔1〕 参见李齐云：《完善我国财政转移支付制度的思考》，载《财贸经济》2001 年第 3 期。

第三节　基本公共服务均等化是地区平等的民生底线

一、公民社会权利的视角

在一定的社会条件下，为了保障公民生存底线，保持社会基本运转，中央政府应当为全体公民都提供具有平等性质和人道主义性质的公共服务。[1]这些与我国宪法规定的公民的基本权利特别是社会权利密切相关的公共服务，就是基本公共服务。公民的劳动权、休息权、生存权、受教育权、社会保障权等社会权利，是公民实现人的全面发展的基本条件，从权利本质而言属于耶利内克所说的由“公民对国家的积极的地位”所派生出的“公民的受益权”，必须通过国家对经济社会的积极介入才能得到有效保障，[2]同时有赖于政府的积极作为和公平分配。

从地区平等原则的角度来看，公民社会权利的实现程度和保障程度存在地区不均衡，其背后的原因就是医疗、教育、劳动、社保等基本公共服务的非均等化。公民因为不能自我选择的出生地因素，在基本公共服务的内容、水平、服务设施、条件、资源等方面存在较大差异，对公民发展机会的平等产生严重影响，不利于公民平等权的实现。由于地区之间存在基本公共服务的悬殊，往往导致人口的非正常流动，一方面导致人口流入地面临较大的社会福利压力，另一方面导致人口流出地面临人才匮乏、劳动力外流的发展“瓶颈”。如果基本公共服务不能实现均等化，人口的这种非正常流动就不会停止，公民的自由迁徙权其实意义也不大。因为非正常流动的人口，比如欠发达地区到发达地区打工的农民工，很难享受到发达地区的基本公共服

[1] 参见陈第华：《基本公共服务均等化的正义性探析》，载《山东理工大学学报》2008年第6期。

[2] 参见林来梵：《从宪法规范到规范宪法——规范宪法学的一种前言》，法律出版社2007年版，第178页。

务,即便近年来有改善,仍不能完全享受。因此,基本公共服务均等化的宪法价值就在于促进和保障公民的宪法社会权利。基本公共服务的范围界定,相应地也应该与公民的社会权利范围相对应。为公民的发展创造条件并确保公民能够通过自身努力获得所需生活条件,是政府的一项基本职能。但政府的能力并非是无限的,不可能无限制地满足所有公民的物质生活需要,只能为公民获得衣食住行等创造条件和环境:一方面,确保身心健康的公民通过劳动就可以满足并改善自身及家庭的生活;另一方面,要为身心存在缺陷的弱势群体提供基本社会福利,保障其有尊严的基本生活。[1] 基本公共服务均等化,其实质是满足不同地区公民生存和发展的基本条件、基本机会均等,确保所有公民不因出生地区受到不同对待,保障全体公民获得相对均等的最低生活保障和社会发展机会。这在一定程度上也是罗尔斯第二正义原则的落实。

二、中央政府的责任

基本公共服务均等化是中央与地方共同事权,但主要依靠中央政府的决策和推动。基本公共服务的均等化主要靠转移支付制度来保障。中央政府一般转移支付的主要目的是保证各个地区的基本公共服务大致均衡。这既体现效率原则,也符合公平理念。中央政府通过转移支付等方式推进基本公共服务均等化,是履行促进地区平等宪制义务的重要方式,有利于消除地方壁垒,鼓励经济要素的流动,促进地区间资源配置效率的提高与全国统一市场的形成。之所以强调中央政府推进基本公共服务均等化的宪法义务,既有中央政府负有促进地区平等义务的前提,也有现实中中央与地方利益博弈的考虑。出于地方利益最大化的考虑,地方政府往往倾向于向本地区原住民提供尽可能优良的公共服务,享受外来人口带来的劳动力资源和

---

〔1〕 参见陈第华:《基本公共服务均等化的正义性探析》,载《山东理工大学学报》2008 年第 6 期。

经济利益,却不愿意承担外来人口的公共服务责任。由于外来人口缺乏参与本地政治事务的民主渠道,这就导致了地方代议制的民主机制并不能阻止歧视外来人口、维护本地利益的政策,“受制于当地原居民的政府缺乏必要的意愿对这些外来人口承担政治责任,去维护其平等权利”。[1] 因此,基本公共服务均等化应当是中央政府的一项宪法责任,否则受损的只能是公民的合法权益。

三、均等化的标准

基本公共服务的范围与程度,既是判断其均等化的衡量标准,也是判断其是否符合地区平等原则的重要尺度。基本公共服务均等化并不是要求各个地区实现无差别化或者完全平均化的基本公共服务。这既不现实,也不符合效率原则。换言之,基本公共服务均等化是指在一国范围内,无论公民居住在哪个地区,无论企业在哪个地区营业,都能够平等享有国家最低标准的基本公共服务。有的学者从公民基础需求与基本权利关系的角度出发,将基本公共服务划分为三个层次:第一层次主要是满足人的生存权和发展权,包括公共卫生、基础教育与社会保障;第二层次主要是改善人类的生存环境,提高人类生活的舒适度、安全感和可持续性,包括基础设施、环境保护和公共安全;第三层次主要是确保政府有效履行职能,实现更高层次的公共利益,包括一般公共服务、科学技术和文化娱乐。[2]

基本公共服务均等化的取向与地区平等原则的内涵是一致的,即既允许地区之间基本公共服务水平存在差别,又要求地区差别应当限制在一定范围之内,符合比例原则,不能大到影响公民的生存权和发展权的实现,也不能小到无法促进人才的合理流动,实现地区之间的良性竞争。对于有基础、有能力的地区,应当鼓励其因地制宜、发挥积极性和主动性,结合自身条

---

〔1〕 张千帆:《西方宪政体系》(上册),中国政法大学出版社2000年版,第124～125页。
〔2〕 参见陈昌盛:《基本公共服务均等化:中国行动路线图》,载《财会研究》2008年第2期。

件向定居者提供更加优良的公共服务,作为吸引人才、增强地区竞争力的重要筹码。从短期来看,有必要通过政策倾斜、转移支付等方式,尽快改变欠发达地区公共服务落后的面貌。但从长远来看,则应保障欠发达地区与发达地区同等拥有享受公共服务的权利和实现发展的机会。[1]

四、与公民迁徙自由的关系

基本公共服务均等化的推进进程与公民的自由迁徙权利则要统筹考虑。如果在地区差距严重,基本公共服务未能均衡分布的前提下,骤然取消户籍等对外来人口的限制政策,实现公民自由迁徙,那么必然导致蜂拥而至的福利移民。外来人口流入的发达地区财政将会很快耗尽甚至出现亏空、濒临倒闭,不仅可能实际损害本地居民的固有利益,而且可能加剧本地居民和外来人口的对立和矛盾。[2] 比较合理的路径是,基本公共服务均等化的程度与公民迁徙自由的实现程度保持同步,基本公共服务均等化每实质性推进一步,公民的迁徙自由限制就要实质性放松一步,在平稳可控的前提下同步实现地区平等与公民迁徙自由。毕竟,中央政府需要一定时间和物质成本去取消不合理的地区差距。因为“没有哪一个国家的宪法会不顾特定社会的需要强人所难;只有在基本需要获得满足之后,宪法权利的覆盖范围才有可能进一步扩张”。[3] 无论是公民自由迁徙权,还是地区平等原则,都是市场经济与人权意识发展到一定程度的产物,[4]不可能一蹴而就,也不可能毕其功于一役。

---

〔1〕 参见范恒山:《我国促进区域协调发展的理论和实践》,载《经济社会体制比较》2011 年第 6 期。

〔2〕 参见张千帆:《从调控到自由——论美国贫困人口迁徙权的宪法演变》,载《北大法律评论》2005 年第 6 卷。

〔3〕 张千帆:《流浪乞讨人员的迁徙自由及其宪法学意义》,载《法学》2004 年第 7 期。

〔4〕 参见黄建军:《地区权利平等问题论纲》,载张千帆主编:《中央与地方关系的法治化》,译林出版社 2009 年版,第 262 页。

第四节　“先行先试”的规范化是地区平等的制度保障

一、宪法内涵

在单一制国家结构形式之下，将“先行先试权”作为地区的一项基本权利，对于中央与地方关系的良性发展和法治实现意义重大。因为在联邦制之下，各州本身就是联邦的“实验基地”，正如布兰代斯大法官所说：“联邦体制的幸运巧合是……有胆识的州可以作为一个实验室，尝试崭新的社会和经济试验，而不对国家其他部分构成任何风险。”[1]但在单一制国家，更加强调全国范围内的步调整齐，我国宪法也明确规定法制统一的基本原则，并强调了地方立法的不抵触标准。地方立法固然可以结合本地实际，制定相应地方性法规，满足本地制度需求。但毕竟上面还悬着一把“达摩克利斯之剑”——备案审查制度中的撤销权。特别是在上位法已经规定了明确的制度规范的前提下，地方几无变通或者创新空间，如果确需强力推行，要么是“先斩后奏”，要么干脆是“只干不说”。这种游离于宪法和法律框架之外的地方变通或者创新，与各地区的“先行先试权”“变通权”没有得到重视和保障有密切关系。

各地区具有先行先试的权利能力，并不是说各地区可以无条件地自行作出先行先试或者变通的决定，而是要在单一制的国家结构框架下，按照宪法和立法法规定的程序，依法按程序获得最高国家权力机关的相应授权后才能进行。因此，准确地说，各地区都具有作为先行先试区域的资格，但是否能够获得相应的授权，则有赖于最高国家权力机关对政治时机、改革事项、区域优势、自身条件、法律原则等因素的综合把握。从地区平等原则出

〔1〕 New State Ice Co. v. Liebmann, 285 U. S. 262.

发,就是要在授权决策中注重各地区平等的试点资格,对于综合性、需要在全国范围内铺开的改革事项,可以考虑从东、中、西部分别选取具有代表性的试点地区,注重试点区域分布的均衡性;即使需要在东部沿海发达地区先行试点的,在试点成功后也要及时向其他地区推广和普及试点经验,防止先行先试变成变相的区域特权,从而形成制度或者优惠政策的“洼地”,影响各地区平等竞争的机会。

二、实践情况

改革开放过程中,从 1981 年 11 月到 1996 年 3 月,全国人大及其常委会先后 5 次,[1]通过有关专门决定或者决议,授权经济特权所在地的省、市根据经济特区的具体情况和实际需要,遵循宪法的规定以及法律和行政法规的基本原则,制定经济特区法规、规章,在各经济特区实施,有力地促进了经济特区市场经济和民主法治建设的发展。

党的十八大以来,以习近平同志为核心的党中央更加强调以法治方式推进改革,对实践条件还不成熟、需要先行先试的,由全国人大常委会按照法定程序作出授权决定或改革决定。截至 2020 年 3 月,全国人大常委会作出授权有关方面暂时调整有关法律规定或开展有关试点工作的决定共 29 件(1 件为十一届全国人大常委会通过)。

---

〔1〕 1981 年 11 月,第五届全国人大常委会第二十一次会议通过的关于授权广东省、福建省人民代表大会及其常务委员会制定所属经济特区的各项单行经济法规的决议;1988 年 4 月,第七届全国人大第一次会议通过的关于建立海南经济特区的决议,授权海南省人大及其常委会制定所属经济特区的法规;1989 年 4 月,第七届全国人大第二次会议通过的关于国务院提请审议授权深圳市制定深圳经济特区法规和规章的议案的决定,授权全国人大常委会审议国务院提请的授权深圳市制定深圳经济特区法规和规章的议案,并作出相应决定;1992 年 7 月,第七届全国人大常委会第二十六次会议通过的关于授权深圳市人民代表大会及其常务委员会和深圳市人民政府分别制定法规和规章在深圳经济特区实施的决定;1994 年 3 月,第八届全国人大第二次会议通过的关于授权厦门市人民代表大会及其常务委员会和厦门市人民政府分别制定法规和规章在厦门经济特区实施的决定;1996 年 3 月,第八届全国人大第四次会议通过的关于授权汕头市和珠海市人民代表大会及其常务委员会、人民政府分别制定法规和规章在各自的经济特区实施的决定。

经过对以上授权决定文本的分析，可以看出以下几个趋势：第一，从时间段上看，大致分为两个阶段。第一阶段是2000年以前，主要任务是授权赋予经济特区立法权；第二阶段则集中在2012年以后。

第二，从功能上看，呈现逐步拓展的态势。20世纪80年代和90年代的授权，功能较为单一，主要涉及经济特区立法权。近年来的授权，功能则不断拓展，主要是按照以习近平同志为核心的党中央"重大改革于法有据"的要求，通过授权推进行政审批、司法体制、土地管理等改革。

第三，从区域范围上看，呈现从东部沿海发达地区向全国范围扩展的态势。关于经济特区立法权的授权，主要集中在东部沿海地区的福建、广东和海南3省；关于行政审批制度改革的授权，包括在自贸区推进的行政审批制度改革授权，仍然集中在东部沿海地区的上海、福建和广东；但关于刑事速裁程序试点工作的授权，则拓展到14个省(市)的18个城市，其中包括辽宁省的沈阳和大连，山东省的济南和青岛，福建省的福州和厦门，广东省的广州和深圳；2015年2月的授权决定，涉及包括农村土地征收、集体经营性建设用地入市、宅基地管理制度等土地管理制度改革，是一项全国各个地区都广泛关注并牵涉自身利益的改革。从试点效果和地区平等的原则出发，试点的范围史无前例地拓展到全国31个省直辖市、自治区的33个试点县(区、市)，其中包括四川省的郫县和泸县、浙江省的义乌市和德清县等。试点区域范围的扩大，固然有试点事项变化的因素，但更重要的是，中央层面更加尊重各个地区在先行先试方面的平等权利，防止因为授权出现地区不均衡，导致各个地区的竞争出现机会不平等。

第四，从授权内容来看，更加注重从实体上保障和促进地区平等。授权有时限要求和推广要求。2012年以来的授权，都有明确的时限，授权不再是"一劳永逸"，只要试点成功，就要修改相关法律，将成功经验向全国普惠推广，从而保证了授权不会产生"特权"，试点地区不会通过授权获取政策优势、形成政策洼地。2015年修改《立法法》，明确规定：授权决定应当明确授权的目的、事项、范围、期限以及被授权机关实施授权决定应当遵循的原则等;授权的期限不得超过5年,但是授权决定另有规定的除外;被授权机关应当在授权期限届满的6个月以前,向授权机关报告授权决定实施的情况,并提出是否需要制定有关法律的意见;需要继续授权的,可以提出相关意见,由全国人民代表大会及其常务委员会决定;授权立法事项,经过实践检验,制定法律的条件成熟时,由全国人民代表大会及其常务委员会及时制定法律。法律制定后,相应立法事项的授权终止。

三、改进路径

各个地区除了通过最高国家权力机关授权这一法治化途径获取先行先试机会之外,在不涉及国家专属立法权的领域,还可以通过国务院、各部委等获得具体政策实施方面的试点机会或者特殊优惠。借鉴上述授权决定涉及促进地区平等的技术性措施,可以考虑在以下几个方面深入推进地区平等。

首先,先行先试的机会要与先行先试的事项挂钩,适宜局部地区试点的,可以由符合条件的地区先试点;但适宜全国范围试点,特别是财税体制、行政审批、土地改革、司法体制等需要全面总结和反映各地区探索经验的改革事项,应当力求在各省区市选择具体区域先行试点。这既是对于各地区先行先试权利的尊重,也有利于在改革决策和立法决策中实现各地区的平等参与和利益均衡。

其次,中央政府的责任在于确定试点地区的标准而非直接指定试点地区。凡是涉及先行先试,各个地区无序化地竞争,不利于央地关系的法治化,也不利于通过试点的方式推进改革,更不利于各个地区的平等参与和平等竞争。在哪个地区推进试点事项,总是有一定标准的。比如行政审批改革试点,与试点地区的行政审批流程、权力清单梳理、审批队伍建设等因素密切相关。土地制度改革试点,与试点地区的耕地规模、农业生产率、农业人口比例、农村经营性建设用地和宅基地存量等指标密切相关。从决策科学化民主化的角度出发，中央政府更加适宜确定试点的标准，而非直接指定试点的地区。这样既避免了各个地区的恶性竞争，又注重了改革试点的代表性，增强了改革成功的概率。从根本上来说，对于各个地区的改革发展也是机会平等的。

最后，无论是改革试点授权还是优惠政策，都应当有一定时限。改革试点授权与优惠政策的一个共同点，就是通过区别化的制度或政策赋予一个地区的特殊竞争力，在强化一个地区发展实力的同时，也在弱化其他地区的竞争潜力。实现各地区均衡发展，很重要的一条就是为各个地区提供公平的竞争环境特别是制度环境和政策环境。改革开放四十多年建设特区和经济开发区的一条经验就是，通过税收优惠、权力下放等方式形成"政策洼地"，这从短期看有利于集中吸引各方面投资特别是海外投资，造就一个地区的繁荣和发达。因为，"政策越优惠，地区在竞争中就处于越有利的地位"。[1] 但从长远来看，各地区的竞争就处于机会不平等的状态，阻碍各类要素高效流动和市场配置资源效率，也变相地扩大了地区差距。党的十八大以来，党中央特别强调通过制度创新来释放改革开放的红利，其中自贸区改革的目的就是以开放来倒逼改革，为全国性的改革开放探索道路。因此，授权决定特别强调要形成可复制、可推广的经验[2]。2014 年 12 月 21 日，国务院印发了通知，在 7 个方面推出了上海自贸区 29 项可复制、可推广的制度创新经验。这就充分证明，各地区改革试点的核心目标应当是"国家的制度创新高地"而非"地方的政策优惠洼地"。无论是市场经济还是地区平等，都要求通过先行先试为全国性的改革探索经验，而非通过改革试点或者政

[1] 熊文钊：《大国地方：中国中央与地方关系宪政研究》，北京大学出版社 2005 年版，第 84 页。

[2] 特别是要建立"以负面清单管理为核心的外商投资管理制度、以贸易便利化为重点的贸易监管制度、以资本项目可兑换和金融服务业开放为目标的金融创新制度、以政府职能转变为核心的事中事后监管制度"。

策优惠集聚、维系特定地区的所谓“竞争优势”。

第五节　地区协同合作共赢是地区平等的拓展领域

一、现实情况

各地区横向合作是中央与地方关系中经常被忽视的一个重要问题,也与实现地区平等密切相关。一方面,地区平等是地区合作的重要法律基础和前提,没有平等的主体资格、权利能力和对话平台,地区之间的合作必然是不稳固的,可能会出现某个地区利益受损却得不到补偿、某个地区获得收益却没有付出的不公平现象。另一方面,地区平等也不是自然形成的,既需要中央政府的强力推进,又需要各个地区政府之间的高效合作、密切配合。地区开展横向合作,有利于发挥比较优势,通过制度化方式防止地区封锁,促进各项资源、要素的合理流动。目前,我国地区之间的横向合作主要包括以下几种情况:

一是中央政府主导形成的地区合作。一般而言,跨多个行政区划的重大工程,很难依靠各个地区的自主合作推进,必须由中央政府主导,统筹协调平衡各个方面的利益。比如,三峡工程的开工建设与运营,涉及四川、重庆、湖北等多个省份,而水库移民的安置涉及的省份就更多;南水北调重大水利工程,其东线、中线、西线工程跨越长江、黄河等多个水系,涉及沿线的湖北、河南、河北、天津、北京等多个省份。与此相类似的,还有西气东输等重大工程。

二是中央政府统筹规划、各地区政府积极参与的地区合作。比如,为了加快新疆维吾尔自治区和西藏自治区的跨越式发展,中央主导了各个地区特别是发达地区参与的对口“援疆”“援藏”,其范围涵括人才支援、项目合作、横向资金转移支付等。又如,为了应对各种特大自然灾害给有关地区带来的严重损失，中央统筹协调了发达地区对口支援汶川、舟曲等灾区。“发达地区在资金、技术、人力资源和文化教育等方面对落后地区的支持确实有助于缩小地区之间的发展差距，有助于地区之间的权利平等。”[1]

三是各个地区特别是相邻地区之间为解决特定问题，通过协商、协议等方式所进行的横向合作。比如，太湖流域包括江苏省、浙江省和上海市；微山湖流域跨山东、江苏、河南、安徽4省。跨行政区域的水资源管理、渔业资源管理、水污染治理等，就需要相关地区的横向合作，在立法、执法、司法等方面统一标准、密切配合。与此相类似的，还包括香港特别行政区与深圳关于“落马洲河套地区”开发的合作和“一地两检”、珠海和澳门特别行政区关于横琴岛开发的合作、上海与浙江关于大小洋山的合作等。

四是市场经济发展推动区域合作和一体化所促成的地区合作。比如，近年来，珠三角地区围绕推动“深莞惠”、“珠中江”及“广佛肇”三个经济圈建设，大力推动珠三角9个城市从基础设施到要素流动、环境保护、社会管理的一体化。长三角地区大力推进一体化进程，推动在综合交通、科技创新、市场体系、生态环保、公共服务等重点领域实现联动发展。京津冀地区在战略规划、产业发展、政策法规等方面积极沟通和衔接，不断加快合作步伐。特别是党的十九大以来，党和国家对促进区域协调发展展开了一系列部署，尤其是将“长三角区域一体化发展”上升为国家战略，加上之前提出的“京津冀协同发展”战略、“长江经济带发展”战略、“粤港澳大湾区发展”战略，这四大战略将成为今后很长一段时间国家区域经济发展的主要内容。

二、改进路径

地区横向合作既是促进和实现地区平等的重要手段，也是贯彻地区平等原则的薄弱环节，有必要在制度层面予以关注。

---

〔1〕 黄建军：《地区权利平等问题论纲》，载张千帆主编：《中央与地方关系的法治化》，译林出版社2009年版，第266页。

一是保障参与横向合作的地区的地位平等和机会均等。京津冀协同发展已经是大势所趋,并上升为国家战略。这其实也是倒逼出来的国家战略。对于当前的 GDP 考评机制而言,以邻为壑、各自发展的模式不可避免。正是因为北京各种功能复合叠加引发交通拥堵、房价暴涨、环境恶化、资源趋紧、公共服务严重不足等一系列"城市病",迫切需要疏导非首都功能,催生了京津冀协同发展战略。既然要一体化,就必然涉及三地之间的关系。如果一体化仅仅意味着河北承接京津的低层次产业或者为京津的人才提供廉价住房,这种一体化对河北而言其实意义不大。因为在承接低层次产业的同时,河北依然要付出高昂的环境、资源代价,其自身的产业结构调整也很可能止步不前。实现京津冀一体化,看似一个具体问题,实际上需要对央地关系以及地区关系进行更深层次的调适。中央要加以引导,保障地区平等,促进地区平衡。对京津冀而言,不是"等靠要",而是要确立平等的宪法主体资格,构建平等的地区关系,通过对话、协商和协作,实现平衡发展。

二是以生态补偿等利益调整的方式促进地区平等。单一制国家结构的一个优势,就是中央有权威、有资源,可以充分发挥各个地方的比较优势和积极性、主动性。特别是在一个具有"差序格局"的大国,不同地区的自然资源禀赋不同,适宜承担的功能也不同,只有因地制宜、分类施策,才能实现国家利益和国民利益的最大化。三峡工程、南水北调、西气东输等重特大工程,一些地区必然要付出相应代价,以实现整体效益。从宪法平等原则的角度,就要建构合理的利益调整渠道和机制,对部分地区予以特殊照顾和特殊政策,保障利益受损地区的利益,实现地区利益均衡。同样,如果没有利益补偿机制,一些中央统筹安排的对口援助等地区合作也缺乏持续性。如何将道德义务转化为法律义务,就需要在地区横向合作关系中引入利益协调机制,既避免发达地区的民众对"对口援助"的排斥心理,又防止单纯的"输血式"援助,实现帮助落后地区"造血"与确保发达地区获益的共赢。比如,2018 年年底,9 部门联合印发的《建立市场化、多元化生态保护补偿机制行动计划》提出建立绿色利益分享机制，鼓励生态保护地区和受益地区开展横向生态保护补偿，探索建立流域下游地区对上游地区提供优于水环境质量目标的水资源予以补偿的机制。

三、立法实践[1]

实施区域协调发展战略是新时代国家重大战略之一，是贯彻新发展理念、建设现代化经济体系的重要组成部分。党的十八大以来，区域协调发展战略进入“快车道”，党中央陆续确定了京津冀协同发展战略、长江经济带发展战略、粤港澳大湾区发展战略、长江三角洲区域一体化发展战略，加上习近平总书记于2019年9月提出的黄河流域生态保护和高质量发展战略，我国五大协调发展战略布局已经基本完成。坚持地区平等原则，是不同地方加强横向联系、进行合作协商的前提和基础。同时，地方立法协同的实践在这些区域逐步深化，不仅保障和推进区域协同发展，也为实现地区平等奠定良好基础。

1. 京津冀区域协同立法的实践

中共中央政治局于2015年通过《京津冀协同发展规划纲要》后，京津冀三地人大在该文件的指导下继续积极开展协同立法的工作。2015年，经三地共同研究，出台了关于加强京津冀人大协同立法的若干意见，其中提到要加强三地人大的立法规划和年度计划，三地在制订立法规划和年度计划时，要充分考虑京津冀协同发展的要求，做到既能满足自身要求，同时也能照顾其他两地的关切。对于年度立法计划中相同主题的立法项目，要照顾一致性与协同性。协同立法应当着眼于三地之间在产业转移、区域治理等利益的协调。2017年，京津冀人大立法项目协同办法分别经京津冀三地人大常

---

〔1〕 这部分内容，参考了冯玉军教授2019年4月20日在“粤港澳大湾区和区域协同立法高层论坛”上的主题发言、北京市人大常委会“推进京津冀协同发展首都立法问题研究”课题、天津市人大常委会“京津冀协同发展立法引领与保障研究报告”课题。

委会主任会议通过,规定京津冀三方将围绕疏解北京非首都功能的问题,在交通一体化与生态环保等领域,选择重要立法项目进行协同;另外,京津冀三方在拟订五年立法规划或者年度立法计划时,应当将涉及京津冀协同发展重点领域的立法项目予以优先安排。为了加强京津冀三地人大法制工作机构联系的机制,2017 年 9 月原则通过了京津冀人大常委会法制工作机构联系办法,明确了京津冀人大法制委员会和常委会法制工作机构是推进京津冀立法工作协同的综合部门;每年第四季度召开京津冀人大法制工作机构联席会议,由三方轮流负责召集和组织。与此同时,当其中一方制定涉及协同事项时,须主动向其他两地人大征求意见,而其余两地均会积极响应。天津市《水污染防治条例》与《关于农作物秸秆综合利用和露天禁烧的决定》等 4 部法规、河北省《大气污染防治条例》与《志愿服务条例》2 部法规,均是在上述机制的运行下制定出的。特别是 2020 年年初,京津冀三地人民代表大会分别审议通过《机动车和非道路移动机械排放污染防治条例》,制定相对统一的规范,协同治理区域大气污染,成为京津冀协同立法的标志性成果。京津冀三地正继续加强关键领域的协同立法,圆满完成疏解北京的非首都功能和建设雄安新区的核心任务。

2. 长三角区域协同立法的实践

虽然在 2018 年长三角区域一体化发展才上升为国家战略,但是本区域内的协同立法工作很早已经开始。早在 2007 年,江苏、浙江与上海立法部门等机构共同签署《苏浙沪法制协作座谈会会议纪要》,意图通过协同立法的方式促进区域内部的协调发展。2008 年国务院印发《关于进一步推进长江三角洲地区改革开放和经济社会发展的指导意见》(国发〔2008〕30 号),提到“加强区域立法工作的合作与协调,形成区域相对统一的法制环境”,在这一思想的指导下,长三角协同立法的进程加快。在 2014 年,上海就大气污染协同防治发起倡议,长三角四地人大常委会积极推动大气污染防治协调机制制度化,实现了我国区域立法协同的突破。2018 年 6 月,通过审议的《长三角地区一体化发展三年行动计划(2018—2020年)》发布,该行动计划聚焦交通、能源、环境治理等多个领域,进一步明确长三角一体化发展路线。2018年7月,三省一市(江苏省、浙江省、安徽省和上海市)人大常委会共同签署了《关于深化长三角地区人大工作协作机制的协议》和《关于深化长三角地区人大常委会地方立法工作协同的协议》。根据协议,三省一市人大常委会将进一步建立健全主任座谈会机制和秘书长沟通协商机制,加强地方立法工作协同等。2018年年底,江苏、浙江、上海、安徽的人大常委会分别通过了各自省份的关于支持和保障长三角地区更高质量一体化发展的决定。以江苏省通过的决定为例,它要求江苏省及设区的市的人民政府在制定经济规划时,应主动与其他两省一市的相关部门对接;在交通方面,建设综合的交通运输体系;在制定地方性法规等文件时,与其他两省一市逐步做到标准协同。长三角地区连同长江经济带在区域协同经济发展方面有先天的优势与深厚的基础,随着国家区域协调发展战略的实施,长三角地区必能引领经济的高速发展。

3. 粤港澳区域协同立法的实践

粤港澳地区是我国南方重要的经济增长区域,是我国改革开放的前沿,对外开放程度较高,经济活力也很强。它同时也肩负着推动"一国两制"新实践的重任,粤港澳大湾区在国家建设中具有重要战略地位。

在2008年,国务院就发布了《珠江三角洲地区改革发展规划纲要(2008—2020年)》,其中提到要统筹跨行政区的产业发展规划,促进产业之间的协同发展,同时各方协同建立区域环境监测体系。在此基础上,2010年《粤港合作框架协议》与《粤澳合作框架协议》分别由广东省人民政府和香港特别行政区政府、澳门特别行政区政府签署,承诺在农产品、检验检疫等领域确立统一的程序、方法和标准等;共同编制区域合作规划,就重点关心的领域展开合作研究,促进区域融合发展。2017年国家发展改革委员会、广东省人民政府、香港特别行政区政府与澳门特别行政区政府四方签署《深化粤港澳合作,推进大湾区建设框架协议》,在政策和规划方面加强协调对接,编制《粤港澳大湾区城市群发展规划纲要》,并商定四方每年定期召开磋商会议,对大湾区发展中的重大问题予以解决。

粤港澳地区的经济活跃,但是大湾区内部经济运行仍然存在产能过剩、生产要素和人员往来还不便利的问题;而且参与各方并非处于同一法系,同京津冀与长三角相比,法律制度之间的差异巨大,因此在区域协同立法方面难度更大。2019 年中共中央、国务院印发《粤港澳大湾区发展规划纲要》,提出要加强法律事务合作,加快构建适应开放型经济发展的法律体系。下一步,粤港澳大湾区内的协同立法实践必将为区域经济的发展提供适宜的制度保障。

4. 其他区域协同立法的实践

除了京津冀、长三角与粤港澳之外,我国其他区域也开展了协同立法的实践。东北是我国较早探索区域协同立法的地区,早在 2006 年,吉林、黑龙江和辽宁就合作签署了《东北三省政府立法协作框架协议》;在协作方式上,采取了"紧密型"、"半紧密型"和"松散型"三种。此外,贵州省、四川省人大常委会开展了赤水河流域保护的协同立法工作。河南省人大常委会在制定《黄河生态保护条例》《淮河河南段生态环境保护条例》工作中,加强与上下游省份的沟通与协作。为推动贯彻落实长江经济带发展战略,正在制定中的《长江保护法》将区域协同治理作为重点之一,迫切需要沿江 11 个省(市)通过地方立法、行政合作等多种方式加强省际协商合作。

以上区域协同立法的实践均是在省级行政区域之间展开,而设区市、自治州之间也开始尝试实施协同立法。例如《酉水河保护条例》是湖北省恩施土家族苗族自治州与湖南省湘西土家族苗族自治州的跨行政区域立法合作项目,也是民族自治地方立法合作的有益尝试与成功探索。在该条例出台的过程中,合作的两方将"联席会议"作为正式的合作方式,对于细节也在会后通过两州相关部门予以沟通。会议中形成了会议纪要,在会后双方将其内容落实到法案的条款中,双方分别出台的《西水河保护条例》是立法合作的最终成果。又如,根据全国人大常委会 2019 年 9 月在天津召开的省级人大立法工作交流会的部署,福建省厦(门)、漳(州)、泉(州)、龙(岩)四个设区的市将开展九龙江流域保护的协同立法。再如,2019 年 12 月,淮北市、菏泽市、济宁市、临沂市、连云港市、商丘市、宿迁市、宿州市、徐州市、枣庄市等分属三省的 10 个设区的市,召开首届立法协作联席会议,就立法协作的基本原则、体制机制、基本范围、协作方式、保障措施等达成一致意见。与设区的市相比,省级人大与政府的立法权更加全面。但我国"十三五"规划中提出要"加快城市群建设发展",涵盖京津冀、长三角、珠三角、山东半岛、海峡西岸、中西部地区、东北地区、中原地区、长江中游、川渝地区、关中平原、北部湾、晋中、呼包鄂榆、黔中、滇中、兰州西宁、宁夏沿黄、天山北坡等 19 个城市群,均涉及大量设区的市。区域协同立法是城市群发展的重要保障,今后相关协同立法实践会更加丰富多样。

第九章

结　语

地区平等问题是一个牵涉国家结构形式与央地关系调整的宪法问题。单一制与联邦制、中央集权与地方自治的区分,在某种程度上很难涵盖甚至无法跟得上实践发展的步伐。通过“平等”这一概念的导入,研究地区权力配置、地区政策制定、公民权利保护中的各种现实问题,为合理的差异提供宪法正当性的解释,为不合理的差异提出改进方案和解决路径,这或许比“生搬”各种理论来“硬套”鲜活实践更有价值。本书提出了地区平等问题并进行了初步的阐释和论证,但距离解决这一重大问题还有很长的路要走。

自然因素、历史因素、制度因素、政策因素乃至人为因素的集聚效应,国家统一、民族团结、经济效率、社会公平、人权保障等诸多宪法价值的叠加复合,导致地区平等问题的复杂性远超一般宪法问题。解决地区平等问题,既要考虑宪法上平等原则与平等权利的落实,又要考虑一个国家所处阶段的现实可能性。因此,面对成因复杂、形形色色、利益交织的地区差异,在对与地区平等相关的法律制度、政策措施等进行研究分析,进而提出地区平等原则入宪的建议和实现地区平等的路径之后,有必要大致描述一下作者心目中地区平等的理想化的图景。套用一句流行语:“理想还是要有的,万一实现了呢?”

“天下大同”寄托着中国古人对人类最终理想世界的美好憧憬,蕴含着丰富的宪法价值特别是充满了对平等的期待和向往。所谓“大同”,从狭义上看是人的“大同”,即“人人相亲,人人平等,天下大公”,[1]不仅要充分发挥每一个人的能力与特长,而且还要在实质上照顾每一个人的利益与需求。从广义上理解“大同”,则还要把地区平等囊括进去。因为中国毕竟是一个疆域广阔、人口众多、地方发展不平衡的大国,并不是“小国寡民”的简单状态。如果没有各地区之间的均衡发展,人与人怎么会平等,社会又如何会和谐? 在单一制国家理想化的地区平等图景中,各个地区的经济和社会发展

〔1〕 康有为:《大同书》,上海古籍出版社2009年版。

水平大致均衡、各有千秋，虽然不是也不可能绝对相同和完全均等，但各有吸引人口定居与发展的特色。有的地区自然环境优美，有的地区人文底蕴深厚，有的地区公共服务优质，有的地区营商环境优越，但每个地区在教育、医疗、文化、社会保障等方面大致均等，给出生在不同地区的人提供基本平等的起点和丰富多样的选择。一个人既可以在自己的家乡上学、工作、结婚、生子、养老，也可以在家乡以外的地方选择其他的生活方式，实现人生的理想，且不因自己的“外地人”身份受到歧视和排斥。每个地区无论面积大小、人口多少、实力强弱，在法律面前一律平等，具有平等的宪法主体资格，具有宪法权利能力和行为能力，有权平等地参与国家政治决策、制定制度政策、实施行政管理、开展先行先试、获得中央财政支持、自主编制和实施预算、独立承担财政责任等，保障各地区的发展机会平等。地区可以通过有关民主机制的安排充分反映各自的利益诉求以及处理；当发生与其他地区的各类争议时，有权获得中央政府的平等对待和公平裁决。在理由适当、程序正当、手段恰当的前提下，“老少边穷”、跨区域重大工程的利益受损地等特定地区还可以得到中央的特殊照顾和支持，以实现实质平等。

最后需要强调的是，本书的研究，才刚刚触及地区平等问题的一角。一方面，不仅省级（次中央级）地区存在地区平等问题，在一个省（区、市）内部，同样存在地区平等问题。比如江苏长期存在苏南与苏北的地区差异，广东长期存在珠三角与粤西北的地区差异。甚至在一个市、一个县的内部，地区不平等、发展不均衡的问题也是客观存在的。层级不同，地区平等的内涵与外延、解决问题的路径也有所不同。另一方面，国家结构形式是“活”的，不是“死”的。随着国家发展与社会变迁，“单一制”的理论内涵和实践运作也在不断与时俱进、因地制宜。无论是京津冀协同发展、粤港澳大湾区建设、长江经济带、长三角区域一体化发展、黄河流域生态保护和高质量发展等国家战略，还是地方债的发行、区域大气污染治理、户籍制度改革等治理措施，都与国家结构形式息息相关，都在或大或小、或轻或重地影响着地区平等。

反过来,地区平等问题研究的深化和拓展,有利于从实践层面探索出一条既有利于维护中央权威,又有利于调动地方积极性和主动性,把全国统一性与地方差异性有机结合起来的发展道路。这既是宪法学研究者不可推卸的历史使命,也是完善中国特色社会主义制度,实现国家治理体系和治理能力现代化的重要环节。“路漫漫其修远兮,吾将上下而求索。”

附录1　宪法有关条文和相关法律目录

中华人民共和国宪法

（1982年12月4日第五届全国人民代表大会第五次会议通过　1982年12月4日全国人民代表大会公告公布施行　根据1988年4月12日第七届全国人民代表大会第一次会议通过的《中华人民共和国宪法修正案》、1993年3月29日第八届全国人民代表大会第一次会议通过的《中华人民共和国宪法修正案》、1999年3月15日第九届全国人民代表大会第二次会议通过的《中华人民共和国宪法修正案》、2004年3月14日第十届全国人民代表大会第二次会议通过的《中华人民共和国宪法修正案》和2018年3月11日第十三届全国人民代表大会第一次会议通过的《中华人民共和国宪法修正案》修正）

第三条　中华人民共和国的国家机构实行民主集中制的原则。

全国人民代表大会和地方各级人民代表大会都由民主选举产生，对人民负责，受人民监督。

国家行政机关、监察机关、审判机关、检察机关都由人民代表大会产生，对它负责，受它监督。

中央和地方的国家机构职权的划分，遵循在中央的统一领导下，充分发挥地方的主动性、积极性的原则。

第四条　中华人民共和国各民族一律平等。国家保障各少数民族的合法的权利和利益,维护和发展各民族的平等团结互助和谐关系。禁止对任何民族的歧视和压迫,禁止破坏民族团结和制造民族分裂的行为。

国家根据各少数民族的特点和需要,帮助各少数民族地区加速经济和文化的发展。

各少数民族聚居的地方实行区域自治,设立自治机关,行使自治权。各民族自治地方都是中华人民共和国不可分离的部分。

各民族都有使用和发展自己的语言文字的自由,都有保持或者改革自己的风俗习惯的自由。

第三十条　中华人民共和国的行政区域划分如下:

(一)全国分为省、自治区、直辖市;

(二)省、自治区分为自治州、县、自治县、市;

(三)县、自治县分为乡、民族乡、镇。

直辖市和较大的市分为区、县。自治州分为县、自治县、市。

自治区、自治州、自治县都是民族自治地方。

第三十一条　国家在必要时得设立特别行政区。在特别行政区内实行的制度按照具体情况由全国人民代表大会以法律规定。

第三十三条　凡具有中华人民共和国国籍的人都是中华人民共和国公民。

中华人民共和国公民在法律面前一律平等。

国家尊重和保障人权。

任何公民享有宪法和法律规定的权利,同时必须履行宪法和法律规定的义务。

第三十四条　中华人民共和国年满十八周岁的公民,不分民族、种族、性别、职业、家庭出身、宗教信仰、教育程度、财产状况、居住期限,都有选举权和被选举权;但是依照法律被剥夺政治权利的人除外。

第三十八条　中华人民共和国公民的人格尊严不受侵犯。禁止用任何方法对公民进行侮辱、诽谤和诬告陷害。

第五十九条 全国人民代表大会由省、自治区、直辖市、特别行政区和军队选出的代表组成。各少数民族都应当有适当名额的代表。

全国人民代表大会代表的选举由全国人民代表大会常务委员会主持。

全国人民代表大会代表名额和代表产生办法由法律规定。

第九十五条 省、直辖市、县、市、市辖区、乡、民族乡、镇设立人民代表大会和人民政府。

地方各级人民代表大会和地方各级人民政府的组织由法律规定。

自治区、自治州、自治县设立自治机关。自治机关的组织和工作根据宪法第三章第五节、第六节规定的基本原则由法律规定。

第一百一十条 地方各级人民政府对本级人民代表大会负责并报告工作。县级以上的地方各级人民政府在本级人民代表大会闭会期间,对本级人民代表大会常务委员会负责并报告工作。

地方各级人民政府对上一级国家行政机关负责并报告工作。全国地方各级人民政府都是国务院统一领导下的国家行政机关,都服从国务院。

第一百四十三条 中华人民共和国首都是北京。

相关法律目录

（时间顺序）

中华人民共和国立法法

(2000 年 3 月 15 日第九届全国人民代表大会第三次会议通过　根据 2015 年 3 月 15 日第十二届全国人民代表大会第三次会议《关于修改〈中华人民共和国立法法〉的决定》修正)

中华人民共和国预算法

（1994年3月22日第八届全国人民代表大会第二次会议通过 自1995年1月1日起施行，2014年、2018年两次修正）

中华人民共和国全国人民代表大会和地方各级人民代表大会选举法

（1979年7月1日第五届全国人民代表大会第二次会议通过 1979年7月4日全国人民代表大会常务委员会委员长令第二号公布 自1980年1月1日起施行，1982年、1986年、1995年、2004年、2010年、2015年六次修正）

全国人民代表大会常务委员会关于授权澳门特别行政区对设在横琴岛的澳门大学新校区实施管辖的决定

（2009年6月27日第十一届全国人民代表大会常务委员会第九次会议通过）

全国人民代表大会常务委员会关于授权香港特别行政区对深圳湾口岸港方口岸区实施管辖的决定

（2006年10月31日第十届全国人民代表大会常务委员会第二十四次会议通过）

中华人民共和国地方各级人民代表大会和地方各级人民政府组织法

（1979年7月1日第五届全国人民代表大会第二次会议通过 1979年7月4日全国人民代表大会常务委员会委员长令第一号公布 自1980年1月1日起施行，1982年、1986年、1995年、2004年、2015年五次修正）

中华人民共和国民族区域自治法

（1984年5月31日第六届全国人民代表大会第二次会议通过 1984年5月31日中华人民共和国主席令第十三号公布 自1984年10月1日起施行，2001年修正）

全国人民代表大会关于授权汕头市和珠海市人民代表大会及其常务委员会、人民政府分别制定法规和规章在各自的经济特区实施的决定

（1996 年 3 月 17 日第八届全国人民代表大会第四次会议通过）

全国人民代表大会关于授权厦门市人民代表大会及其常务委员会和厦门市人民政府分别制定法规和规章在厦门经济特区实施的决定

（1994 年 3 月 22 日第八届全国人民代表大会第二次会议通过）

中华人民共和国澳门特别行政区基本法

（1993 年 3 月 31 日第八届全国人民代表大会第一次会议通过　1993 年 3 月 31 日中华人民共和国主席令第三号公布　自 1999 年 12 月 20 日起施行）

全国人民代表大会常务委员会关于授权深圳市人民代表大会及其常务委员会和深圳市人民政府分别制定法规和规章在深圳经济特区实施的决定

（1992 年 7 月 1 日第七届全国人民代表大会常务委员会第二十六次会议通过）

中华人民共和国香港特别行政区基本法

（1990 年 4 月 4 日第七届全国人民代表大会第三次会议通过　1990 年 4 月 4 日中华人民共和国主席令第二十六号公布　自 1997 年 7 月 1 日起施行）

全国人民代表大会关于国务院提请审议授权深圳市制定深圳经济特区法规和规章的议案的决定

（1989 年 4 月 4 日第七届全国人民代表大会第二次会议通过）

全国人民代表大会常务委员会关于海南省出席第七届全国人民代表大会代表团组成的决定

（1989 年 2 月 21 日第七届全国人民代表大会常务委员会第六次会议通过）

全国人民代表大会关于建立海南经济特区的决议

（1988 年 4 月 13 日第七届全国人民代表大会第一次会议通过）

全国人民代表大会关于授权国务院在经济体制改革和对外开放方面可

以制定暂行的规定或者条例的决定

（1985 年 4 月 10 日第六届全国人民代表大会第三次会议通过）

中华人民共和国全国人民代表大会组织法

（1982 年 12 月 10 日第五届全国人民代表大会第五次会议通过　1982 年 12 月 10 日全国人民代表大会公告公布施行）

全国人民代表大会常务委员会关于批准《广东省经济特区条例》的决议

（1980 年 8 月 26 日第五届全国人民代表大会常务委员会第十五次会议通过）

附录2　授权决定和改革决定一览表[1]

序号	决定名称	决定类型	作出时间	决定效力	起算时间	实施期限/终止日期	施行范围	涉及法律	施行要求	施行期间的做法	实施期届满后的做法
1	《关于授权国务院在广东省暂时调整部分法律规定的行政审批的决定》	授权决定	2012年12月28日	实施期届满	—	在3年内试行	广东省	海关法、枪支管理法、政府采购法、招标投标法、城乡规划法、中外合作经营企业法、母婴保健法、职业病防治法、广告法、计量法、安全生产法、建筑法、文物保护法、气象法、矿产资源法、动物防疫法、对外贸易法、税收征收管理法、大气污染防治法	—	2015年12月第十二届全国人大常委会第十八次会议，审议国务院关于全国人民代表大会常务委员会关于授权国务院在广东省暂时调整部分法律规定的行政审批的决定实施情况的报告和关于提请审议关于授权国务院继续在广东省暂时调整部分法律规定的行政审批的决定（草案）的议案	延长授权 2015年12月第十二届全国人大常委会第十八次会议，通过了关于授权国务院在广东省暂时调整部分法律规定的行政审批试行期届满后有关问题的决定

〔1〕 感谢同事王历磊、袁先鹏的支持和帮助。

续表

序号	决定名称	决定类型	作出时间	决定效力	起算时间	实施期限/终止日期	施行范围	涉及法律	施行要求	施行期间的做法	实施期届满后的做法
2	《关于授权国务院在中国（上海）自由贸易试验区暂时调整有关法律规定的行政审批的决定》	授权决定	2013年8月30日	实施期届满	本决定自2013年10月1日起施行	在3年内试行	在上海外高桥保税区、上海外高桥保税物流园区、洋山保税港区和上海浦东机场综合保税区基础上设立的中国（上海）自由贸易试验区内	外资企业法、中外合资经营企业法、中外合作经营企业法	—	2014年12月第十二届全国人大常委会第十二次会议，上海市人民政府、商务部提供了关于中国（上海）自由贸易试验区工作进展情况的书面汇报，并以参阅文件的形式印发会议 2015年4月第十二届全国人大常委会第十四次会议，国务院关于自由贸易试验区工作进展情况的报告 2016年8月第十二届全国人大常委会第二十二次会议，商务部提供了关于全国人大常委会授权国务院在自由贸易试验区暂时调整外资企业法等4部法律规定的有关行政审批实施情况的书面材料，并以参阅文件的形式印发会议	修改法律 2016年8月第十二届全国人大常委会第二十二次会议，通过了关于修改《中华人民共和国外资企业法》等4部法律的决定

续表

序号	决定名称	决定类型	作出时间	决定效力	起算时间	实施期限/终止日期	施行范围	涉及法律	施行要求	施行期间的做法	实施期届满后的做法
3	《关于授权最高人民法院、最高人民检察院在部分地区开展刑事案件速裁程序试点工作的决定》	授权决定	2014年6月27日	实施期届满	2014年8月26日	试点期限为2年	北京、天津、上海、重庆、沈阳、大连、南京、杭州、福州、厦门、济南、青岛、郑州、武汉、长沙、广州、深圳、西安	刑事诉讼法	1. 试点办法由最高人民法院、最高人民检察院制定，报全国人民代表大会常务委员会备案。 2. 最高人民法院、最高人民检察院应当加强对试点工作的组织指导和监督检查。 3. 试点进行中，最高人民法院、最高人民检察院应当就试点情况向全国人民代表大会常务委员会作出中期报告	2015年10月第十二届全国人大常委会第十七次会议，审议了最高人民法院、最高人民检察院关于刑事案件速裁程序试点情况的中期报告。 2016年8月第十二届全国人大常委会第二十二次会议，最高人民法院、最高人民检察院提供了刑事案件速裁程序试点工作总结的书面材料，并以参阅文件的形式印发会议	纳入新的授权决定继续试行 2016年8月第十二届全国人大常委会第二十二次会议，通过了关于授权最高人民法院、最高人民检察院在部分地区开展刑事案件认罪认罚从宽制度试点工作的决定，规定：“2014年6月27日第十二届全国人民代表大会常务委员会第九次会议授权在上述地区开展的刑事案件速裁程序试点工作，按照新的试点办法继续试行。”

续表

序号	决定名称	决定类型	作出时间	决定效力	起算时间	实施期限/终止日期	施行范围	涉及法律	施行要求	施行期间的做法	实施期届满后的做法
4	《关于授权国务院在中国(广东)自由贸易试验区、中国(天津)自由贸易试验区、中国(福建)自由贸易试验区以及中国(上海)自由贸易试验区扩展区域暂时调整有关法律规定的行政审批的决定》	授权决定	2014年12月28日	效力提前终止	本决定自2015年3月1日起施行	在3年内试行	中国(广东)、中国(天津)、中国(福建)自由贸易试验区以及中国(上海)自由贸易试验区扩展区域内	外资企业法、中外合资经营企业法、中外合作经营企业法、台湾同胞投资保护法	—	—	修改法律 2016年8月第十二届全国人大常委会第二十二次会议,通过了关于修改《中华人民共和国外资企业法》等4部法律的决定,决定规定:"2014年12月28日第十二届全国人大常委会第十二次会议通过的《全国人民代表大会常务委员会关于授权国务院在中国(广东)自由贸易试验区、中国(天津)自由贸易试验区、中国(福建)自由贸易试验区以及中国(上海)自由贸易试验区扩展区域暂时调整有关法律规定的行政审批的决定》的效力相应终止。"

续表

序号	决定名称	决定类型	作出时间	决定效力	起算时间	实施期限/终止日期	施行范围	涉及法律	施行要求	施行期间的做法	实施期届满后的做法
5	《关于授权国务院在北京市大兴区等33个试点县(市、区)行政区域暂时调整实施有关法律规定的决定》	授权决定	2015年2月27日	实施期届满	本决定自公布之日起施行	在2017年12月31日前试行	北京市大兴区等33个试点县(市、区)	土地管理法、房地产管理法	1. 国务院及其国土资源主管部门要加强对试点工作的整体指导和统筹协调、监督管理,按程序、分步骤审慎稳妥推进。 2. 国务院及其国土资源主管部门要及时总结试点工作经验,并就暂时调整实施有关法律规定的情况向全国人民代表大会常务委员会作出报告	—	延长授权 2017年10月第十二届全国人大常委会第三十次会议,通过了关于延长授权国务院在北京市大兴区等33个试点县(市、区)行政区域暂时调整实施有关法律规定期限的决定,规定"试点期限延长一年至2018年12月31日"

续表

序号	决定名称	决定类型	作出时间	决定效力	起算时间	实施期限/终止日期	施行范围	涉及法律	施行要求	施行期间的做法	实施期届满后的做法
6	《关于授权在部分地区开展人民陪审员制度改革试点工作的决定》	授权决定	2015年4月24日	实施期届满	2015年5月20日	试点期限为2年	北京、河北、黑龙江、江苏、福建、山东、河南、广西、重庆、陕西10个省（区、市）各选择5个法院（含基层人民法院及中级人民法院）	人民法院组织法、全国人民代表大会常务委员会关于完善人民陪审员制度的决定、刑事诉讼法、民事诉讼法	1. 试点具体办法由最高人民法院会同有关部门研究制定，报全国人民代表大会常务委员会备案。 2. 最高人民法院应当加强对试点工作的组织指导和监督检查。 3. 试点进行中，最高人民法院应当就试点情况向全国人民代表大会常务委员会作出中期报告	2016年6月第十二届全国人大常委会第二十一次会议，审议了最高人民法院关于人民陪审员制度改革试点情况的中期报告	延长授权 2017年4月第十二届全国人大常委会第二十七次会议，通过了关于延长人民陪审员制度改革试点期限的决定，规定“试点期限延长一年”

续表

序号	决定名称	决定类型	作出时间	决定效力	起算时间	实施期限/终止日期	施行范围	涉及法律	施行要求	施行期间的做法	实施期届满后的做法
7	《关于授权最高人民检察院在部分地区开展公益诉讼试点工作的决定》	授权决定	2015年7月1日	实施期届满	自本决定公布之日起算	试点期限为2年	北京、内蒙古、吉林、江苏、安徽、福建、山东、湖北、广东、贵州、云南、陕西、甘肃13个省、自治区、直辖市	民事诉讼法、行政诉讼法	1. 本决定的实施办法由最高人民法院、最高人民检察院制定，报全国人民代表大会常务委员会备案。 2. 最高人民法院、最高人民检察院应当加强对试点工作的组织指导和监督检查。 3. 试点进行中，最高人民检察院应当就试点情况向全国人民代表大会常务委员会作出中期报告	2016年10月第十二届全国人大常委会第二十四次会议，审议了最高人民检察院关于检察机关提起公益诉讼试点工作情况的中期报告	修改法律 2017年6月第十二届全国人大常委会第二十八次会议，审议通过了关于修改《中华人民共和国民事诉讼法》和《中华人民共和国行政诉讼法》的决定

续表

序号	决定名称	决定类型	作出时间	决定效力	起算时间	实施期限/终止日期	施行范围	涉及法律	施行要求	施行期间的做法	实施期届满后的做法
8	《关于授权国务院在部分地方开展药品上市许可持有人制度试点和有关问题的决定》	授权决定	2015年11月4日	正在施行	本决定自2015年11月5日起施行	本决定授权的试点期限为3年	北京、天津、河北、上海、江苏、浙江、福建、山东、广东、四川10个省、直辖市	药品管理法	1. 国家食品药品监督管理总局制定具体试点方案，经国务院批准后报全国人民代表大会常务委员会备案。 2. 试点期间，国务院要加强对试点工作的组织指导和监督检查，保证药品质量和安全。 3. 试点期限届满前，国务院向全国人民代表大会常务委员会提出本决定实施情况的报告	2018年10月第十三届全国人大常委会第六次会议，审议了国务院关于全国人民代表大会常务委员会关于授权国务院在部分地方开展药品上市许可持有人制度试点和有关问题的决定实施情况的报告。药品管理法修正草案提请第十三届全国人大常委会第六次会议初审	延长授权 2018年10月第十三届全国人大常委会第六次会议，通过了关于延长授权国务院在部分地方开展药品上市许可持有人制度试点期限的决定，规定“试点期限延长一年”

续表

序号	决定名称	决定类型	作出时间	决定效力	起算时间	实施期限/终止日期	施行范围	涉及法律	施行要求	施行期间的做法	实施期届满后的做法
9	《关于授权国务院在北京市大兴区等232个试点县（市、区）、天津市蓟县等59个试点县（市、区）行政区域分别暂时调整实施有关法律规定的决定》	授权决定	2015年12月27日	实施期届满	本决定自2015年12月28日起施行	在2017年12月31日前试行	北京市大兴区等232个试点县（市、区）、天津市蓟县等59个试点县（市、区）	物权法、担保法	1. 国务院及其有关部门要完善配套制度，加强对试点工作的整体指导和统筹协调、监督管理，按程序、分步骤审慎稳妥推进，防范各种风险。 2. 国务院及其有关部门及时总结试点工作经验，并就暂时调整实施有关法律规定的情况向全国人民代表大会常务委员会作出报告	—	延长授权 2017年12月第十二届全国人大常委会第三十一次会议，通过了关于延长授权国务院在北京市大兴区等232个试点县（市、区）、天津市蓟州区等59个试点县（市、区）行政区域分别暂时调整实施有关法律规定期限的决定，规定“试点期限延长一年至2018年12月31日”

续表

序号	决定名称	决定类型	作出时间	决定效力	起算时间	实施期限/终止日期	施行范围	涉及法律	施行要求	施行期间的做法	实施期届满后的做法
10	《关于授权国务院在实施股票发行注册制改革中调整适用〈中华人民共和国证券法〉有关规定的决定》	授权决定	2015年12月27日	实施期届满	本决定自2016年3月1日起施行	本决定的实施期限为2年	上海证券交易所、深圳证券交易所	证券法	1. 具体实施方案由国务院作出规定,报全国人民代表大会常务委员会备案。 2. 国务院要加强对股票发行注册制改革工作的组织领导;国务院证券监督管理机构要会同有关部门加强事中事后监管,防范和化解风险,切实保护投资者合法权益。 3. 国务院要就本决定实施情况向全国人民代表大会常务委员会作出中期报告	—	延长授权 2018年2月第十二届全国人大常委会第三十三次会议,通过了关于延长授权国务院在实施股票发行注册制改革中调整适用《中华人民共和国证券法》有关规定期限的决定,规定"期限延长二年至2020年2月29日"

续表

序号	决定名称	决定类型	作出时间	决定效力	起算时间	实施期限/终止日期	施行范围	涉及法律	施行要求	施行期间的做法	实施期届满后的做法
11	《关于授权国务院在广东省暂时调整部分法律规定的行政审批试行期届满后有关问题的决定》	授权决定	2015年12月27日	实施期届满	本决定自2015年12月28日起施行	2018年1月1日前未提出修改有关法律的议案的，恢复施行有关法律规定	广东省	海关法、枪支管理法、招标投标法、城乡规划法、中外合作经营企业法、母婴保健法、职业病防治法、计量法、安全生产法、建筑法、文物保护法、气象法、矿产资源法、动物防疫法、对外贸易法、税收征收管理法	—	2016年11月第十二届全国人大常委会第二十四次会议通过了关于修改《中华人民共和国对外贸易法》等十二部法律的决定，修改了气象法。 2016年9月第十二届全国人大常委会第二十二次会议通过了关于修改《中华人民共和国外资企业法》等四部法律的决定，修改了中外合作经营企业法。根据授权决定的规定，其他尚未修改有关法律规定的，在广东省继续试行	部分修改法律 部分恢复施行 2017年12月第十二届全国人大常委会第三十一次会议，通过了关于修改《中华人民共和国招标投标法》、《中华人民共和国计量法》的决定

续表

序号	决定名称	决定类型	作出时间	决定效力	起算时间	实施期限/终止日期	施行范围	涉及法律	施行要求	施行期间的做法	实施期届满后的做法
12	《关于授权最高人民法院、最高人民检察院在部分地区开展刑事案件认罪认罚从宽制度试点工作的决定》	授权决定	2016年9月3日	正在施行	自试点办法印发之日起算	试点期限为2年	北京、天津、上海、重庆、沈阳、大连、南京、杭州、福州、厦门、济南、青岛、郑州、武汉、长沙、广州、深圳、西安	刑事诉讼法	1. 最高人民法院、最高人民检察院会同有关部门根据本决定,遵循刑法、刑事诉讼法的基本原则,制定试点办法,对适用条件、从宽幅度、办理程序、证据标准、律师参与等作出具体规定,报全国人民代表大会常务委员会备案。 2. 最高人民法院、最高人民检察院应当加强对试点工作的组织领导和监督检查,保证试点工作积极稳妥有序进行。 3. 试点进行中,最高人民法院、最高人民检察院应当就试点情况向全国人民代表大会常务委员会作出中期报告	2017年12月第十二届全国人大常委会第三十一次会议审议了最高人民法院、最高人民检察院关于在部分地区开展刑事案件认罪认罚从宽制度试点工作情况的中期报告	修改法律 2018年10月第十三届全国人大常委会第六次会议通过了刑事诉讼法(修订)

续表

序号	决定名称	决定类型	作出时间	决定效力	起算时间	实施期限/终止日期	施行范围	涉及法律	施行要求	施行期间的做法	实施期届满后的做法
13	《关于在北京市、山西省、浙江省开展国家监察体制改革试点工作的决定》	改革决定	2016年12月25日	正在施行	2016年12月26日	无	北京市、山西省、浙江省	行政监察法、刑事诉讼法、人民检察院组织法、检察官法、地方各级人民代表大会和地方各级人民政府组织法	—	2017年11月第十二届全国人大常委会第三十次会议通过了关于在全国各地推开国家监察体制改革试点工作的决定	修改法律 2018年3月第十三届全国人大第一次会议通过了监察法,行政监察法同时废止。 2018年10月第十三届全国人大常委会第六次会议,通过了刑事诉讼法(修订)、人民检察院组织法(修订)

续表

序号	决定名称	决定类型	作出时间	决定效力	起算时间	实施期限/终止日期	施行范围	涉及法律	施行要求	施行期间的做法	实施期届满后的做法
14	《关于授权国务院在部分地区和部分在京中央机关暂时调整适用〈中华人民共和国公务员法〉有关规定的决定》	授权决定	2016年12月25日	正在施行	自试点办法印发之日起算	试点期限为2年	天津市市级机关及和平区、西青区各级机关，山东省省级机关及青岛市、潍坊市各级机关，湖北省省级机关及宜昌市、襄阳市各级机关，四川省省级机关及绵阳市、内江市各级机关，以及教育部、国家质量监督检验检疫总局、国务院台湾事务办公室、国家统计局本级机关（不包括直属机构）	公务员法	1. 具体试点办法由国务院作出安排，并报全国人民代表大会常务委员会备案。 2. 国务院及中央公务员主管部门要加强对试点工作的组织指导和监督检查，及时总结经验，并就暂时调整适用有关法律规定的情况向全国人民代表大会常务委员会作出中期报告	2018年8月第十三届全国人大常委会第五次会议审议关于在部分地区和部分在京中央机关暂时调整适用公务员法有关规定情况的中期报告	修改法律 2018年12月第十三届全国人大常委会第七次会议通过了公务员法（修订）

续表

序号	决定名称	决定类型	作出时间	决定效力	起算时间	实施期限/终止日期	施行范围	涉及法律	施行要求	施行期间的做法	实施期届满后的做法
15	《关于授权国务院在河北省邯郸市等12个试点城市行政区域暂时调整适用〈中华人民共和国社会保险法〉有关规定的决定》	授权决定	2016年12月25日	正在施行	本决定自2017年1月1日起施行	本决定实施期限为2年	河北省邯郸市、山西省晋中市、辽宁省沈阳市、江苏省泰州市、安徽省合肥市、山东省威海市、河南省郑州市、湖南省岳阳市、广东省珠海市、重庆市、四川省内江市、云南省昆明市行政区域	社会保险法	1. 试点方案由国务院作出安排，并报全国人民代表大会常务委员会备案。 2. 国务院及其人力资源社会保障、财政、卫生计生等部门要遵循保留险种、保障待遇、统一管理、降低成本的总体思路，加强对试点工作的组织指导和监督检查，及时总结经验，并就暂时调整适用有关法律规定的情况向全国人民代表大会常务委员会作出报告	2018年12月第十三届全国人大常委会第七次会议审议了国务院关于生育保险和职工基本医疗保险合并实施试点情况的总结报告	修改法律 2018年12月第十三届全国人大常委会第七次会议通过了关于修改《中华人民共和国社会保险法》的决定

续表

序号	决定名称	决定类型	作出时间	决定效力	起算时间	实施期限/终止日期	施行范围	涉及法律	施行要求	施行期间的做法	实施期届满后的做法
16	《关于军官制度改革期间暂时调整适用相关法律规定的决定》	改革决定	2016年12月25日	正在施行	2017年1月1日	无	具体办法和试行范围，由中央军事委员会组织制定和予以明确	现役军官法、中国人民解放军军官军衔条例	具体办法和试行范围，由中央军事委员会组织制定和予以明确	—	—
17	《关于延长人民陪审员制度改革试点期限的决定》	授权决定	2017年4月27日	实施期届满	本决定自2017年4月28日起施行	1年	北京、河北、黑龙江、江苏、福建、山东、河南、广西、重庆、陕西10个省（自治区、直辖市）各选择五个法院（含基层人民法院及中级人民法院）	人民法院组织法、全国人民代表大会常务委员会关于完善人民陪审员制度的决定、刑事诉讼法、民事诉讼法	延长期满，最高人民法院应当就试点情况向全国人民代表大会常务委员会作出报告	2018年4月第十三届全国人大常委会第二次会议，审议了最高人民法院关于人民陪审员制度改革试点情况的报告	制定法律 2018年4月第十三届全国人大常委会第二次会议，审议通过了人民陪审员法，该法废止了全国人民代表大会常务委员会关于完善人民陪审员制度的决定

续表

序号	决定名称	决定类型	作出时间	决定效力	起算时间	实施期限/终止日期	施行范围	涉及法律	施行要求	施行期间的做法	实施期届满后的做法
18	《关于在全国各地推开国家监察体制改革试点工作的决定》	改革决定	2017年11月4日	正在施行	本决定自2017年11月5日起施行	无	全国各地	行政监察法、刑事诉讼法、人民检察院组织法、检察官法、地方各级人民代表大会和地方各级人民政府组织法	—	2018年3月20日第十三届全国人大第一次会议通过了监察法，该法自发布之日起施行，行政监察法同时废止	修改法律 2018年3月第十三届全国人大第一次会议通过了监察法，行政监察法同时废止。 2018年10月第十三届全国人大常委会第六次会议，通过了刑事诉讼法（修订）、人民检察院组织法（修订）
19	《关于中国人民武装警察部队改革期间暂时调整适用相关法律规定的决定》	改革决定	2017年11月4日	正在施行	本决定自2017年11月5日起施行	无	—	国防法、人民武装警察法	具体办法按照党中央的有关决定、国务院和中央军事委员会的有关规定执行	—	—

续表

序号	决定名称	决定类型	作出时间	决定效力	起算时间	实施期限/终止日期	施行范围	涉及法律	施行要求	施行期间的做法	实施期届满后的做法
20	《关于延长授权国务院在北京市大兴区等33个试点县（市、区）行政区域暂时调整实施有关法律规定期限的决定》	授权决定	2017年11月4日	正在施行	本决定自2017年11月5日起施行	2018年12月31日	北京市大兴区等33个试点县（市、区）	土地管理法、房地产管理法	延长期满，国务院应当就暂时调整有关法律规定的情况向全国人民代表大会常务委员会作出报告	2018年12月第十三届全国人大常委会第七次会议审议了国务院关于农村土地征收、集体经营性建设用地入市、宅基地制度改革试点情况的总结报告	延长授权 2018年12月第十三届全国人大常委会第七次会议，通过了关于延长授权国务院在北京市大兴区等33个试点县（市、区）行政区域暂时调整实施有关法律规定期限的决定，规定“期限延长至2019年12月31日”

续表

序号	决定名称	决定类型	作出时间	决定效力	起算时间	实施期限/终止日期	施行范围	涉及法律	施行要求	施行期间的做法	实施期届满后的做法
21	《关于延长授权国务院在北京市大兴区等232个试点县(市、区)、天津市蓟州区等59个试点县(市、区)行政区域分别暂时调整实施有关法律规定期限的决定》	授权决定	2017年12月27日	正在施行	本决定自2017年12月28日起施行	2018年12月31日	北京市大兴区等232个试点县(市、区)、天津市蓟州区等59个试点县(市、区)	物权法、担保法	延长期满,国务院应当就暂时调整实施有关法律规定的情况向全国人民代表大会常务委员会作出报告	2018年12月第十三届全国人大常委会第七次会议审议了国务院关于农村承包土地的经营权和农民住房财产抵押贷款试点情况的总结报告	修改法律 2018年3月第十三届全国人大常委会第七次会议通过了关于修改《中华人民共和国农村土地承包法》的决定

续表

序号	决定名称	决定类型	作出时间	决定效力	起算时间	实施期限/终止日期	施行范围	涉及法律	施行要求	施行期间的做法	实施期届满后的做法
22	《关于延长授权国务院在实施股票发行注册制改革中调整适用〈中华人民共和国证券法〉有关规定期限的决定》	授权决定	2018年2月24日	正在施行	本决定自2018年2月25日起施行	期限延长2年至2020年2月29日	上海证券交易所、深圳证券交易所	证券法	1. 国务院要进一步加强对股票发行注册制改革工作的组织领导，并将股票发行注册制改革具体实施方案报全国人民代表大会常务委员会备案。 2. 国务院证券监督管理机构要继续创造条件，积极推进股票发行注册制改革，并会同有关部门加强事前事中事后全过程监管，防范和化解风险，切实保护投资者合法权益	—	—

续表

序号	决定名称	决定类型	作出时间	决定效力	起算时间	实施期限/终止日期	施行范围	涉及法律	施行要求	施行期间的做法	实施期届满后的做法
23	《关于国务院机构改革涉及法律规定的行政机关职责调整问题的决定》	改革决定	2018年4月27日	正在施行	本决定自2018年4月28日起施行	无	—	—	—	—	—
24	《关于全国人民代表大会宪法和法律委员会职责问题的决定》	改革决定	2018年6月22日	正在施行	—	无	—	全国人民代表大会组织法、立法法、各级人民代表大会常务委员会监督法、全国人民代表大会议事规则、全国人民代表大会常务委员会议事规则	—	—	—

续表

序号	决定名称	决定类型	作出时间	决定效力	起算时间	实施期限/终止日期	施行范围	涉及法律	施行要求	施行期间的做法	实施期届满后的做法
25	《关于中国海警局行使海上维权执法职权的决定》	改革决定	2018年6月22日	正在施行	本决定自2018年7月1日起施行	无	—	刑事诉讼法、治安管理处罚法、渔业法、海关法、海域使用管理法、海洋环境保护法、海岛保护法、野生动物保护法等（决定草案说明提出）	条件成熟时，有关方面应当及时提出制定、修改有关法律的议案，依照法定程序提请审议	—	—
26	《关于延长授权国务院在部分地方开展药品上市许可持有人制度试点期限的决定》	授权决定	2018年10月26日	正在施行	本决定自2018年11月5日起施行	1年	北京、天津、河北、上海、江苏、浙江、福建、山东、广东、四川10个省、直辖市	药品管理法	—	药品管理法修正草案提请2018年10月第十三届全国人大常委会第六次会议初次审议	—

续表

序号	决定名称	决定类型	作出时间	决定效力	起算时间	实施期限/终止日期	施行范围	涉及法律	施行要求	施行期间的做法	实施期届满后的做法
27	《关于延长授权国务院在北京市大兴区等33个试点县(市、区)行政区域暂时调整实施有关法律规定期限的决定》	授权决定	2018年12月29日	正在施行	本决定自公布之日起施行	2019年12月31日	北京市大兴区等33个试点县(市、区)	土地管理法、房地产管理法	—	—	—
28	《关于授权国务院在自由贸易试验区暂时调整有关法律规定的决定》	授权决定	2019年10月26日	正在施行	本决定自2019年12月1日施行	3年	自由贸易试验区	对外贸易法、道路交通安全法、消防法、食品安全法、海关法、种子法	对实践证明可行的,国务院应当提出修改有关法律的意见;对实践证明不宜调整的,在试点期满后恢复施行有关法律规定	—	—

续表

序号	决定名称	决定类型	作出时间	决定效力	起算时间	实施期限/终止日期	施行范围	涉及法律	施行要求	施行期间的做法	实施期届满后的做法
29	《关于授权最高人民法院在部分地区开展民事诉讼程序繁简分流改革试点工作的决定》	授权决定	2019年12月28日	正在施行	本决定自试点办法印发之日起算	2年	北京、上海市辖区内中级人民法院、基层人民法院，南京、苏州、杭州、宁波、合肥、福州、厦门、济南、郑州、洛阳、武汉、广州、深圳、成都、贵阳、昆明、西安、银川市中级人民法院及其辖区内基层人民法院，北京、上海、广州知识产权法院，上海金融法院，北京、杭州、广州互联网法院	《民事诉讼法》第三十九条第一款、第二款，第四十条第一款，第八十七条第一款，第一百六十二条，第一百六十九条第一款，第一百九十四条	试点过程中，最高人民法院应当就试点情况向全国人大常委会作出中期报告。试点期满后，对实践证明可行的，应当修改完善有关法律；对实践证明不宜调整的，恢复施行有关法律规定	—	—

附录3　相关文件目录

《长江三角洲区域一体化发展规划纲要》

（2019年5月13日中共中央政治局会议审议通过）

《粤港澳大湾区发展规划纲要》

（2019年2月18日经党中央、国务院同意正式公开发布）

《京津冀协同发展规划纲要》

（2015年4月30日中共中央政治局会议审议通过）

《国务院关于改革和完善中央对地方转移支付制度的意见》

（国发〔2014〕71号）

《国务院关于清理规范税收等优惠政策的通知》

（国发〔2014〕62号）

《国务院关于深化预算管理制度改革的决定》

（国发〔2014〕45号）

《国务院关于加强地方政府性债务管理的意见》

（国发〔2014〕43号）

《国务院办公厅关于印发发达省（市）对口支援四川云南甘肃省藏区经济社会发展工作方案的通知》

（国办发〔2014〕41号）

《国务院关于近期支持东北振兴若干重大政策举措的意见》

（国发〔2014〕28号）

《国务院办公厅转发财政部关于调整和完善县级基本财力保障机制意见的通知》

（国办发〔2013〕112 号）

《国务院关于化解产能严重过剩矛盾的指导意见》

（国发〔2013〕41 号）

《国务院关于印发中国（上海）自由贸易试验区总体方案的通知》

（国发〔2013〕38 号）

《国务院关于支持赣南等原中央苏区振兴发展的若干意见》

（国发〔2012〕21 号）

《国务院办公厅关于支持中国图们江区域（珲春）国际合作示范区建设的若干意见》

（国办发〔2012〕19 号）

《国务院关于支持喀什霍尔果斯经济开发区建设的若干意见》

（国发〔2011〕33 号）

《国务院关于支持河南省加快建设中原经济区的指导意见》

（国发〔2011〕32 号）

《国务院关于进一步促进内蒙古经济社会又好又快发展的若干意见》

（国发〔2011〕21 号）

《国务院关于支持云南省加快建设面向西南开放重要桥头堡的意见》

（国发〔2011〕11 号）

《国务院办公厅转发发展改革委农业部关于加快转变东北地区农业发展方式建设现代农业指导意见的通知》

（国办发〔2010〕59 号）

《国务院办公厅印发关于进一步支持甘肃经济社会发展若干意见重点工作分工方案的通知》

（国办函〔2010〕143 号）

《国务院关于加强地方政府融资平台公司管理有关问题的通知》

（国发〔2010〕19 号）

《国务院办公厅关于进一步支持甘肃经济社会发展的若干意见》

（国办发〔2010〕29 号）

《国务院关于进一步促进广西经济社会发展的若干意见》

（国发〔2009〕42 号）

《国务院关于进一步实施东北地区等老工业基地振兴战略的若干意见》

（国发〔2009〕33 号）

《国务院关于支持福建省加快建设海峡西岸经济区的若干意见》

（国发〔2009〕24 号）

《国务院关于推进上海加快发展现代服务业和先进制造业建设国际金融中心和国际航运中心的意见》

（国发〔2009〕19 号）

《国务院关于进一步推进长江三角洲地区改革开放和经济社会发展的指导意见》

（国发〔2008〕30 号）

《国务院关于进一步促进宁夏经济社会发展的若干意见》

（国发〔2008〕29 号）

《国务院关于经济特区和上海浦东新区新设立高新技术企业实行过渡性税收优惠的通知》

（国发〔2007〕40 号）

《国务院关于编制全国主体功能区规划的意见》

（国发〔2007〕21 号）（已失效）

《国务院办公厅关于印发兴边富民行动“十一五”规划的通知》

（国办发〔2007〕43 号）（已失效）

《国务院关于西部大开发“十一五”规划的批复》

（国函〔2007〕6 号）

《国务院关于推进天津滨海新区开发开放有关问题的意见》

（国发〔2006〕20 号）

《中共中央、国务院关于促进中部地区崛起的若干意见》

（中发〔2006〕10 号）

《国务院关于丹江口库区及上游水污染防治和水土保持规划的批复》

（国函〔2006〕10 号）

《国务院办公厅关于促进东北老工业基地进一步扩大对外开放的实施意见》

（国办发〔2005〕36 号）

《国务院办公厅关于印发〈南水北调工程基金筹集和使用管理办法〉的通知》

（国办发〔2004〕86 号）

《国务院关于进一步推进西部大开发的若干意见》

（国发〔2004〕6 号）

《国务院关于明确中央与地方所得税收入分享比例的通知》

（国发〔2003〕26 号）

《中共中央、国务院关于实施东北地区等老工业基地振兴战略的若干意见》

（中发〔2003〕11 号）

《国务院批转财政部关于完善省以下财政管理体制有关问题意见的通知》

（国发〔2002〕26 号）

《国务院关于印发所得税收入分享改革方案的通知》

（国发〔2001〕37 号）

《国务院关于分税制财政管理体制税收返还改为与地区增值税和消费税增长率挂钩的通知》

（国发〔1994〕47 号）

《国务院批转国家税务总局工商税制改革实施方案的通知》

（国发〔1993〕90 号）

《国务院关于加强税收管理和严格控制减免税收的通知》

（国发〔1993〕51 号）

《国务院关于给予广东省南澳岛优惠政策的批复》

（国函〔1993〕4 号）

《国务院关于批准国家高新技术产业开发区和有关政策规定的通知》

（国发〔1991〕12 号）

《国务院关于打破地区间市场封锁进一步搞活商品流通的通知》

（国发〔1990〕61 号）（已失效）

《国务院批转国务院贫困地区经济开发领导小组关于九十年代进一步加强扶贫开发工作请示的通知》

（国发〔1990〕15 号）

《国务院关于将济南划入沿海经济开放区的复函》

（颁布日期：1990 年 2 月 19 日）

《国务院关于批转沿海地区对外开放工作会议纪要的通知》

（国发〔1989〕5 号）

《国务院关于扩大广东省沿海经济开放区范围的批复》

（颁布日期：1988 年 6 月 18 日）

《国务院关于〈北京市新技术产业开发试验区暂行条例〉的批复》

（国函〔1988〕74 号）

《国务院关于鼓励投资开发海南岛的规定》

（国发〔1988〕26 号）

《国务院关于沿海地区发展外向型经济的若干补充规定》

（国发〔1988〕22 号）（已失效）

《国务院关于福建省深化改革、扩大开放、加快外向型经济发展请示的

批复》

（颁布日期:1988 年 4 月 11 日）

《国务院关于扩大沿海经济开放区范围的通知》

（国发〔1988〕21 号）（已失效）

《国务院关于加强贫困地区经济开发工作的通知》

（国发〔1987〕95 号）

《国务院关于实行“划分税种、核定收支、分级包干”财政管理体制的规定的通知》

（国发〔1985〕42 号）（已失效）

《国务院关于经济特区和沿海十四个港口城市减征、免征企业所得税和工商统一税的暂行规定》

（国发〔1984〕161 号）（已失效）

《国务院关于批转〈当前试办经济特区工作中若干问题的纪要〉的通知》

（颁布日期:1982 年 12 月 3 日）

《民族自治地方财政管理暂行办法》

（中华人民共和国国务院命令）（1958 年 6 月，已失效）

《国务院关于改进税收管理体制的规定》

（中华人民共和国国务院命令）（1958 年 6 月，已失效）

附录 4　政府工作报告有关地区平等问题的论述

在改善人民的物质和文化生活的问题上，中央人民政府对少数民族地区给了特殊的注意。帮助少数民族经济和文化的发展，使各民族能够逐步达到实际上的平等，是我们历来所主张和执行的政策。

——1954 年政务院政府工作报告

同时，工业的地区分布，虽然在内地建设了不少新的工业企业，但还不能完全克服原来偏集于一方和沿海的不合理状态。

我国原有工业的地区分布是很不合理的。据一九五二年的统计，沿海各省的工业产值占全国工业总产值的百分之七十以上。逐步地改变旧中国遗留下来的这种不合理的状态，在全国各地区适当地分布工业的生产力，使工业接近原料、燃料的产区和消费地区，并使工业的分布适合于巩固国防的条件，逐步地提高落后地区的经济水平，这是有计划地发展我国国民经济中的重要任务之一。

五年基本建设计划，对地区的分布作了比较合理的部署，这就是：一方面合理地利用东北、上海和其他城市的工业基础，发挥它们的作用，而特别是对于以鞍山钢铁联合企业为中心的东北工业基地进行必要的改建，以便迅速地扩大生产规模，供应国民经济的需要，支援新工业地区的建设；另一方面则积极地进行华北、西北、华中等地新的工业基地的建设，在西南开始部分的工业建设。

国家机关应该在财力上和技术上尽可能地扶助少数民族地区的畜牧业

的发展,并加强对牧区工作的领导。

按宪法的规定来实现少数民族的区域自治,努力发展少数民族地区的经济和文化教育事业,加强医疗卫生工作,汉族人民必须在经济上和文化上给各兄弟民族以真心诚意的帮助,以逐步地改善各少数民族人民的生活。

——1955 年国务院政府工作报告

对于少数民族地区,本年预算共支出 791,459,000 元,比 1955 年增长 32.56%。

在地方财政方面,除了在本年国家预算中已经适当地增大地方预算的增长率,照顾地方的需要以外,还准备适当地扩大地方在财政管理上的权限和机动性,使地方在预算总额的控制数字以内,能够根据当地实际情况安排自己的收支。

中央财政同地方财政的职责范围和权限划分得还不明确,一般地方财政制度和民族自治地方财政制度都还没有认真地建立,中央财政对于地方财政管得过多过细,因而就不能不在一定程度上影响地方财政工作的主动性和积极性。

——1956 年国务院政府工作报告

当然,全国各地农民的收入是不平衡的,贫瘠地区每个农民的收入比七十元的数目低,富庶地区每个农民的收入比七十元的数目高。

工资问题是一个极为复杂的生产和分配的问题。它体现着工人阶级内部、产业之间、地区之间、各类人员之间的关系,也体现着工农之间、积累和消费之间、集体利益和个人利益之间、眼前利益和长远利益之间的关系。

在中央和地方的关系上,在解放初期为了工作的便利,建立了大区军政委员会或者行政委员会。到了 1954 年,为了适应在计划经济下加强统一管理的需要,我们撤销了大区军政委员会。近两年来,为了纠正中央在某些方面集中过多、统得过严的缺点,我们又研究了体制问题,现在政府正准备适当地扩大地方权力,以便在中央的集中领导下,充分发挥地方的积极性创造性,推进社会主义建设事业。所有这些改变,显然是必需的,正确的。

——1957 年国务院政府工作报告

行政管理体制的改进……把许多适宜于地方举办的事业,划给地方办理,就可以使中央更加集中力量,来进行重点建设、技术改造和工作检查,而促进整个国民经济的发展。

——1958 年国务院政府工作报告

由于民族政策的正确执行,汉族和各兄弟民族以及各兄弟民族之间的友好团结,已经大大加强了。

在我们的国家里,各个民族不但在政治上是平等的,而且在经济、政治、文化各方面,比较先进的、居于多数地位的民族有责任帮助比较落后的、居于少数地位的民族,使大家一起进步,共同发展。

在一九五八年,我们扩大了地方管理工业建设和工业生产的权限,从而大大提高了各级地方组织和劳动群众大办工业的积极性,大大加快了建设的进度,迅速提高了工业的产量。

在民族工作方面,过去四年中,政府根据宪法的规定,在保证国家统一、实现民族平等的原则下,继续推行民族区域自治,已经收到很大的成效。

——1959 年国务院政府工作报告

除了税收、公积金、公益金和各项生产费用以外,按全国农村人口平均,一九五九年每人收入八十五元左右……这是全国平均的水平,有许多富庶的地区已经超过八十五元这个水平,也还有相当一部分地区低于这个水平。

农村广播网和电话网、邮政网,除了少数边远地方以外,已经基本普及。

——1960 年国务院政府工作报告

巩固和加强我国各民族的大团结,是保证我国社会主义事业胜利发展的一项重要政策。十五年来,我们贯彻执行民族平等和民族团结的政策,实行民族区域自治,在少数民族地区进行民主革命和社会主义革命,发展各少数民族的经济和文化，取得了重大的成就。

——1964 年国务院政府工作报告

在国家统一计划下，充分发挥中央和地方两个积极性。

——1975 年国务院政府工作报告

要在巩固中央集中统一领导的前提下，发挥中央和地方两个积极性。大权独揽，小权分散。该集中的必须集中，应当由地方办的事情，要积极支持地方去办。

中央部门和地方都要有全局观念，努力巩固中央的集中统一领导。既要反对中央部门管得过多过死、束缚地方积极性的倾向，也要反对不顾国家统一计划，只考虑一个地区、一个部门局部利益的倾向。

诚心诚意地积极帮助少数民族发展经济建设和文化建设，这是国家在民族工作方面的重大任务，也是加强边疆建设和巩固国防的重大任务。

国家要有计划地从财力、物力、人力各方面帮助少数民族，保证少数民族地区的“农业、畜牧业、工业要一年比一年发展，经济要一年比一年繁荣，人民生活要一年比一年改善”。

——1978 年国务院政府工作报告

政府要增加对农业的投资和信贷，适当提高农副产品的收购价格，减免部分经济条件较差的地区的农业税收和社队企业税收，加强对农业的物质和技术支持。

各少数民族地区的领导干部，特别是汉族干部，一定要坚决贯彻执行党和政府的民族政策和宗教政策，尊重少数民族的风俗习惯，努力培养和提拔各民族自己的干部，尽一切力量使各少数民族地区的经济文化得到迅速的恢复和发展。

要在中央的集中统一领导下，适当扩大地方在计划、基建、财政、物资、外贸等方面的权限，使各地方能够按照社会化大生产的要求和经济有效的原则，因地制宜地发展国民经济。

——1979 年国务院政府工作报告

一些经济长期发展缓慢的边远地区和少数民族地区，以及受灾地区的人民生活还很困难。

积极组织各种形式的经济联合。各地区、各部门、各企业要发挥自己的特点和长处，走联合的道路，开展经济协作，互相补充，扬长避短，以最少的消耗取得最大的经济效果。组织联合，应当按照平等、互利、兼顾各方面经济利益的原则，不要受行业、地区、所有制和隶属关系的限制，但不能随意改变联合各方的所有制、隶属关系和财务关系。联合体内的各企业，应当实行独立核算，不能吃"大锅饭"。联合体超计划生产的产品，可以自销。联合体应当由有关方面的代表组成联合委员会，作为最高权力机构。

在国家计划指导下广泛地开展竞争。……开展竞争，就要打破地区封锁和部门分割，反对垄断，广开商品流通渠道。任何以行政手段保护落后、封锁市场、妨碍商品正常流通的作法，都是不对的，应当加以制止。

财政体制实行了中央和地方"划分收支，分级包干"的管理办法，调动了地方增收节支的积极性。外贸体制开始进行了一些改革的试验，适当扩大了地方和一部分工业部门的进出口经营权，实行了外汇留成办法。

——1980 年国务院政府工作报告

今年我国许多地方遭到的水旱灾害，是历史上少有的。经过当地党政干部、解放军指战员和广大人民群众的团结战斗，全国各地的积极支援，战胜了灾害带来的种种困难，迅速恢复了生产，群众生活得到了妥善安排，社会秩序稳定。

特别可喜的是，原来条件较差、生产落后的一些地区，如鲁西、豫东、苏北、淮北等地的生产和人民生活，都有大幅度提高，面貌发生了深刻的变化。

上海、天津等老工业基地，进一步发展消费品工业有很多优势和潜力，应该充分加以利用，并且要努力同其他城市和地区协作，从经营管理经验和技术方面，把其他城市和地区的消费品生产带动起来。

在能源短缺的华东、东北地区，要严格限制耗能多的产品的生产，尽可能把这类产品安排到能源比较富裕的地区去生产，以利于能源供需的地区平衡。

为了适应对外经济技术交流的扩展，我们一定要充分发挥沿海地区特别是沿海城市的作用。上海、天津、广州、大连、青岛、福州、厦门等城市，应该在这方面作出更多的贡献。

我国是一个统一的多民族的国家。以上讲的十条经济建设方针，原则上都适用于各少数民族地区，在贯彻执行中又应该从本地区的特点出发，同本地区的具体实际结合起来。

去年，我们特别重申了要尊重少数民族的民族区域自治权利，允许各民族自治地方采取适合各自经济条件和民族特点的具体政策，这对于促进少数民族地区经济的发展已经起了良好的作用，必须继续坚持。国家要在财力、物力和技术力量等方面，给少数民族地区以必要的支援，帮助少数民族发展生产，繁荣经济，提高文化，改善生活。我们要在各族人民和干部中认真地、反复地进行民族政策的教育，改善和发展社会主义的民族关系，加强各民族间的团结互助，坚持民族平等，帮助少数民族地区发展经济文化。这是党和政府的一贯方针，必须始终不渝地贯彻执行。

对企业、部门和地方的合法利益要切实保护，对其非法所得要坚决制止。

——1981年国务院政府工作报告

切实改善少数民族地区和边疆地区的文化设施。

帮助少数民族地区和经济不发达地区发展经济文化事业，是党和政府坚定不移的方针。

技术条件较好的沿海和内地的大中城市，要积极帮助和促进少数民族地区和边远地区提高生产技术水平。

必须坚决打破地区封锁，克服城乡堵塞，积极开辟各种流通渠道，减少流通环节，真正形成统一的社会主义的商品市场，做到货畅其流。

国家制定的税收法令,任何地方和单位无权改变。擅自决定减税免税的,要坚决纠正,如数追回税款。

——1982 年国务院政府工作报告

在广东、福建两省的深圳、珠海、汕头、厦门四个地区试办的经济特区,开始取得积极的成果。

在发挥中心城市的作用,打破地区和部门的界限,组织多种形式的经济联合体和经济区方面,正在着手工作。

我们要十分注意帮助少数民族地区发展经济和文化建设,促进民族地区的进一步繁荣。

以城市为中心,根据经济发展的内在联系组织各种经济活动,打破地区间、部门间、城乡间的分割。……这方面的工作,首先从沿海大中城市、内地试点城市和某些新的重点建设基地做起,在经济不发达、条件不成熟的地区可以适当放后一些进行。

建立科技人员合理流动的制度,使科技人员从积压的部门流向需要的部门,奖励他们到中小城市、农村、民族地区和边远地区。

进一步完善利改税的制度,开征一些必要的新税种,合理调整税率,按照税种划分中央收入、地方收入和中央地方共享收入,改进和稳定国家与企业之间、中央与地方之间的分配关系。

——1983 年国务院政府工作报告

不论国营、集体和个体经济单位,不论哪个地区和部门,都可以参加交易,相互竞争。实践证明,通过贸易中心进行商品交换,有利于产销直接见面,有利于打破地区、行业之间的界限,是疏通流通渠道、加速商品流转的好形式。

各地区、各部门都要在国家统一政策的指导下,积极发展对外经济贸易,特别是在利用外资、引进先进技术方面放得更开一些,步子迈得更大一些。国务院决定,要进一步办好经济特区和开放一批沿海港口城市。这是一个重大决策,牵涉面很广,我们要采取积极态度,认真做好调查研究和准备工作，务求取得实效。各经济特区要不断总结经验，发扬成绩，扎实工作，加强先进技术的引进，采取有效措施吸收外资。厦门特区的范围要扩大。同时，进一步开放大连、秦皇岛、天津、烟台、青岛、连云港、南通、上海、宁波、温州、福州、广州、湛江、北海等十四个沿海港口城市和海南岛，实行经济特区的某些特殊政策，扩大它们的权力。在这些港口城市，外商投资办厂，在税收方面可以按照规定享受更优惠的待遇；放宽利用外资建设项目和引进技术的审批权限，简化外商入境出境手续；允许外商兴办独资企业，适当延长合资企业的合营期限；对确实提供了先进技术的产品，允许在国内市场部分销售。这些港口城市和四个经济特区，在沿海联成一线，形成我国对外开放的前沿地带。这样，既可以加快这些特区经济的发展，又可以在吸收先进技术、推广科学管理经验、传递经济信息、培养输送人才等方面，支援和带动内地，有力地促进我国社会主义现代化建设事业的发展。

企业不再按行政隶属关系上交利润，有利于合理解决“条条”与“块块”、中央与地方的经济关系。

——1984年国务院政府工作报告

我国经济体制已经开始突破长期形成的僵化和封闭的模式，城乡经济越来越活跃，地区之间和部门之间多渠道、多层次、多种形式的横向经济技术联系日益增多，对外经济技术交流和合作迅速扩大，改革和开放健康发展，这是当前经济发展的主流。

在经营方针上，要实行多种经营，积极开展综合利用，发展跨行业、跨地区的多种形式的经济联合和协作。

——1985年国务院政府工作报告

在投资的地区分布上，要根据东部、中部和西部地带的经济发展情况和资源条件，确定不同的投资重点和恰当的投资比例，使东部地带的发展和中部地带以及西部地带的开发更好地结合起来。

为了扶持老革命根据地、少数民族地区、边境地区和贫穷地区经济文化的发展,“七五”计划草案中对这些地区增加了资金、物资和技术的支援,在计划执行中还可以根据国力增强的情况适当予以增加。特别重要的是,要采取正确的政策和措施,着重增强上述地区自身的活力,同时促进经济比较发达地区同它们之间的协作与联合,使它们能够主要依靠自力更生,较快地摆脱经济文化的落后状态。

进一步完善财政税收制度,按照税种划分中央、地方的财政收入,明确中央、地方的财政支出范围。

我们的改革能否顺利地推向前进,在很大程度上取决于对各种利益关系的调整是否恰当。这个问题处理好了,就可以减少阻力,充分发挥各方面的积极性,否则就会产生相反的效果。……一切地方、部门和企业都要自觉地树立全局观念,决不能用损害全局利益的手段去谋取自身的利益,而只能在有利于增进全局利益的条件下去讲求局部利益。

——1986 年国务院政府工作报告

必须继续努力做好“老、少、边、穷”地区的脱贫致富工作,使这些地区的人民在发展生产的基础上,尽快解决温饱问题。这既是一项重要的经济任务,也是一项重要的政治任务。

我们的国家大,人口多,家底薄,各地区的自然条件差异很大,经济和文化发展又很不平衡。这种基本国情决定了要从根本上改变我国的面貌,实现国家繁荣发达,人民普遍富裕,必须经过坚韧不拔的持久努力,而决不能急于求成。

实行对外开放是我国长期不变的基本国策。经过前几年的努力,我国对外开放取得了很大成绩。经济特区的建设,沿海开放城市和开放地区的开发,对外贸易、利用外资、引进国外先进技术和先进管理经验,以及其他方面的对外经济技术合作,都有显著进展。

要使经济特区、沿海开放城市和开放地区逐步形成外向型经济结构,充分发挥它们发展外贸生产的优势。

我国是一个多民族的国家，不断加强全国各民族的大团结具有十分重要的意义。……政府各部门以及经济比较发达的地区，都要努力加强对少数民族地区的支援和帮助，加快这些地区的经济和文化发展。

我们必须坚决把过高的财政支出压缩下来，同时要根据新的分配格局，合理调整中央与地方的财政收支结构，适当提高中央财政收入所占的比重。

——1987 年国务院政府工作报告

贫困地区摆脱贫困面貌的工作取得了较大的进展。

沿海开放地区和经济特区的开发和建设取得显著成绩，积极发展了外向型经济，出口创汇能力不断增强。它们在吸收外资、引进先进技术和科学管理经验方面，在了解国际市场、传递经济信息和培养人才方面，发挥了重要的窗口作用。

无论建设或改革，都要妥善处理国家、集体、个人三者之间，中央与地方之间，城乡之间，各部门之间，沿海地区、内地和边远地区之间等各方面的利益关系，使它们能够得到较好的统筹兼顾。

我们要继续巩固和发展已经形成的对外开放格局，充分发挥现有经济特区、沿海开放城市和经济开放区的作用，同时在这个基础上对广东、福建和海南岛实行更加开放的政策，建立改革开放综合试验区，为进一步深化改革和扩大对外开放积累经验。

根据海南岛独特的历史、地理和资源条件，国务院建议成立海南省，把海南办成全国最大的经济特区，实行比现有经济特区更加优惠的政策。

在发展外向型经济中，沿海工业城市和经济特区要走在前头，发挥国营大中型企业在增加出口创汇中的骨干作用。大力发展沿海和内地的横向经济联合，积极向内地转让技术、管理经验和输送人才，带动中部和西部地区的经济发展，进一步发挥沿海地区在对外开放中的重要作用。……内地要利用沿海地区发展外向型经济的机会，促进本地经济发展，并从自己的实际情况出发，在对外开放中迈出新的步伐。

国家和经济发达地区要努力支援少数民族地区加速发展经济和文化建设事业,促进各民族共同繁荣。

——1988 年国务院政府工作报告

对于粮食、棉花、蚕丝、生猪等紧缺的农副产品,既要防止地区之间相互封锁,又要防止地区之间抬价抢购,尽量通过经济办法建立比较稳定的协作关系,积极发展多种形式的区域性经济合作,合理解决地区之间的利益分配关系。

要继续做好扶贫工作,帮助贫困地区脱贫致富。

必须坚持执行沿海地区发展战略,继续发展外向型经济。这样做有利于缓解国内原材料供应紧张的矛盾,充分发挥国内劳动力资源丰富的优势,促进治理整顿目标的实现。沿海地区要抓住时机,扬长避短,及时调整经济结构,不断提高经济素质,努力增加“两头在外”产品在出口贸易中的比重。……沿海地区也要积极治理经济环境,整顿经济秩序,在发展外向型经济时同样不能一哄而起,齐头并进,也不能竞相扩大对外开放的优惠条件,更不能在追求高消费上互相攀比。要正确处理沿海和内地的经济关系,使它们能够在平等互利的基础上分工协作,互相促进,共同发展。

在经济调整时期乃至整个现代化建设时期,都要大力巩固和发展平等、团结、互助的社会主义民族关系。这是全国各族人民的根本利益所在,是实现祖国四化和各民族共同繁荣的保障。要继续动员和组织社会各方面的力量,帮助少数民族地区更好地发展经济和文化。

由于各地经济文化基础差异较大,发展教育要在加重地方政府责任的同时,赋予地方政府更大的统筹权和决策权,使他们能够根据当地的情况来决定教育工作的重大问题。

积极研究财政体制改革,逐步理顺中央与地方的财政关系。

目前,国家财政收入占国民收入的比重过低,中央财政收入占全部财政收入的比重也偏低,必须采取有效措施,调整分配结构,适当集中资金。要进一步加强税务机构,健全各项税收的法律、法规和制度,清理、整顿和明确各级政府对各项减免税的管理权限,减少税收的严重流失。

——1989年国务院政府工作报告

经济特区和沿海开放地区,在发展外向型经济方面取得了新的进展。

帮助贫困地区脱贫致富是具有深远意义的重要工作,一定要有计划、有步骤地继续努力做好。

实行允许一部分人和地区先富裕起来的政策,对于打破平均主义,促进经济发展,起了很大的作用。实践证明这个政策是正确的,应当继续坚持。现在要强调两点:一是坚持社会主义方向,坚持勤劳致富、合法致富;二是提倡先富裕起来的人和地区,要帮助还没有富裕起来的人和地区,最终达到共同富裕。这样做有利于缓解社会分配不公。要宣传这两个方面好的事例和经验,使之成为一种社会风气。

要坚决反对和制止地区封锁、分割统一市场的行为。

继续稳定和完善经济特区和沿海开放地区的基本政策和措施,进一步办好经济特区以及开放城市的经济技术开发区,提倡和鼓励发展外向型经济。进一步发挥经济特区在对外开放方面的窗口和基地作用。

各级政府要继续坚定不移地执行中国共产党的民族政策,坚持民族平等、民族团结,尊重各民族的宗教信仰自由和风俗习惯,积极发展各民族自治地区的经济和文化事业,促进各民族共同繁荣。

在八十年代,我们祖国的统一大业取得了重大进展。经过中英、中葡谈判,先后签署了中英关于香港问题的联合声明和中葡关于澳门问题的联合声明,确认我国将对香港和澳门恢复行使主权。在未来的十年里,我国将最终完成收回香港和澳门这一具有重大意义的历史使命。

内地与港澳地区所有中国人都应该相互尊重,和睦相处,彼此尊重对方的社会制度和生活方式。港澳同胞作为中国公民的一部分,依法享有参与管理国家事务的权利,但这种参与要尊重内地的社会主义制度,遵守国家的宪法和法律。广大港澳同胞都是爱国的,我们要警惕极少数别有用心的人利用港澳作为颠覆中央政府和社会主义制度的基地。为了保持港澳的稳定繁荣,顺利实现政权交接,希望英国、葡萄牙政府继续同我国政府进行合作。

在财政体制方面,按照适当集中财力的原则,在继续实行财政包干体制的情况下,区别不同地区和不同情况,适当提高地方上交国家财政的数额,适当减少中央对地方的补贴。在有条件的地方,积极进行分税制的试点。按照集中税权、统一税法、分级管理的原则,改进税收管理体制。

——1990 年国务院政府工作报告

继续支持"老、少、边、穷"地区经济的发展,积极开展经济发达地区与经济不发达地区间的横向经济联合和协作。

继续帮助贫困地区脱贫致富,进一步搞好以工代赈并增加其金额,努力改善这些地区的生产和生活条件。

继续贯彻发展沿海地区经济的方针,积极发展外向型经济。进一步办好现有经济特区和沿海经济技术开发区,更好地发挥沿海开放城市和开放地区在对外贸易、引进技术等方面的重要作用。同时,集中力量支持上海浦东新区的开发和开放。

各地区、各部门都要在全国一盘棋的思想指导下,根据自己的优势和长处,扬长避短,研究制定本地区、本行业的结构调整方案,积极开展地区间、行业间的横向联合协作,加快产业结构、产品结构和企业组织结构的调整。

——1991 年国务院政府工作报告

有条件的地区,能够快的一定要搞得快一些。

国家和地方都要大力帮助中西部地区和经济不发达地区、贫困地区发展乡镇企业,以尽快改变落后面貌,改善农民生活。

积极开发中、西部地区的丰富资源,促进这些地区的经济发展。

我们继续执行提倡和鼓励一部分地区、一部分人先富起来的政策,同时通过国家的宏观调控和发展地区间各种不同形式的互利支援,逐步实现共同富裕。

继续采取措施和完善政策，办好深圳等经济特区、经济技术开发区，以及开放城市和开放地区。努力使这些地区不但在经济和城市建设上有较快的发展，而且在改革开放事业中，更好地发挥窗口作用和辐射作用，加快外向型经济的发展。上海浦东新区是今后十年开放开发的重点。要进一步加强基础设施建设，创造良好的投资环境，建设一些投资效益好的项目，通过上海浦东的开放开发带动长江三角洲地区乃至整个长江流域经济的发展，逐步使上海发展成为远东地区经济、金融、贸易的中心之一。最近国务院批准海南省吸收外商投资开发洋浦经济开发区，批准黑河、绥芬河、珲春和满洲里作为边境地区新的开放城市，这些地区要抓紧规划，培训人才，把对外开放工作搞得更好。

促进民族地区经济和社会发展，是各民族的共同任务，国家要加以扶持，经济较发达地区要给予支援，民族地区要发扬自力更生精神，增强自我发展的活力。

加快分税制和税利分流改革试点的步伐，探索理顺中央和地方、国家和企业分配关系的途径。

——1992年国务院政府工作报告

经济特区、沿海开放城市和开放地区、经济技术开发区取得显著成绩，上海浦东开发开放步伐加快。

经济特区要在建立社会主义市场经济体制方面积累经验，发挥示范作用。

经济技术开发区和高新技术产业开发区，要统筹规划，合理布局，有的要同老企业和老城市改造相结合，注重实效，不要盲目追求数量和滥占耕地。

沿海开放城市和地区要重点发展外向型经济，增强参与国际竞争的能力。加快上海浦东以及广东、福建、海南、环渤海地区的开放开发。充分发挥沿江、沿边和内陆省会城市在对外开放中的作用，带动辐射地区的经济发展。

实现共同富裕是社会主义制度的根本要求。要坚持允许一部分地区、一部分人通过辛勤劳动和合法经营先富起来的政策，继续克服平均主义，同时注意研究和采取具体政策措施，防止收入差距过分悬殊，带动和促进共同富裕。

国家要继续贯彻执行扶持少数民族地区、贫困地区、革命老根据地和边疆地区发展的各项政策，下大决心，采取强有力措施，增加投入，扩大以工代赈，组织人才交流、科技扶贫以及经济富裕地区对贫困地区的对口支援。

在新的历史条件下，巩固和发展全国各族人民的大团结，核心是加快少数民族地区的经济建设，促进各民族的共同繁荣。继续执行国家对少数民族和民族地区的优惠政策。增加对民族地区的投资，在安排重点项目时，把产业政策和地区合理布局结合起来，发挥民族地区的资源优势。加强经济发达地区对民族地区的对口支援。少数民族地区要加大改革开放力度，增强经济发展活力。认真贯彻民族区域自治法，保障民族自治区域的自治权利和民族平等权利。

理顺中央与地方、国家与企业的分配关系，改革方向是实行中央与地方的分税制和国有企业的利税分流。

——1993 年国务院政府工作报告

要认真实施扶贫攻坚计划，在从现在起到本世纪末的七年时间里，积极扶持贫困地区特别是老、少、边地区发展经济，帮助他们脱贫致富，基本解决 8000 万人的温饱问题。这是政府义不容辞的责任。我们相信，这个计划一定能够得到全国人民的热烈支持。

鼓励沿海地区到中西部地区投资，发挥当地劳动力优势，共同开发资源。今年不再批准设立各类新的开发区。

要坚持鼓励一部分地区、一部分人通过诚实劳动和合法经营先富起来的政策，提倡先富带动和帮助后富，逐步实现共同富裕。同时，要通过合理的分配政策和税收的调节作用，对收入过分悬殊进行必要的调节。

认真实施财税改革方案，理顺中央与地方、国家与企业的分配关系。今年财税体制改革的主要内容是：改变现行的地方财政包干制，实行在合理划分中央与地方事权基础上的分税制，按税种划分中央和地方财政收入，建立中央税收和地方税收体系；改革税制，建立以增值税为主体的流转税制度，统一内资企业所得税和个人所得税，同时改革国有企业利润分配制度。改革方案既注意到逐步增加中央财力的需要，也充分照顾了地方利益和企业的经营状况，有利于发挥中央和地方两个积极性，是切实可行的。各级政府要顾全大局，确保改革方案顺利实施。

目前部分民族地区经济比较落后，主要是历史、地理及社会等方面的原因形成的，根本改变这种状况需要有一个过程。促进民族地区经济发展和社会进步，是政府的重要责任，也是全国各族人民的共同任务。民族地区在国家支持和经济发达地区帮助下，通过改革开放，一定能够发挥自身优势，增强经济发展活力，逐步缩小与经济发达地区的差距，实现共同富裕。要认真贯彻《民族区域自治法》，全面执行民族政策，完善民族区域自治制度，保障自治地方的自治权利和民族平等权利，维护民族团结和祖国统一，反对民族分裂。

——1994年国务院政府工作报告

继续办好经济特区和上海浦东新区，发挥开放城市、开放地带的积极作用。这些地区要靠先进技术、集约化经营和产业结构升级，在发展外向型经济中创造新的优势。中西部地区也要发挥自身优势，促进社会经济发展，国家在产业政策和生产力布局等方面给予必要的支持，积极创造条件，逐步缩小这些地区同经济发达地区的差距。

要大力培养少数民族干部和各类人才，完善和落实国家对少数民族和民族地区的优惠政策，增加对民族地区的投资，鼓励发达地区的对口支援，加快民族地区改革开放和社会经济发展，逐步实现共同富裕。

——1995 年国务院政府工作报告

坚持区域经济协调发展，逐步缩小地区发展差距。

按照统筹规划、因地制宜、发挥优势、分工合作、协调发展的原则，正确处理全国经济总体发展与地区经济发展的关系，正确处理发展区域经济与发挥各省（自治区、直辖市）积极性的关系。要按照市场经济规律，以中心城市和交通要道为依托，进一步形成和发展若干突破行政区划界限的经济区域。

地区发展不平衡是我国的一个基本国情，也是大国经济发展进程中的普遍现象。改革开放以来，全国各地经济都有很大发展，但由于发展快慢不同，地区差距有所扩大。在“九五”期间，要更加重视支持中西部地区的发展，积极朝着缩小差距的方向努力。国家采取的政策措施包括：加强中西部地区资源勘查，优先安排资源开发和基础设施建设项目，逐步增加财政支持和建设投资；调整加工业的布局，引导资源加工型和劳动密集型的产业向中西部地区转移；理顺资源性产品的价格，增强中西部地区自我发展的能力；改善中西部地区的投资环境，引导外资更多地投向中西部地区；加强东部地区与中西部地区的经济联合与合作，鼓励向中西部地区投资，引导人才向中西部流动。东北等老工业基地要加快改造和调整的步伐，充分发挥它的作用，国家给予必要的支持。地区差距是历史形成的，缩小差距需要有个过程。从根本上说，有条件的地区发展得快一些，有利于增强国家经济实力，支持欠发达地区发展经济。东部地区要发挥已有的优势，在转变经济增长方式、推动产业结构升级、发展外向型经济和促进经济健康发展方面，为全国提供新的经验。中西部地区的发展潜力很大，只要加快改革开放步伐，增强经济活力，就一定能够加快发展，有些地区甚至会后来居上。

从中央到地方，都要加大扶贫工作的力度，认真落实扶贫攻坚计划，继续增加并管好用好各项扶贫资金，加强开发性扶贫。动员全社会关心扶贫工作，以多种形式支持和促进贫困地区经济社会发展。帮助遭受严重自然灾害地区的群众生产自救和重建家园。重视扶持革命老区的经济发展。

运用法律手段和分配政策，协调城乡之间、地区之间、行业之间、不同社会群体之间的分配关系，逐步解决社会分配差距过大的问题。

国家对经济特区和上海浦东新区的基本政策不变，在发展社会主义市场经济的过程中，有些具体办法要有所调整和完善。经济特区要增创新优势，更上一层楼。经济特区、沿海开放城市和开放地带要积极参与国际经济合作，充分发挥示范、辐射和带动作用。沿交通干线、沿江、沿边地区和内陆中心城市要发挥各自优势，切实推进对外开放，促进经济开发和振兴。

“九五”时期，要继续从资金、技术、人才、教育等方面加大扶持力度，促进民族地区改革开放和社会经济发展。经济发展和人民生活的改善，将为进一步巩固民族团结奠定更加牢固的基础。

——1996 年国务院政府工作报告

中西部地区基础设施建设加快。在新开工的国家重点项目投资总额中，中西部地区占全国的 43% 以上。

中央财政虽然比较困难，但对经济落后地区的财政转移支付仍然有所增加。

投资要继续向……中西部地区倾斜……

开工一批对优化产业结构、改善地区布局有重要意义的工程。

破除地区封锁和条块分割，积极发展多种形式的联合投资、合作经营，避免重复建设。

继续发挥经济特区、上海浦东新区和其他开放地区在全国改革开放和经济发展中的作用。

今年国家安排的以工代赈、扶贫贷款和支援不发达地区发展资金，都有较多的增加，地方也要增加扶贫资金。

国家的政策是允许一部分人、一部分地区先富起来，最终达到共同富裕的目标。

现在民族地区经济和社会发展步伐加快,人民生活显著改善,民族关系是好的,要十分珍视和继续发展这种好的局面。

——1997 年国务院政府工作报告

经济特区和上海浦东新区继续发展,全国对外开放的地区和行业进一步扩大,科技、教育、文化等方面的国际合作与交流不断加强。

民族地区在国家的扶持和其他地区的支援下,通过自己的艰苦奋斗,经济增长加快,各项事业全面发展。

地区发展差距仍然明显存在,收入分配关系还没有理顺,城乡都有部分群众生活比较困难……

在流通领域,要打破地区封锁和行业垄断,整顿市场秩序,坚决打击走私贩私和制售假冒伪劣产品的不法行为。

要支持中西部地区的资源开发和重大基础设施建设。

鼓励外商投资项目更多地进入中西部地区,优惠贷款要继续向中西部倾斜。

巩固平等、团结、互助的民族关系,实现共同繁荣和进步,是我国各族人民的共同愿望。要继续从资金、技术、人才、教育等方面加大扶持力度,鼓励对口支援,加快民族地区的改革开放和经济社会发展。

——1998 年国务院政府工作报告

要注意向中西部地区倾斜,推动中西部地区经济发展。

坚持对少数民族和民族地区的优惠政策,增加对民族地区的投资,加强对口支援工作,促进民族地区经济社会发展。巩固和发展平等、团结、互助的社会主义民族关系,促进各民族共同繁荣与进步。

——1999 年国务院政府工作报告

实施西部地区大开发战略,加快中西部地区的发展,是党中央贯彻邓小平关于我国现代化建设“两个大局”战略思想,面向新世纪所作出的重大决策。这对于扩大内需、推动国民经济持续增长,对于促进各地区经济协调发展,最终实现共同富裕,对于加强民族团结、维护社会稳定和巩固边防,都具有十分重要的意义。实施这个重大决策,是一项系统工程和长期任务,既要有紧迫感,又必须统筹规划,突出重点,分步实施,防止一哄而起。

东部地区要继续发挥优势,不断提高经济素质和竞争力,更好地发展和壮大自己,有条件的地方要率先实现现代化。同时,继续采取联合开发、互利合作、对口支援、干部交流等多种形式,加大对中西部地区的支持力度。中西部地区要抓住机遇,加快改革开放步伐,发扬自力更生、艰苦创业的精神,注重实效,扎实工作,努力搞好各项建设。

对确有困难的中西部地区和老工业基地,中央财政将继续给予支持。

完善失业保险制度,加快劳动力市场建设。逐步使下岗职工由企业再就业服务中心保障基本生活,转向享受失业保险,走向劳动力市场就业。这项工作先在东部沿海地区和具备条件的城市进行试点,总结经验后稳步推开。

我国是统一的多民族国家。要巩固和发展平等、团结、互助的社会主义民族关系,实现各民族共同繁荣和进步。继续贯彻中央民族工作会议精神,加快少数民族和民族地区经济发展和社会全面进步。

——2000年国务院政府工作报告

继续搞好农村扶贫工作。“八七”扶贫攻坚任务虽已基本完成,但从根本上改变贫困地区面貌,仍是一项长期而艰巨的任务。要继续加大扶贫力度,重点做好中西部少数民族地区、革命老区、边疆地区和特困地区的扶贫工作。

实施西部大开发战略,加快中西部地区发展,是我国迈向现代化建设第三步战略目标的重要部署。“十五”期间要突出重点,搞好开局,着重加强基础设施和生态环境建设,力争五到十年内取得突破性进展,同时使科技、教育有较大发展。

要集中力量建设西气东输、西电东送、青藏铁路等一批具有战略意义的重大项目。

国务院已颁布重点支持西部大开发的政策措施,国家将增加对西部地区的投入和财政转移支付。西部地区要立足于主要依靠自己的力量,发扬艰苦创业精神,作好长期奋斗的准备;加快改革开放步伐,营造良好的投资环境,更多更好地吸引境内外资金、技术和人才参与西部开发。要加强干部交流。

中部地区要发挥区位优势和综合资源优势,加快经济发展步伐。以主要水陆交通干线地区为重点,发挥中心城市作用,积极培育新的经济增长点和经济带。巩固和发展农业,继续加强基础设施和生态环境建设。加大用高新技术和先进适用技术改造传统产业的力度,提高技术水平和竞争能力。

东部沿海地区要面向国内外市场,加快科技进步和创新,着力发展高新技术产业和外向型经济,提高经济的综合素质和国际竞争力,有条件的地区要率先基本实现现代化。要采取多种形式,加强与中部、西部地区的经济技术合作,支持和带动中西部经济发展,拓展东部结构调整和经济增长的空间。

中央财政和省级财政要加大对困难地区、民族地区教育的转移支付和专项投入。

打破部门、行业垄断和地区封锁,反对地方保护主义,尽快建立和完善全国统一、公平竞争、规范有序的市场体系。

进一步落实党的民族政策,坚持和完善民族区域自治制度,发展平等、团结、互助的社会主义民族关系。结合西部大开发,加大支持力度,加快少数民族和民族地区经济与社会全面发展,促进各民族共同繁荣和进步。

——2001 年国务院政府工作报告

加大对灾区和特困地区的支持,减免农、牧业税,并真正落到实处。

继续实施西部大开发战略,促进地区协调发展。加快西部地区基础设施和生态环境建设。着力抓好青藏铁路、西气东输、西电东送等重点工程建设。继续实施退耕还林、天然林保护、“三北”防护林和防沙治沙工程。认真落实西部大开发的各项政策和措施,促进老少边穷地区发展。西部地区要注重发展优势产业和特色产业,不搞重复建设、盲目投资。防止已被淘汰的企业和设备向西部地区转移,避免破坏生态环境。中部地区要充分发挥区位优势和资源优势,积极培育新的经济增长点,国家在安排建设项目时要给予支持,以加快发展步伐。东部地区要优化产业结构,大力发展外向型经济,提高经济素质和竞争力,采取多种方式加强同中西部地区的经济技术合作。

积极支持和帮助少数民族地区加快发展。继续实施“兴边富民行动”。

——2002 年国务院政府工作报告

西部大开发开局良好。实施西部大开发战略三年来,国家通过加大建设投入、增加财政转移支付、实施优惠财税政策等措施,有力地促进了西部地区发展。

东部与中西部地区经济技术合作进一步加强。

国家对民族地区的支持力度加大,民族地区经济社会发展加快。

从 2000 年起,在安徽等地开展农村税费改革试点,2002 年试点扩大到 20 个省、自治区、直辖市,试点地区农民负担平均减轻 30%。

坚持开展东部和西部地区协作扶贫。经过多年探索,走出了一条符合中国国情的扶贫开发道路。

加大对中西部地区和困难地区的转移支付。

加强东、中、西部地区的经济交流与合作,促进优势互补和共同发展。

采取有力措施,支持东北地区等老工业基地加快调整和改造,支持以资源开采为主的城市和地区发展接续产业,支持革命老区和少数民族地区加快发展。

——2003 年国务院政府工作报告

我们积极推进经济结构战略性调整,抓紧一批对经济增长和结构调整有重大促进作用的重点项目建设,特别是加快水利、能源、交通等项目的开工和建设。三峡水利枢纽二期工程胜利完成,三期工程拉开序幕;西气东输东段工程成功贯通;青藏铁路正线铺轨顺利推进;西电东送规模扩大;南水北调工程东、中线开工建设。西部大开发继续推进,东北地区等老工业基地振兴战略开始实施。

促进区域协调发展,是我国现代化建设中的一个重大战略问题。要坚持推进西部大开发,振兴东北地区等老工业基地,促进中部地区崛起,鼓励东部地区加快发展,形成东中西互动、优势互补、相互促进、共同发展的新格局。

东、中、西部地区要加强多种形式的合作,在协调发展中逐步实现共同富裕。

国家继续采取措施,支持革命老区加快发展。

推进财税体制改革。重点是逐步推行增值税由生产型改为消费型,将设备投资纳入增值税抵扣范围,促进企业技术进步,提高自主发展能力。今年在东北地区部分行业先行试点。

切实做好农村受灾地区税收减免和受灾群众生产生活救济等工作。

加大对民族地区经济社会发展的支持力度,加强少数民族各类人才培养,促进各民族共同繁荣发展。

——2004 年国务院政府工作报告

全国经济是一个有机整体,应当按照“全国一盘棋”的战略布局,充分发挥各个地区的优势,调动中央和地方两个积极性。国家制定方针政策,必须考虑全局利益和长远发展,又要照顾不同地区、不同行业的特点;地方要充分发挥各自的积极性,又必须服从国家全局和长远发展的需要。

城乡之间、地区之间发展差距和部分社会成员之间收入差距过大……

继续发行一定规模的长期建设国债,主要是为了加大对“三农”、社会发展、生态建设和环境保护等薄弱环节的投入,支持西部大开发、东北地区等老工业基地振兴，支持老、少、边、穷地区加快发展……

实施西部大开发，振兴东北地区等老工业基地，促进中部地区崛起，鼓励东部地区加快发展，是从全面建设小康社会和加快现代化建设全局出发作出的整体战略部署。实行符合各地特点、发挥比较优势、各有侧重又紧密联系的区域发展战略，体现了统筹协调发展的要求，既有利于充分调动各地区的积极性，又有利于东中西互动、优势互补、相互促进、共同发展。

采取更加有力的措施，支持革命老区、少数民族地区、边疆地区和贫困地区加快经济社会发展。

增加扶贫投入，积极帮助贫困地区群众脱贫致富。做好受灾地区减免税收和受灾群众生产生活救济等工作。

——2005 年国务院政府工作报告

进一步推进西部大开发。

继续实施东北地区等老工业基地振兴战略。

积极促进中部地区崛起。

鼓励东部地区率先发展。

进一步支持革命老区、少数民族地区、边疆地区和贫困地区加快经济社会发展。

加大对人口较少民族的扶持力度，推进兴边富民行动。

发达地区要采取多种方式帮助和带动欠发达地区。

要大力普及和巩固九年义务教育。从今年起用两年时间，全部免除农村义务教育阶段学生学杂费，今年在西部地区实施，明年扩大到中部和东部地区……

《纲要（草案）》根据各个区域资源、环境承载能力和发展潜力，将国土空间划分为优化开发、重点开发、限制开发和禁止开发四类主体功能区，实施不同的区域政策。

——2006 年国务院政府工作报告

继续实施区域发展总体战略。西部大开发扎实推进,振兴东北地区等老工业基地工作顺利展开,促进中部地区崛起的政策开始实施,东部地区率先发展取得新成绩。

坚持统筹兼顾、合理规划、发挥优势、落实政策,促进区域协调发展。认真落实西部大开发"十一五"规划,重点是加强基础设施、生态环境建设和发展科技教育,发展特色优势产业。抓紧制定后续政策,巩固和发展退耕还林、退牧还草成果。继续实施天然林保护、防沙治沙、石漠化治理等重点生态工程。积极推进东北地区等老工业基地振兴,重点是加大产业结构调整力度,搞好重要行业、企业的重组改造,推动装备制造业、原材料加工业、高新技术产业和农产品加工业发展,加强商品粮基地建设。加快资源枯竭型城市经济转型试点和采煤沉陷区治理。加快棚户区改造。中部地区,重点是继续加强粮食主产区生产能力和农产品加工转化能力建设,加强能源、重要原材料基地、综合交通运输体系建设,支持发展先进制造业和高新技术产业。东部地区,重点是推进产业结构优化升级,增强自主创新能力和国际竞争力,在改革开放和科学发展上走在前面。继续发挥经济特区、上海浦东新区作用,推进天津滨海新区等条件较好地区开发开放。

加大国家对欠发达地区支持力度,鼓励发达地区对欠发达地区对口援助,促进革命老区、民族地区、边疆地区、贫困地区经济社会加快发展,积极扶持人口较少民族的发展。做好库区发展和库区移民工作。

各地要根据实际,合理确定低保对象范围和标准,中央财政对困难地区给予适当补助。

——2007 年国务院政府工作报告

我们实施区域发展总体战略。西部大开发继续推进,五年中央财政支持重点建设投资 2800 多亿元,基础设施和生态环境建设取得明显进展,重点地区和特色优势产业加快发展。制定和实施振兴东北地区等老工业基地战略,大型粮食基地建设不断加强,国有企业改革改组改造取得突破性进展,重大技术装备国产化成效显著，资源型城市经济转型试点进展顺利，老工业基地焕发出新的生机和活力。制定和实施促进中部地区崛起政策措施，粮食主产区现代农业建设步伐加快，重要能源原材料工业、装备制造业和综合交通运输体系进一步发展。东部地区继续率先发展，经济实力和整体素质显著提升。经济特区、上海浦东新区、天津滨海新区开发开放加快推进。这些重大举措，促进了区域经济合理布局和协调发展。

加大对经济社会发展薄弱环节、重点领域和中西部地区的支持力度。

促进区域协调发展。深入推进西部大开发，开工建设一批重点工程，支持重点地区优先开发。……组织实施东北地区振兴规划，支持先进装备制造业、现代农业发展和资源枯竭型地区经济转型。编制和实施促进中部崛起规划，落实并完善相关政策。鼓励东部地区率先发展，着力提升国际竞争力。进一步加大对革命老区、民族地区、边疆地区、贫困地区发展的扶持力度。制定并实施主体功能区规划和政策。

——2008年国务院政府工作报告

继续实施西部大开发、东北地区等老工业基地振兴、中部地区崛起、东部地区率先发展的区域发展总体战略，促进区域协调发展。鼓励各地从实际出发，充分发挥自身优势，在应对外部冲击中闯出发展新路。东部地区要大力开拓国际市场，稳定出口，着力发展先进制造业、现代服务业和高新技术产业，加快产业升级和体制创新，培育新的经济增长点，形成参与国际合作竞争新优势，增强更高水平上的可持续发展能力。经济特区、上海浦东新区、天津滨海新区要继续当好改革开放排头兵。进一步支持中西部和东北地区加强薄弱环节，以消除瓶颈制约为重点，加大基础设施、生态建设和环境保护投资力度，新开工一批交通、水利重点工程，加快建设一批粮食、能源原材料、装备制造等优势产业基地和特色产业基地，加快重点地区优先开发，促进矿产资源枯竭型城市经济转型。抓紧研究制定中西部地区承接产业转移的具体政策。制定和实施全国主体功能区规划。大力扶持革命老区、民族地区、边疆地区和贫困地区发展。

中央财政对困难地区关闭破产国有企业退休人员参保给予适当补助。

要全面贯彻民族区域自治法，确保中央支持少数民族和民族地区经济社会发展的政策措施落到实处。

——2009年国务院政府工作报告

我们加大扶贫力度，贫困地区的生产生活条件得到明显改善。

区域协调发展迈出新步伐。深入实施区域发展总体战略，制定若干区域发展重大规划和政策。中西部和东北地区加快开放开发，积极承接产业转移，发展基础不断夯实；东部地区加快结构调整和自主创新，经济发展活力增强。区域发展呈现布局改善、结构优化、协调性提高的良好态势。

推进区域经济协调发展。继续深入推进西部大开发，全面振兴东北地区等老工业基地，大力促进中部地区崛起，积极支持东部地区率先发展。认真落实促进区域经济社会发展的各项规划和政策。加快推进主体功能区建设。加强对革命老区、民族地区、边疆地区和贫困地区的支持。重点抓好西藏和四省藏区、新疆经济社会发展政策的制定和实施工作。实施区域发展总体战略，重在发挥各地比较优势，有针对性地解决各地发展中的突出矛盾和问题；重在扭转区域经济社会发展差距扩大的趋势，增强发展的协调性；重在加快完善公共财政体系，促进基本公共服务均等化。

促进义务教育均衡发展。在合理布局的基础上，加快推进中西部地区初中校舍改造和全国中小学校舍安全工程，尽快使所有学校的校舍、设备和师资达到规定标准。加大对少数民族和民族地区教育的支持。

文化基础设施建设和公共文化资源配置要向基层、特别是农村和中西部地区倾斜，推进美术馆、图书馆、文化馆、博物馆免费开放，丰富人民群众的精神文化生活。

加强政策支持和就业指导，鼓励高校毕业生到城乡基层、中西部地区和中小企业就业……

引导外资向中西部地区转移和增加投资。

认真落实中央支持少数民族和民族地区发展的政策措施，优先支持边疆民族地区加快发展。……新型农村社会养老保险要优先在边境县、民族地区贫困县试点。

——2010 年国务院政府工作报告

促进区域经济协调发展。落实区域发展总体战略，颁布实施全国主体功能区规划，制定西部大开发新十年指导意见和一系列区域发展规划，推出促进西藏和四省藏区、新疆等民族地区跨越式发展的新举措。中西部和东北地区发展加快，经济增速等主要指标超过全国平均水平；东部地区经济结构不断优化，自主创新和竞争力逐步提高；地区间基本公共服务差距趋于缩小，各具特色的区域发展格局初步形成。

促进区域协调发展。全面落实各项区域发展规划。坚持把实施西部大开发战略放在区域发展总体战略的优先位置，认真落实西部大开发新十年的政策措施和促进西藏、新疆等地区跨越式发展的各项举措。全面振兴东北地区等老工业基地，继续推进资源型城市转型。大力促进中部地区崛起，进一步发挥承东启西的区位优势。积极支持东部地区率先发展，在体制机制创新和发展方式转变上走在全国前列。更好发挥深圳等经济特区、上海浦东新区、天津滨海新区在改革开放中先行先试的作用。加大力度支持革命老区、民族地区、边疆地区发展，颁布实施 2011 ~ 2020 年中国农村扶贫开发纲要，启动集中连片特殊困难地区扶贫开发攻坚工程，加快贫困地区脱贫致富步伐。

增强公共文化产品供给和服务能力，重点加强中西部地区和城乡基层的文化基础设施建设，继续实施文化惠民工程。

抓紧修订外商投资产业目录，鼓励外资投向高新技术、节能环保、现代服务业等领域和中西部地区。

要坚持和完善民族区域自治制度，全面落实中央支持少数民族和民族地区发展的政策措施。

——2011 年国务院政府工作报告

区域发展协调性进一步增强，中西部和东北地区主要经济指标增速高于全国平均水平，东部地区产业转型升级步伐加快。城镇化率超过 50%，这是中国社会结构的一个历史性变化。胜利完成四川汶川特大地震灾后恢复重建任务，积极推进青海玉树、甘肃舟曲、云南盈江抗灾救灾和恢复重建工作。

实施新 10 年农村扶贫开发纲要，按照新的国家扶贫标准，全面做好扶贫开发工作，加大集中连片特殊困难地区扶贫开发力度，让扶贫对象更多地分享改革发展成果。

促进区域经济协调发展。实施区域发展总体战略和主体功能区规划，充分发挥各地特色和优势，进一步提高区域发展的协调性和基本公共服务均等化水平。认真落实西部大开发新 10 年的政策措施，加大实施中部地区崛起战略的力度，加快推进东北地区等老工业基地振兴，积极支持东部地区转型发展、在更高层次上参与国际竞争与合作。要加大对革命老区、民族地区、边疆地区和贫困地区的扶持力度。更好地发挥经济特区、上海浦东新区、天津滨海新区在改革开放中先行先试的重要作用。制定和实施海洋发展战略，促进海洋经济发展。加强和完善跨区域合作机制，消除市场壁垒，促进要素流动，引导产业有序转移，推动区域经济良性互动、协调发展。

认真贯彻落实中央支持少数民族和民族地区发展的政策措施，大力实施扶持人口较少民族发展、推进兴边富民行动和发展少数民族事业规划。

——2012 年国务院政府工作报告

教育资源重点向农村、边远、民族、贫困地区倾斜，教育公平取得明显进步。

我们贯彻民族区域自治法，支持少数民族和民族地区发展的政策体系更加完善，民族团结进步事业焕发出新的蓬勃生机。

要继续深入实施区域发展总体战略，促进区域经济协调发展。充分发挥各地比较优势，统筹规划、分类指导，优先推进西部大开发，全面振兴东北地区等老工业基地，大力促进中部地区崛起，积极支持东部地区率先发展，加大对革命老区、民族地区、边疆地区、贫困地区扶持力度，深入推进集中连片特殊困难地区扶贫攻坚。

——2013年国务院政府工作报告

四川芦山地震、甘肃岷县漳县地震、黑龙江松花江嫩江流域洪涝、南方高温干旱、沿海强台风等严重自然灾害，出现人感染禽流感疫情。我们健全分级负责、相互协同的抗灾救灾应急机制，中央统筹帮助支持，地方就近统一指挥，最大限度保护了人民群众生命财产安全。

抓紧研究调整中央与地方事权和支出责任，逐步理顺中央与地方收入划分，保持现有财力格局总体稳定。

建立规范的地方政府举债融资机制，把地方政府性债务纳入预算管理，推行政府综合财务报告制度，防范和化解债务风险。

把培育新的区域经济带作为推动发展的战略支撑。深入实施区域发展总体战略，优先推进西部大开发，全面振兴东北地区等老工业基地，大力促进中部地区崛起，积极支持东部地区经济率先转型升级，加大对革命老区、民族地区、边疆地区、贫困地区支持力度。要谋划区域发展新棋局，由东向西、由沿海向内地，沿大江大河和陆路交通干线，推进梯度发展。依托黄金水道，建设长江经济带。以海陆重点口岸为支点，形成与沿海连接的西南中南、东北、西北等经济支撑带。推进长三角地区经济一体化，深化泛珠三角区域经济合作，加强环渤海及京津冀地区经济协作。实施差别化经济政策，推动产业转移，发展跨区域大交通大流通，形成新的区域经济增长极。

——2014年国务院政府工作报告

扩展上海自由贸易试验区范围，新设广东、天津、福建自由贸易试验区。

推进基础设施建设和区域协调发展。京津冀协同发展、长江经济带建设取得重要进展。新建铁路投产里程 8427 公里,高速铁路运营里程达 1.6 万公里,占世界的 60% 以上。高速公路通车里程达 11.2 万公里,水路、民航、管道建设进一步加强。农网改造稳步进行。宽带用户超过 7.8 亿户。经过多年努力,南水北调中线一期工程正式通水,惠及沿线亿万群众。

去年云南鲁甸、景谷等地发生较强地震,我们及时高效展开抗震救灾,灾后恢复重建顺利推进。

改革转移支付制度,完善中央和地方的事权与支出责任,合理调整中央和地方收入划分。

推进丝绸之路经济带和 21 世纪海上丝绸之路合作建设。

积极推动上海、广东、天津、福建自贸试验区建设,在全国推广成熟经验,形成各具特色的改革开放高地。

拓展区域发展新空间。统筹实施"四大板块"和"三个支撑带"战略组合。在西部地区开工建设一批综合交通、能源、水利、生态、民生等重大项目,落实好全面振兴东北地区等老工业基地政策措施,加快中部地区综合交通枢纽和网络等建设,支持东部地区率先发展,加大对老少边穷地区支持力度,完善差别化的区域发展政策。

——2015 年国务院政府工作报告

推广上海自贸试验区经验,新设广东、天津、福建自贸试验区。

着眼开拓发展空间,促进区域协调发展和新型城镇化。继续推动东、中、西、东北地区"四大板块"协调发展,重点推进"一带一路"建设、京津冀协同发展、长江经济带发展"三大战略",在基础设施、产业布局、生态环保等方面实施一批重大工程。制定实施促进西藏和四省藏区、新疆发展的政策措施。

优化区域发展格局。深入推进"一带一路"建设,落实京津冀协同发展规划纲要,加快长江经济带发展。制定实施西部大开发"十三五"规划,实施新一轮东北地区等老工业基地振兴战略,出台促进中部地区崛起新十年规划，支持东部地区在体制创新、陆海统筹等方面率先突破。促进资源型地区经济转型升级。支持革命老区、民族地区、边疆地区、贫困地区发展。制定和实施国家海洋战略，维护国家海洋权益，保护海洋生态环境，拓展蓝色经济空间，建设海洋强国。

——2016 年国务院政府工作报告

促进区域城乡协调发展，新的增长极增长带加快形成。深入实施“一带一路”建设、京津冀协同发展、长江经济带发展三大战略，启动建设一批重点项目。编制西部大开发“十三五”规划，实施新一轮东北振兴战略，推动中部地区崛起，支持东部地区率先发展。加快推进新型城镇化，深化户籍制度改革，全面推行居住证制度，又有 1600 万人进城落户。发展的协同叠加效应不断显现。

加快推进中央与地方财政事权和支出责任划分改革，制定收入划分总体方案，健全地方税体系，规范地方政府举债行为。

优化区域发展格局。统筹推进三大战略和“四大板块”发展，实施好相关规划，研究制定新举措。推动国家级新区、开发区、产业园区等创新发展。支持资源枯竭、生态严重退化等地区经济转型发展。优化空域资源配置。推进海洋经济示范区建设，加快建设海洋强国，坚决维护国家海洋权益。

——2017 年国务院政府工作报告

支持北京、上海建设科技创新中心，新设 14 个国家自主创新示范区，带动形成一批区域创新高地。

财税改革取得重大进展，全面推行财政预决算公开，构建以共享税为主的中央和地方收入分配格局，启动中央与地方财政事权和支出责任划分改革，中央对地方一般性转移支付规模大幅增加、专项转移支付项目减少三分之二。

积极推进京津冀协同发展、长江经济带发展，编制实施相关规划，建设一批重点项目。出台一系列促进西部开发、东北振兴、中部崛起、东部率先发展的改革创新举措。加大对革命老区、民族地区、边疆地区、贫困地区扶持力度,加强援藏援疆援青工作。海洋保护和开发有序推进。实施重点城市群规划,促进大中小城市和小城镇协调发展。绝大多数城市放宽落户限制,居住证制度全面实施,城镇基本公共服务向常住人口覆盖。城乡区域发展协调性显著增强。

深化财税体制改革。推进中央与地方财政事权和支出责任划分改革,抓紧制定收入划分改革方案,完善转移支付制度。健全地方税体系,稳妥推进房地产税立法。

扎实推进区域协调发展战略。完善区域发展政策,推进基本公共服务均等化,逐步缩小城乡区域发展差距,把各地比较优势和潜力充分发挥出来。

塑造区域发展新格局。加强对革命老区、民族地区、边疆地区、贫困地区改革发展的支持。以疏解北京非首都功能为重点推进京津冀协同发展,高起点规划、高标准建设雄安新区。以生态优先、绿色发展为引领推进长江经济带发展。出台实施粤港澳大湾区发展规划,全面推进内地同香港、澳门互利合作。制定西部大开发新的指导意见,落实东北等老工业基地振兴举措,继续推动中部地区崛起,支持东部地区率先发展。促进资源型地区经济转型。壮大海洋经济,坚决维护国家海洋权益。

——2018 年国务院政府工作报告

统筹城乡区域发展,良性互动格局加快形成。乡村振兴战略有力实施,粮食总产量保持在 1.3 万亿斤以上。新型城镇化扎实推进,近 1400 万农业转移人口在城镇落户。推进西部开发、东北振兴、中部崛起、东部率先发展,出台一批改革创新举措。京津冀协同发展取得明显进展,长江经济带生态优先、绿色发展格局不断巩固。粤港澳大湾区规划建设迈出实质性步伐,港珠澳大桥建成通车。加大对革命老区、民族地区、边疆地区、贫困地区改革发展支持力度。新增高速铁路运营里程 4100 公里,新建改建高速公路 6000

多公里、农村公路30多万公里。城乡区域发展协调性持续增强。

打好精准脱贫攻坚战。重点解决实现“两不愁三保障”面临的突出问题，加大“三区三州”等深度贫困地区脱贫攻坚力度，加强基础设施建设，落实对特殊贫困人口的保障措施。脱贫致富离不开产业支撑，要大力扶持贫困地区发展特色优势产业。开展贫困地区控辍保学专项行动、明显降低辍学率，继续增加重点高校专项招收农村和贫困地区学生人数，用好教育这个阻断贫困代际传递的治本之策。

促进区域协调发展，提高新型城镇化质量。围绕解决发展不平衡不充分问题，改革完善相关机制和政策，促进基本公共服务均等化，推动区域优势互补、城乡融合发展。

优化区域发展格局。制定西部开发开放新的政策措施，西部地区企业所得税优惠等政策到期后继续执行。落实和完善促进东北全面振兴、中部地区崛起、东部率先发展的改革创新举措。京津冀协同发展重在疏解北京非首都功能，高标准建设雄安新区。落实粤港澳大湾区发展规划纲要，促进规则衔接，推动生产要素流动和人员往来便利化。将长三角区域一体化发展上升为国家战略，编制实施发展规划纲要。长江经济带发展要坚持上中下游协同，加强生态保护修复和综合交通运输体系建设，打造高质量发展经济带。支持资源型地区经济转型。加快补齐革命老区、民族地区、边疆地区、贫困地区发展短板。

——2019年国务院政府工作报告

附录5　地区权力配置的法律依据

法定权限	地区类型		
	省、直辖市	自治区	特别行政区
集体参政权	宪法 第五十九条第一款　全国人民代表大会由省、自治区、直辖市、特别行政区和军队选出的代表组成。各少数民族都应当有适当名额的代表。 全国人民代表大会组织法 第四条　全国人民代表大会代表按照选举单位组成代表团。各代表团分别推选代表团团长、副团长。代表团在每次全国人民代表大会会议举行前，讨论全国人民代表大会常务委员会提出的关于会议的准备事项；在会议期间，对全国人民代表大会的各项议案进行审议，并可以由代表团团长或者由代表团推派的代表，在主席团会议上或者大会全体会议上，代表代表团对审议的议案发表意见。	宪法 第五十九条第一款 全国人民代表大会组织法 第四条 第十条 全国人民代表大会议事规则 第十二条	宪法 第五十九条第一款 全国人民代表大会组织法 第四条 第十条 全国人民代表大会议事规则 第十二条 香港特别行政区基本法 第二十一条　香港特别行政区居民中的中国公民依法参与国家事务的管理。 根据全国人民代表大会确定的名额和代表产生办法，由香港特别行政区居民中的中国公民在香港选出香港特别行政区的全国人民代表大会代表，参加最高国家权力机关的工作。 （参见澳门特别行政区基本法有关条款）

续表

法定权限	地区类型		
	省、直辖市	自治区	特别行政区
	第十条　一个代表团或者三十名以上的代表，可以向全国人民代表大会提出属于全国人民代表大会职权范围内的议案，由主席团决定是否列入大会议程，或者先交有关的专门委员会审议、提出是否列入大会议程的意见，再决定是否列入大会议程。 全国人民代表大会议事规则 第十二条　代表团审议议案和有关报告，由代表团全体会议、代表小组会议审议。 以代表团名义提出的议案、质询案、罢免案，由代表团全体代表的过半数通过。		

续表

法定权限	地区类型		
	省、直辖市	自治区	特别行政区
规则制定权	立法法 第七十二条　省、自治区、直辖市的人民代表大会及其常务委员会根据本行政区域的具体情况和实际需要,在不同宪法、法律、行政法规相抵触的前提下,可以制定地方性法规。 设区的市的人民代表大会及其常务委员会根据本市的具体情况和实际需要,在不同宪法、法律、行政法规和本省、自治区的地方性法规相抵触的前提下,可以对城乡建设与管理、环境保护、历史文化保护等方面的事项制定地方性法规,法律对设区的市制定地方性法规的事项另有规定的,从其规定…… 第七十四条　经济特区所在地的省、市的人民代表大会及其常务委员会根据全国人民代表大会的授权决定,制定法规,在经济特区范围内实施。	立法法 第七十二条 第七十五条第一款　民族自治地方的人民代表大会有权依照当地民族的政治、经济和文化的特点,制定自治条例和单行条例。自治区的自治条例和单行条例,报全国人民代表大会常务委员会批准后生效。自治州、自治县的自治条例和单行条例,报省、自治区、直辖市的人民代表大会常务委员会批准后生效。	香港特别行政区基本法 第十七条　香港特别行政区享有立法权。 香港特别行政区的立法机关制定的法律须报全国人民代表大会常务委员会备案。备案不影响该法律的生效。 全国人民代表大会常务委员会在征询其所属的香港特别行政区基本法委员会后,如认为香港特别行政区立法机关制定的任何法律不符合本法关于中央管理的事务及中央和香港特别行政区的关系的条款,可将有关法律发回,但不作修改。经全国人民代表大会常务委员会发回的法律立即失效。该法律的失效,除香港特别行政区的法律另有规定外,无溯及力。 (参见澳门特别行政区基本法有关条款)

续表

法定权限	地区类型		
	省、直辖市	自治区	特别行政区
制度创新权	立法法 第十三条　全国人民代表大会及其常务委员会可以根据改革发展的需要，决定就行政管理等领域的特定事项授权在一定期限内在部分地方暂时调整或者暂时停止适用法律的部分规定。	立法法 第十三条 第七十五条第二款　自治条例和单行条例可以依照当地民族的特点，对法律和行政法规的规定作出变通规定，但不得违背法律或者行政法规的基本原则，不得对宪法和民族区域自治法的规定以及其他有关法律、行政法规专门就民族自治地方所作的规定作出变通规定。 民族区域自治法 第六条第一款　民族自治地方的自治机关领导各族人民集中力量进行社会主义现代化建设。 第六条第二款　民族自治地方的自治机关根据本地方的情况，在不违背宪法和法律的原则下，有权采取特殊政策和灵活措施，加速民族自治地方经济、文化建设事业的发展。 第二十条　上级国家机关的决议、决定、命令和指示，如有不适合民族自治地方实际情况的，自治机关可以报经该上级国家机关批准，变通执行或者停止执行；该上级国家机关应当在收到报告之日起六十日内给予答复。	香港特别行政区基本法 第十八条　在香港特别行政区实行的法律为本法以及本法第八条规定的香港原有法律和香港特别行政区立法机关制定的法律。 全国性法律除列于本法附件三者外，不在香港特别行政区实施。凡列于本法附件三之法律，由香港特别行政区在当地公布或立法实施。 全国人民代表大会常务委员会在征询其所属的香港特别行政区基本法委员会和香港特别行政区政府的意见后，可对列于本法附件三的法律作出增减，任何列入附件三的法律，限于有关国防、外交和其他按本法规定不属于香港特别行政区自治范围的法律。 全国人民代表大会常务委员会决定宣布战争状态或因香港特别行政区内发生香港特别行政区政府不能控制的危及国家统一或安全的动乱而决定香港特别行政区进入紧急状态，中央人民政府可发布命令将有关全国性法律在香港特别行政区实施。 （参见澳门特别行政区基本法有关条款）

续表

法定权限	地区类型		
	省、直辖市	自治区	特别行政区
行政管理权	地方各级人民代表大会和地方各级人民政府组织法 第五十五条第二款　全国地方各级人民政府都是国务院统一领导下的国家行政机关，都服从国务院。 第五十九条　县级以上的地方各级人民政府行使下列职权： （一）执行本级人民代表大会及其常务委员会的决议，以及上级国家行政机关的决定和命令，规定行政措施，发布决定和命令； （二）领导所属各工作部门和下级人民政府的工作； （三）改变或者撤销所属各工作部门的不适当的命令、指示和下级人民政府的不适当的决定、命令； （四）依照法律的规定任免、培训、考核和奖惩国家行政机关工作人员； （五）执行国民经济和社会发展计划、预算，管理本行政区域内的经济、教育、科学、文化、卫生、体育事业、环境和资源保护、城乡建设事	宪法 第四条第三款　各少数民族聚居的地方实行区域自治，设立自治机关，行使自治权。各民族自治地方都是中华人民共和国不可分离的部分。 地方各级人民代表大会和地方各级人民政府组织法 第五十五条第二款 第五十九条 民族区域自治法 第四条第一款　民族自治地方的自治机关行使宪法第三章第五节规定的地方国家机关的职权，同时依照宪法和本法以及其他法律规定的权限行使自治权，根据本地方的实际情况贯彻执行国家的法律、政策。	香港特别行政区基本法 第十二条　香港特别行政区是中华人民共和国的一个享有高度自治权的地方行政区域，直辖于中央人民政府。 第十六条　香港特别行政区享有行政管理权，依照本法的有关规定自行处理香港特别行政区的行政事务。 第二十二条第一款　中央人民政府所属各部门、各省、自治区、直辖市均不得干预香港特别行政区根据本法自行管理的事务。 第二十二条第二款　中央各部门、各省、自治区、直辖市如需在香港特别行政区设立机构，须征得香港特别行政区政府同意并经中央人民政府批准。 第六十二条　香港特别行政区政府行使下列职权： （一）制定并执行政策； （二）管理各项行政事务； （三）办理本法规定的中央人民政府授权的对外事务； （四）编制并提出财政预算、决算；

续表

法定权限	地区类型		
	省、直辖市	自治区	特别行政区
	业和财政、民政、公安、民族事务、司法行政、监察、计划生育等行政工作； （六）保护社会主义的全民所有的财产和劳动群众集体所有的财产，保护公民私人所有的合法财产，维护社会秩序，保障公民的人身权利、民主权利和其他权利； （七）保护各种经济组织的合法权益； （八）保障少数民族的权利和尊重少数民族的风俗习惯，帮助本行政区域内各少数民族聚居的地方依照宪法和法律实行区域自治，帮助各少数民族发展政治、经济和文化的建设事业； （九）保障宪法和法律赋予妇女的男女平等、同工同酬和婚姻自由等各项权利； （十）办理上级国家行政机关交办的其他事项。		（五）拟定并提出法案、议案、附属法规； （六）委派官员列席立法会并代表政府发言。 （参见澳门特别行政区基本法有关条款）

续表

法定权限	地区类型		
	省、直辖市	自治区	特别行政区
获益权	预算法 第十六条　国家实行财政转移支付制度。财政转移支付应当规范、公平、公开，以推进地区间基本公共服务均等化为主要目标。 财政转移支付包括中央对地方的转移支付和地方上级政府对下级政府的转移支付，以为均衡地区间基本财力、由下级政府统筹安排使用的一般性转移支付为主体。 按照法律、行政法规和国务院的规定可以设立专项转移支付，用于办理特定事项。建立健全专项转移支付定期评估和退出机制。市场竞争机制能够有效调节的事项不得设立专项转移支付。 上级政府在安排专项转移支付时，不得要求下级政府承担配套资金。但是，按照国务院的规定应当由上下级政府共同承担的事项除外。	宪法 序言 ……国家尽一切努力，促进全国各民族的共同繁荣。…… 第四条第一款　中华人民共和国各民族一律平等。国家保障各少数民族的合法的权利和利益，维护和发展各民族的平等团结互助和谐关系。禁止对任何民族的歧视和压迫，禁止破坏民族团结和制造民族分裂的行为。 第四条第二款　国家根据各少数民族的特点和需要，帮助各少数民族地区加速经济和文化的发展。 民族区域自治法 第八条　上级国家机关保障民族自治地方的自治机关行使自治权，并且依据民族自治地方的特点和需要，努力帮助民族自治地方加速发展社会主义建设事业。 第三十一条第三款　民族自治地方在对外经济贸易活动中，享受国家的优惠政策。 第三十三条　民族自治地方的自治机关对本地方的各项开支标准、定员、定额，根据国家规定的原则，结合本地方的实际情况，可以制	香港特别行政区基本法 第十四条第五款　驻军费用由中央人民政府负担。 （参见澳门特别行政区基本法有关条款）

续表

法定权限	地区类型		
	省、直辖市	自治区	特别行政区
		定补充规定和具体办法。自治区制定的补充规定和具体办法，报国务院备案；自治州、自治县制定的补充规定和具体办法，须报省、自治区、直辖市人民政府批准。 第三十四条　民族自治地方的自治机关在执行国家税法的时候，除应由国家统一审批的减免税收项目以外，对属于地方财政收入的某些需要从税收上加以照顾和鼓励的，可以实行减税或者免税。自治州、自治县决定减税或者免税，须报省、自治区、直辖市人民政府批准。 第五十五条　上级国家机关应当帮助、指导民族自治地方经济发展战略的研究、制定和实施，从财政、金融、物资、技术和人才等方面，帮助各民族自治地方加速发展经济、教育、科学技术、文化、卫生、体育等事业。 国家制定优惠政策，引导和鼓励国内外资金投向民族自治地方。 上级国家机关在制定国民经济和社会发展计划的时候，应当照顾民族自治地方的特点和需要。 第五十六条第一款　国家根据统一规划和市场需求，优先在民族自治地方合理安排资源开发项目和基础设施建设项目。国家在重大	

续表

法定权限	地区类型		
	省、直辖市	自治区	特别行政区
		基础设施投资项目中适当增加投资比重和政策性银行贷款比重。 第五十六条第二款　国家在民族自治地方安排基础设施建设，需要民族自治地方配套资金的，根据不同情况给予减少或者免除配套资金的照顾。 第五十八条第一款　上级国家机关从财政、金融、人才等方面帮助民族自治地方的企业进行技术创新，促进产业结构升级。 第五十九条　国家设立各项专用资金，扶助民族自治地方发展经济文化建设事业。 国家设立的各项专用资金和临时性的民族补助专款，任何部门不得扣减、截留、挪用，不得用以顶替民族自治地方的正常的预算收入。 第六十条　上级国家机关根据国家的民族贸易政策和民族自治地方的需要，对民族自治地方的商业、供销和医药企业，从投资、金融、税收等方面给予扶持。 第六十一条　国家制定优惠政策，扶持民族自治地方发展对外经济贸易，扩大民族自治地方生产企业对外贸易经营自主权，鼓励发展地方优势产品出口，实行优惠的边境贸易政策。 第六十二条　随着国民经济的发展和财政收	

续表

法定权限	地区类型		
	省、直辖市	自治区	特别行政区
		入的增长，上级财政逐步加大对民族自治地方财政转移支付力度。通过一般性财政转移支付、专项财政转移支付、民族优惠政策财政转移支付以及国家确定的其他方式，增加对民族自治地方的资金投入，用于加快民族自治地方经济发展和社会进步，逐步缩小与发达地区的差距。 第六十三条　上级国家机关在投资、金融、税收等方面扶持民族自治地方改善农业、牧业、林业等生产条件和水利、交通、能源、通信等基础设施；扶持民族自治地方合理利用本地资源发展地方工业、乡镇企业、中小企业以及少数民族特需商品和传统手工业品的生产。 第六十四条　上级国家机关应当组织、支持和鼓励经济发达地区与民族自治地方开展经济、技术协作和多层次、多方面的对口支援，帮助和促进民族自治地方经济、教育、科学技术、文化、卫生、体育事业的发展。 第六十五条　国家在民族自治地方开发资源、进行建设的时候，应当照顾民族自治地方的利益，作出有利于民族自治地方经济建设的安排，照顾当地少数民族的生产和生活。国家采取措施，对输出自然资源的民族自治地方给予一定的利益补偿。	

续表

法定权限	地区类型		
	省、直辖市	自治区	特别行政区
		国家引导和鼓励经济发达地区的企业按照互惠互利的原则，到民族自治地方投资，开展多种形式的经济合作。 第六十六条　上级国家机关应当把民族自治地方的重大生态平衡、环境保护的综合治理工程项目纳入国民经济和社会发展计划，统一部署。 民族自治地方为国家的生态平衡、环境保护作出贡献的，国家给予一定的利益补偿。 任何组织和个人在民族自治地方开发资源、进行建设的时候，要采取有效措施，保护和改善当地的生活环境和生态环境，防治污染和其他公害。 第六十九条　国家和上级人民政府应当从财政、金融、物资、技术、人才等方面加大对民族自治地方的贫困地区的扶持力度，帮助贫困人口尽快摆脱贫困状况，实现小康。	

续表

法定权限	地区类型		
	省、直辖市	自治区	特别行政区
财政权	预算法 第二十三条　省、自治区、直辖市政府应当按照国务院规定的时间，将本级总预算草案报国务院审核汇总。 第三十五条　地方各级预算按照量入为出、收支平衡的原则编制，除本法另有规定外，不列赤字。 经国务院批准的省、自治区、直辖市的预算中必需的建设投资的部分资金，可以在国务院确定的限额内，通过发行地方政府债券举借债务的方式筹措。举借债务的规模，由国务院报全国人民代表大会或者全国人民代表大会常务委员会批准。省、自治区、直辖市依照国务院下达的限额举借的债务，列入本级预算调整方案，报本级人民代表大会常务委员会批准。举借的债务应当有偿还计划和稳定的偿还资金来源，只能用于公益性资本支出，不得用于经常性支出。 除前款规定外，地方政府及其所属部门不得以任何方式举借债务。	民族区域自治法 第三十二条　民族自治地方的财政是一级财政，是国家财政的组成部分。 民族自治地方的自治机关有管理地方财政的自治权。凡是依照国家财政体制属于民族自治地方的财政收入，都应当由民族自治地方的自治机关自主地安排使用。 民族自治地方在全国统一的财政体制下，通过国家实行的规范的财政转移支付制度，享受上级财政的照顾。 民族自治地方的财政预算支出，按照国家规定，设机动资金，预备费在预算中所占比例高于一般地区。 民族自治地方的自治机关在执行财政预算过程中，自行安排使用收入的超收和支出的节余资金。 预算法 第三十三条 第三十五条 第三十六条 第四十三条	香港特别行政区基本法 第一百零六条　香港特别行政区保持财政独立。 香港特别行政区的财政收入全部用于自身需要，不上缴中央人民政府。中央人民政府不在香港特别行政区征税。 第一百零八条　香港特别行政区实行独立的税收制度。 香港特别行政区参照原在香港实行的低税政策，自行立法规定税种、税率、税收宽免和其他税务事项。 （参见澳门特别行政区基本法有关条款）

续表

法定权限	地区类型		
	省、直辖市	自治区	特别行政区
	除法律另有规定外，地方政府及其所属部门不得为任何单位和个人的债务以任何方式提供担保。 国务院建立地方政府债务风险评估和预警机制、应急处置机制以及责任追究制度。国务院财政部门对地方政府债务实施监督。 第三十六条　各级预算收入的编制，应当与经济社会发展水平相适应，与财政政策相衔接。 各级政府、各部门、各单位应当依照本法规定，将所有政府收入全部列入预算，不得隐瞒、少列。 第四十三条　中央预算由全国人民代表大会审查和批准。 地方各级预算由本级人民代表大会审查和批准。 企业所得税法 第五十七条第一款　本法公布前已经批准设立的企业，依照当时的税收法律、行政法规规定，享受低税率优惠的，按照国务院规定，可以在本法施行后五年内，逐步过渡到本法规定的税率；享受定期减免		

续表

法定权限	地区类型		
	省、直辖市	自治区	特别行政区
	税优惠的，按照国务院规定，可以在本法施行后继续享受到期满为止，但因未获利而尚未享受优惠的，优惠期限从本法施行年度起计算。 第五十七条第二款　法律设置的发展对外经济合作和技术交流的特定地区内，以及国务院已规定执行上述地区特殊政策的地区内新设立的国家需要重点扶持的高新技术企业，可以享受过渡性税收优惠，具体办法由国务院规定。 国务院关于清理规范税收等优惠政策的通知（国发〔2014〕62 号） 坚持税收法定原则，除依据专门税收法律法规和《中华人民共和国民族区域自治法》规定的税政管理权限外，各地区一律不得自行制定税收优惠政策；未经国务院批准，各部门起草其他法律、法规、规章、发展规划和区域政策都不得规定具体税收优惠政策。		

附录6　中越边境地区发展情况调查报告[1]

——以广西壮族自治区那坡县为例

2011 年下半年，经全国人大常委会法工委批准，我参加了清华大学博士生基层服务团，到广西壮族自治区百色市那坡县锻炼。

那坡县是广西最偏远的一个县，当时还未通高速公路。全县共有 12 个乡镇，总面积 2231.08 平方公里，总人口 19.2 万人。该县南部 4 个乡镇与越南的高平、河江 2 省 5 县接壤，是广西陆地边境线最长的县。历史上那坡县曾先后名为镇安县、镇边县。中华人民共和国成立后，1953 年镇边县更名睦边县，名称的变化反映了中越关系的变迁。睦边县改名为那坡县则源于 1958 年 1 月中共中央"南宁会议"上毛主席对睦边县那坡大队的一句问话，以及 1965 年 1 月 20 日，城厢公社那坡大队到北京参加全国先进代表大会，得到毛主席的接见表彰。为纪念这一历史时刻，经国务院批准，将睦边县改名为那坡县。

锻炼期间，我深入到与越南接壤的平孟、百南、百省、百都四个乡（镇）进行调研，考察了正在申报国家一级口岸的平孟口岸、平孟镇那万屯社会主义新农村示范点、百南乡中越跨国漂流旅游开发项目、百省乡那布村水弄苗族村寨、百南乡规迪村桑枝食用菌生产基地等。慰问了边防哨所的边防战士、

---

〔1〕本文系作者 2011 年参加清华大学博士生基层服务团，在广西百色锻炼期间撰写的调查报告，获清华大学优秀实践成果奖，并发表于北京大学中国与世界研究中心主办的《观察与交流》第 85 期（2011 年 8 月 15 日）。考虑到保密等因素，报告部分内容和数据作了删节。中共那坡县委组织部孙环志、李哲、罗观等同志协助作者收集有关数据资料，并精心安排调研考察，在此一并表示感谢。

守护弄平古炮台的武装民兵。走访了上百名乡、村的基层干部、选调生、大学生村官和边境地区 0～3 公里贴边村、贴边屯的群众。窥斑见豹，以那坡县为对象，对中越边境地区发展情况有了一定了解，也深化了对地区平等问题以及中央与地方关系的理解和认识。

一、我国边境地区的发展与稳定至关重要

我国是一个大国，陆地边境与 14 个国家接壤，是世界上邻国最多的国家。边境问题十分复杂，边疆形势也很微妙。一些国家多年来一直与我国保持着睦邻友好关系，也有的国家历史上曾因边界问题与我国之间发生过战争。边境地区虽然地处偏远，但对于维护国家主权和领土完整有重要的战略意义，是我国搞好现代化建设、走和平发展道路的重要屏障。边境地区的发展与稳定对我国至关重要。正如著名社会学家费孝通先生所说："在两千多年的时间里，有一个重要的历史现象：天下未乱边先乱，天下已定边未定。观边疆治乱兴衰，可知国家统一还是分裂、国力强盛还是贫弱、民族和睦还是纷争。"

长期以来，由于历史、地理、自然等方面的原因，边境地区与非边境地区相比，经济社会发展存在较大差距，发展面临的特殊困难很多，维护稳定的任务十分繁重。关心和支持边境地区加快发展，缩小边境地区与非边境地区发展差距，推动实现地区平等，具有特殊而重要的战略意义。

二、中越边境地区的特殊性和复杂性

通过考察，我感到，影响广西边境地区发展的主要问题有三个。

1. 由于自然条件、长期战争和守土戍边需要等特殊原因，广西边境地区基础设施条件、经济社会发展状况、群众生活水平等，与我国非边境地区甚至其他边境地区相比，仍有较大差距。

2. 广西边民有一定的特殊性。他们绝大多数是跨境民族，与境外边民

习俗相通,语言相通,文化相近。中越边民来往频繁、相互融合,呈现出其他边境地区少有的“你中有我、我中有你”的复杂形势,给边防、防疫、计生、保密等工作带来了很大困难。

3. 与广西边境地区接壤的越南与我国的关系十分特殊,给陆地边境地区加强交流、互通贸易、合作发展带来了诸多不确定因素。

三、“兴边富民”总体成效显著,但基层问题仍然存在

1999 年,国家民族事务委员会按照中央民族工作会议部署,响应西部大开发战略的号召,联合国务院有关部门倡议发起“兴边富民”行动。行动实施范围是我国陆地边境县(旗、市、市辖区)和边境团场。“兴边富民”行动的宗旨就是振兴边境、富裕边民。“兴边富民”实施 10 多年来,国家对边境地区投入巨大,除了专项资金,中央财政累计安排边境地区专项转移支付资金 196 亿元,年均增长近 46%。各部门也加大了投入到边境地区的专项资金。各边境县在上级政府的指导和帮助下,以富民为出发点和落脚点,建设了一批兴边富民的示范村,取得了明显成效,得到了老百姓的拥护。虽然广西壮族自治区经济社会发展落后于不少沿海地区和非边境省份,但战略地位显著、地域优势明显、发展潜力巨大,既是西部大开发的重镇,又是我国面向东盟合作共赢的“桥头堡”,更是“兴边富民”行动的重点地区之一。据了解,10 多年来,广西共整合近 38 亿元资金,改善边境地区基础设施和公共设施,240 多万名边民从中受益。先后开展边境地区 0 ~ 3 公里和 3 ~ 20 公里“兴边富民”基础设施建设,项目涉及交通、教育、村委会建设、广播电视、邮政、人畜饮水、口岸建设、边民居点建设、产业开发、农民生产技术培训、扶持边境县、扶贫龙头企业等。具体到那坡县,自国家实施“兴边富民”行动以来,在上级专项资金的支持下,对边境一线的边民进行了异地安置,并实施了水、电、路建设工程,逐步改善了部分边境一线群众的生产生活条件。但是,边境地区发展缓慢问题在很长一段时间内仍然存在。

第一,"兴边富民"虽然是一项国家战略决策,却是由国家民族事务委员会牵头的,其本身的资源调动能力有限,需要发改委、财政部、交通部、教育部等多个部门共同参与,协调难度大、成本高。由于每个部门"各司其职","兴边富民"行动在各个边境地区的资金和项目投入并不均衡,重点也不突出。既没有全面的统筹和统一的规划,也缺乏科学的评估和严密的监管。这既不利于调动各个边境县的积极性,也容易在边境地区的发展中造成新的不平衡、不协调。

第二,投入不足。与"西部大开发""中部崛起""东北振兴"等战略决策相比,"兴边富民"的专项资金投入比较有限。从 2000 年到 2010 年,中央财政仅安排兴边富民补助资金 22.1 亿元,年均近 2 亿元,平均到每个边境县只有 100 万元左右,平均到每公里的边境只有 10 万元左右。且这些资金层层下拨,审批时间长,审批手续复杂,不能充分满足基层的现实需求。

第三,边境地区所在的县基本上都是贫困县,本身的财力十分有限,对推进"兴边富民"是"心有余而力不足"。比如,那坡县的财政收入主要靠农业收入以及部分服务业收入,工业起点低、招商引资的项目和资金不多。本级财政还要靠国家转移支付,基本上无力提供各项配套资金。因此,边境乡、村的发展受到种种约束,经济发展步伐不快,民生改善有限。

第四,对边境地区的对口帮扶支援力度不平衡。根据"兴边富民"行动计划,国家鼓励经济较发达的省、直辖市、大中城市、国有大中型企业支援边境地区加快发展;鼓励、引导、争取各类私营企业、社会团体及个人向边境地区援助、捐助资金;支持教科文卫机构对口帮扶边境地区发展。但具体落实到每个县,有关地区、部门和企业的帮扶力度各不相同,有的多一些,有的少一些,且缺乏鼓励考核机制,没有硬性约束,主要靠道德自律和社会责任。那坡县比较幸运,得到了中国南车集团的鼎力支持,南车集团不仅派人挂职,而且提供资金和项目援助,帮助该县发展经济、改善民生。但客观地讲,这些援助与边境地区的实际需求相比,仍有较大差距。

第五,有的扶贫方式、富民途径没有做到以人为本、因地制宜,没有与群众的切身需求紧密结合。如那坡县部分边民不适应异地安置的新环境,有的老人觉得故土难离,有的壮劳力为了方便照料田地,又搬回原来的住地继续生活,生活境况堪忧,也加大了扶贫难度。

四、那坡县边境发展的新动力、新气象

据统计,2008 年以前,那坡县距边境 0 ~ 3 公里以内的贫困人口人均耕地面积为 0.21 亩,年人均纯收入仅有 254 元,有 3971 户 20,416 人饮水困难未得到解决,4366 户居住在低矮潮湿的茅草危房。边境 3 ~ 20 公里范围内的人均耕地仅有 0.35 亩,贫困人口年人均纯收入为 427 元,有 29,040 人未解决安全饮水问题,有 4441 户仍居住茅草危房。边境一线绝大部分农户人均有粮仅为 106 公斤,平均每年缺粮 2 个月以上。有 33 个自然屯未解决用电问题,160 多个自然屯未通电话,5991 户未通广播电视,68 个校舍需要维修、扩建和完善教学设施。那坡县百省乡那布村水弄屯,被称作“水弄苗寨”,位于海拔 1100 米以上的高山上,与越南仅一山之隔。由于环境恶劣,屯里的 87 名苗族群众以前过着刀耕火种的生活,2007 年人均年收入只有 160 元。电、道路、自来水、广播电视、电话一概不通。曾在当地广泛流传着“一年不到半年粮,住的木撑茅危房”,“人到穷时愁断肠,红薯洋芋当主粮”的顺口溜。2008 年 11 月 7 日,胡锦涛总书记在新华社内参上对那坡县边境一线群众的生产生活状况做出重要批示,要求各级党委政府切实解决好边民的行路难、用电难、饮水难等问题,给那坡县经济社会发展带来了深刻的变化。广西壮族自治区以此为契机启动了“兴边富民”战略,开展了边境地区基础设施建设大会战。尤其是 2010 年 7 月 27 日,广西壮族自治区党委、自治区人民政府联合下发了《关于进一步改善广西边境群众生产生活条件,加快边境地区发展的意见》,提出了在交通设施、能源通讯、安全饮水、住房建设、耕作用地、医疗卫生、教育事业、文化建设、口岸建设、产业开发等 10 个方面加快边境地区发展的具体目标和工作任务。两年多来，上级各级党委政府给予那坡县特殊的倾斜和照顾，先后投入1.78亿元对边境0～3公里、3～20公里地区，实施了道路交通、人畜饮水、茅草房及危房改造、通电、沼气池、土地整理、卫生、口岸、教育、广播电视等10大类8801个项目的基础设施大会战。将边境0～3公里内的边民纳入最低生活保障金和粮食补助范围。边境地区群众的生产生活状况得到了极大改善，温饱问题得到了解决。在与边境地区群众交流时我了解到，现在他们的最低生活保障标准达到每年1554元，比广西平均水平高了30%，每人每月还可以领到25斤的粮食补助。没有电视机的特困农户，政府赠送一台电视机和一套直播卫星接受设备。植树造林的边民，由国家免费供应树苗，且每亩补助300元造林费。建设沼气池的，在自治区补助标准的基础上提高50%给予补助。边境地区的人民群众感受到了社会主义制度的优越性，发自内心地感谢共产党，由衷地感慨没有共产党就没有幸福安康的生活。在这场大会战中，那坡县各级干部也受到了洗礼，涌现出了一大批典型人物和感人事迹。

五、深入总结那坡县发展边境地区的好经验、好做法

那坡县作为边境县，身兼发展与守边的双重任务。尽管那坡县开展的“强基兴边”行动与上级政府的希望和边境居民的要求相比，还存在一定的差距，但那坡县在中越边境地区发展中探索出的道路，总结出的经验，对全国边境地区具有一定的参考价值。

第一，充分发挥边境地区基层党组织的堡垒作用和基层党员的先锋作用。加强党的执政能力建设，是党中央的一项战略决策，其中一项重要内容就是夯实基层党组织，充分发挥基层党员的模范带头作用。抓好基层党组织建设，把中央的精神、地方党委的决定直接贯彻到基层，直接同各族人民和各行各业群众紧密联系。这是中国共产党有别于其他国家各类政党的一大特色，也是我党的一大政治优势。在那坡县锻炼期间，我对此深有感触。

比如,2009 年以前在那坡县全县边境 0 ~ 3 公里的 26 个行政村 273 个自然屯中,有 35 个屯是“党员空白屯”。819 名党员中,初中及初中以下文化的党员占 81.3%。经过一年多的“强基兴边”行动,消除了“党员空白屯”,党组织无缝覆盖整个边境地区。如在海拔 1000 多米,与越南仅一山之隔,居住着 9 个屯 567 名苗族同胞的苗族村寨,成立了“那布片区边境特少数民族联合党支部”,新发展党员 6 名,培养了 13 名入党积极分子。加强基层党建、重视党员作用,不仅有利于培养一批致富带头人,带动群众实现共同富裕,而且在边境地区具有特殊的意义。通过基层党组织发挥凝聚人心、振奋精神的作用,及时传达党中央和各级党委的政策精神;通过基层党员发挥模范带头作用,边境地区的经济得到了发展,社会得到了稳定,人心更加齐整,边疆更加牢固。一个党支部,就是一座永久的哨所;一名党员,就是边疆一面飘扬的旗帜。

第二,发展边境地区既要靠“输血”也要靠“造血”。边疆少数民族地区的发展,从总体上看需要两个方面共同努力:一方面,需要国家和发达地区给予大力的支持和帮助;另一方面,还需要广大边境地区的各族人民团结奋斗,发扬自力更生,艰苦奋斗的精神,努力建设好自己的家园。那坡县在发展边境地区的过程中,充分利用上级政府提供的资金,通过扶贫、援建等项目,完成水、电、路等基础设施改造,提高边民的最低生活保障标准和社会保障水平。乡镇和有关部门加大资金扶持和技术指导力度,帮助各村通过发展集体经济,培育支柱产业,破解边境经济发展“瓶颈”,使边境一线每个村都有一个集体经济项目,每个村屯都有一个产业,家家户户都有一条致富门路,促进“一屯一品或者一屯多品”产业格局的形成,使边民增收,生活改善。同时,充分利用中国国内和东盟“两个市场,两种资源”,动员边民参与互市贸易,用好用足边贸优惠政策,加快边境贸易的发展。目前,边境产业发展已有一定规模,边民收入有了持续稳定的来源。从那坡县的经验中,我们可以得出这样一个结论,即在实施“兴边富民”的过程中,既要强调国家、部门和地区，以及社会各界对边境地区的支持，同时也强调进一步发挥边境地区各族人民的主动性、创造性，共同建设好国家的陆地边境地区，共同守护好祖国的万里边疆。

第三，将边境地区的开发与贯彻落实党的民族和宗教政策、促进各个民族团结、尊重宗教信仰自由充分结合起来，避免宗教问题和民族问题影响边境地区的发展稳定。同时积极创新社会管理，做好防间反谍工作，维护国家安全和边防稳定。那坡县高度重视边境地区的民族问题、宗教问题和安全保密问题。在边境一线党支部中开展“军警民联谊，奉献边关”主题实践活动，通过共上一堂党课，共过一个党日、共守一段边境线、共保一方平安，进一步增强党员干部群众的国家意识、国民意识、国门意识和国防意识，在边境一线筑起一道防宗教渗透和扩张、防极端民族主义搞分裂活动、防境外敌对势力渗透和破坏、防间反谍、防重大疫情流入、防纠纷恶化等“六防”的铜墙铁壁。

第四，充分调动各方面的积极性，实现“上下左右联动”。“兴边富民”是一个长期性的行动计划，需要极大的耐心和持之以恒的工作，才能取得实效。为了改变易出现的“上热下冷”、“下热上冷”、“上下热中间冷”或“工作时冷时热”的被动局面，那坡县实施“上下左右联动”，调动各方面的积极性，推进强基兴边行动真正取得实效。所谓“上下左右联动”，就是县领导、部门、乡镇、驻地军警、村、屯、户包括当地退休干部等联动，齐抓共管。根据各自部门职能特点，围绕各自工作任务，切实加强对强基兴边行动的组织领导和具体实施，全面推进边境一线各项事业发展。县委定期召开专题会议，及时研究强基兴边中的新情况新问题，统筹规划、组织协调，制定有针对性的政策。县四家领导班子党员领导与26个边境行政村27个党支部挂点联系，开展结对帮扶。此外，加强边防乡（镇）领导班子建设，为“强基兴边”行动工作提供了强有力的组织保障和人力支持。抽调162人组成26个工作组进村驻点，充分发挥党组织优势，以党员服务、生产服务、文化服务、卫生服务、法律服务、政务服务为主要内容,开展帮政策、帮技术、帮项目、帮资金、帮思路、帮规划的“六帮”活动,并要求驻村工作队员要认真履行职责,不完成任务不收队。

六、深化“兴边富民”,做到“强边保民”“睦边安民”

在那坡县锻炼期间,我深刻地认识到,边境地区要实现跨越发展,不仅需要进一步深化和拓展“兴边富民”,还要努力做到“强边保民”“睦边安民”。

(一)对深化“兴边富民”的几点建议

实施“兴边富民”行动的10年尤其是最近的2年,是那坡县的中越边境地区发展较快、变化较大、群众得到实惠较多的时期。但从长远看,那坡县10年来的“兴边富民”行动,虽然基本上解决了基础设施建设和边民温饱问题,但还有拓展空间,还有一些深层次问题迫切需要解决。

1. 目前边境地区仍然以农业、种植业、养殖业等为主,大多数边民虽然已经吃饱肚子,但腰包还没有真正鼓起来。政府对那些基础较好、有提升空间和发展潜力的产业,如八角、玉桂、食用菌等,应加强指导、扶持和政策倾斜,使之实现产业升级,进行产品深加工,提高产品附加值。如那坡县盛产八角,所产八角色泽好、香味浓、无污染、品质优。现有八角林种植面积30多万亩,其中超过1/3已进入盛产期,年产八角10万吨以上。那坡县2004年就被国家林业局授予“中国八角之乡”荣誉称号。八角炼制出来的茴香油是食品、化妆、医药行业的原料。茴香油还是法国香水的一种重要成分,如进一步深加工成八角茴香香精,其价格更高,但目前边民只能卖八角和茴香油,收益有限。如能引进投资,就地建立加工厂、提炼厂,同时拓宽贸易通道,发展前景会十分广阔。再如,百南乡的食用菌基地已经形成规模,作为绿色食品很受欢迎。但目前只是简单包装后卖给县城的饭店,收益并不高。对有条件的种植户,政府应支持他们购买清洗、包装等机器设备,增加产品的种类和水平，拓宽销售渠道。若有更多的特色产品走出边境地区，走向全国乃至全世界，就能在进一步提高边民收入、就近解决就业问题的同时，持续提升边境地区的经济发展水平。

2. 边境地区的旅游业资源可以进一步挖掘。那坡县有光荣的革命传统、丰富的人文遗迹、秀美的山川河流以及独特的民族风情，旅游业开发的潜力巨大，且已有较好基础。比如，黑衣壮景区、老虎跳跨国漂流等都已形成规模，吸引了一些游客。近日中央电视台热播的纪录片《边疆行》，对那坡县的特色旅游也有过报道。发展边境地区旅游业，还要把边境特色充分挖掘和体现出来。比如，那坡县曾经是中越自卫反击战的前线，至今仍然保留着当年部队团部的旧址，城郊还有烈士陵园。平孟镇是边境镇，保留了清末修建的弄平古炮台，还有一定规模的中越边民互市点，很有边境特色。如果把那坡县的边境特色与民族风情（黑衣壮）、人文景点（感驮岩）、自然风景（老虎跳）结合起来，打造“四位一体”的旅游线路，在高速公路通车后，就可以吸引较多的外来游客，增加本地的旅游业收入，同时带动边境地区餐饮、住宿、纪念品等第三产业的发展。调研中我也发现，目前发展边境旅游最大的困难，是与越方的谈判协商，虽然已经多次签署备忘录，但越方对开发跨国漂流项目、进一步扩大口岸建设等缺乏热情，推进速度很慢。这既需要那坡县与越南方面继续耐心沟通，更需要广西壮族自治区从全区层面统筹考虑，通过业已建立的广西壮族自治区与越南高平、谅山、广宁、河江四省联合工作委员会定期会晤机制，逐步解决边境地区合作开发中存在的问题，推动有关项目的进度。

3. 结合边境地区的优势，有重点、分步骤地发展相关产业，化劣势为优势，真正做到兴边富民。如平孟口岸已经列入国家一级口岸计划，成为东盟自由贸易区的重要前沿。平孟镇在现有对越贸易的基础上，可进一步拓展贸易范围、提升贸易层次，做到互利双赢。打消越方疑虑，增加矿石等原材料的进口，引进投资，就地进行深加工。再如，百南乡与越南富平省一水相连,开展跨国漂流旅游项目的基础较好,目前已经完成一期的建设,正在积极开展二期建设。在与越方达成的协议和共识的基础上,应继续跟进,适当时候可请自治区旅游部门和国家旅游部门从政策层面予以指导和支持,促进越方尽快批准跨国漂流项目,加快百南乡经济社会发展。

4.边境地区的特殊政策照顾和资金项目扶持,要从0~3公里、3~20公里的边境乡(镇)、村向边境县20公里以外的其他乡镇延伸。一方面,避免造成边境县内部的发展不平衡。调研中发现,那坡县有的村屯,如城厢镇和平村弄烈屯,虽然离边境较远,但地处山谷之中,交通不便,村民生活条件较差。很多边境地区村屯才有的特殊政策,这里享受不到。另一方面,边境地区的发展应以县为基本单位,因为县作为最重要的一级基层政权,承担着边境地区发展稳定的双重任务,只有把边境县整体发展好了,整个边境地区才具有实现民族团结、边防巩固这一目标的基础条件。

(二)对"强边保民""睦边安民"的几点建议

边境地区要实现跨越发展、长治久安,除了"兴边富民",即振兴边境、富裕边民外,还要努力加强教育、巩固边防、改善民生、创新管理,做到"强边保民""睦边安民"。

1.要加强国防教育、法治教育,提高边境干部群众维护国家安全的自觉性和警惕性,提升边境地区的安全度。调研中,很多基层干部认为,与越南相比,我国边境地区干部群众的保密意识和守土护边意识还不够强。不仅如此,一部分边民对一些明知是非法入境的越南边民持"不报、不闻、不问"的态度,对其身份和入境目的不敏感。甚至还有少数人为非法入境的越南边民在我国非法居留提供帮助、便利,这就给非法入境的越南边民提供了生存空间,也有可能为其中的某些人在我国境内实施犯罪培育了"温床"。我国对越南边民入境很少做出限制,基本上是自由出入,而越南则对我国边民入境盘查严格,甚至在边民互市、交通路口设卡严查。因此,有必要经常性地在边境地区开展国防教育和法治教育,增强干部群众的国家意识、国民意识、国门意识和国防意识，牢固树立“守土有责”的主人翁意识。边民虽然不拿“军饷”，却是一支不可忽视的“边防军”，在边防线上，每一户家庭都应是一个“忠实的岗哨”，每一个边民都应是一个“流动的哨兵”。

2. 要高度重视边境乡镇的基层政权建设和村“两委”班子建设，夯实边境地区长治久安的基础。应重视发挥边境地区基层党支部和党员的作用，进一步提高边境地区大学生村官（驻村工作）、乡镇边境助理（巡视界碑）、武装民兵（守卫关隘）的待遇，及时整修边防哨所，改善边防官兵的工作生活条件。继续搞好军民共建，充分调动边境地区各方面的积极性和主动性，把发展与守边有机结合起来。在边境地区经济社会快速发展、人民生活水平明显提高的同时，做到民族团结、社会稳定、边防稳固。进一步研究如何提高干部考评机制的科学化水平，把支持边境地区发展、带动边民致富、维护边境稳定作为干部考核提拔的重要指标和依据。在总结经验的基础上，以本年度的村委会换届选举为契机，加强村“两委”建设，发展政治坚定、群众拥护的致富带头人入党、鼓励致富带头人担任村干部，进一步发挥党员致富带头人的作用，带动全村实现共同富裕。同时，认真落实村民自治、维护民族团结，努力创建边境民族团结进步示范村和爱民固边模范村。

3. 要理顺条块关系，解决目前边境地区乡镇基层政权行政管理权力弱化、与处理日常大量工作需要不相适应的难题。在我国行政体制中，边防派出所、国土、畜牧等“七站八所”，属于条条管理，虽然都在同一个院里办公，但人权、财权都不属于乡镇，乡镇党委政府无权管理。这种条块分割的管理体制容易造成职能分割和多头管理，浪费人力物力，容易助推“各自为政”，造成管理体制运行不畅。为实现强边兴边，强化处于边境地区第一线的乡镇基层政权，有必要加快研究创新管理体制，理顺条块关系。

4. 要使边境地区的发展思路符合接壤国家的实际。接壤国家的经济发展水平、对华关系、政局稳定等因素直接影响我国边境开发的力度。从全国层面应当结合对外关系、国防需求等各种因素，统筹考虑中越、中缅、中印、中俄、中朝等边境地区市县乡镇的发展方向,并纳入主体功能区规划之中。

5. 要及时向边境地区传达国家的外交政策,分析近期的外交形势,做到"外松内紧",安定民心,在边境地区营造睦邻友好的氛围,使边境地区广大群众安心生产和生活。我们应当通过宣讲、培训、广播等多种形式,及时传达中越关系的最新进展和国家的基本立场,让边境地区真正成为贯彻落实国家外交政策、国防政策的最前线。

6. 创新社会管理,扩大群众工作的覆盖面和认受度。为了增加边民收入、改善边民生活条件,有必要有序引导劳动力向百色市、南宁市和沿海发达地区转移,并做好农民工的培训和服务工作。在那坡籍农民工较为集中的地区,建立流动党支部。在外出务工人员和家乡亲友之间搭建起一座桥梁,用真心关爱农民工,维护他们的权益,解决他们的后顾之忧。同时,发挥工青妇等群团组织的作用,做好留守老人和留守儿童工作,在解决外出务工人员的后顾之忧的同时,稳定边境村庄的社会秩序。

总之,只要按照党中央部署,进一步深化和拓展国务院"兴边富民"行动,通过强化政府组织领导,广泛动员全社会参与,加大对边境地区的投入和对广大边民的帮扶,进一步改善边境地区的民生,创新边境地区的社会管理,边境地区就能加快发展,边民就能尽早脱贫致富。在发展中朝着富民、兴边、睦邻、强国的目标努力,不仅可以推动地区平等与协调发展,而且有利于实现国家的长治久安。

参考文献

(一)中文著作

1. 薄贵利:《集权分权与国家兴衰》,经济科学出版社 2001 年版。

2. 曹祥瑞:《新日本地方自治制度研究》,中国法制出版社 2005 年版。

3. 楚双志:《晚清中央与地方关系演变史纲》,中共中央党校出版社 2006 年版。

4. 董辅礽:《集权与分权——中央与地方关系的构建》,经济科学出版社 1996 年版。

5. 董礼胜:《欧盟成员国中央与地方关系比较研究》,中国政法大学出版社 2000 年版。

6. 封丽霞:《中央与地方立法关系法治化研究》,北京大学出版社 2008 年版。

7. 傅勇:《中国式分权与地方政府行为:探索转变发展模式的制度性框架》,复旦大学出版社 2010 年版。

8. 高韫芳:《当代中国中央与民族自治地方政府关系研究》,人民出版社 2009 年版。

9. 郭殊：《中央与地方关系的司法调控研究》，北京师范大学出版社 2010 年版。

10. 韩大元、郑贤君、林来梵：《宪法学专题研究》，中国人民大学出版社 2008 年版。

11. 郝铁川：《秩序与渐进——中国社会主义初级阶段依法治国研究报告》，法律出版社 2004 年版。

12. 何渊：《区域性行政协议研究》，法律出版社 2010 年版。

13. 胡康大：《欧盟主要国家中央与地方的关系》，中国社会科学出版社 2000 年版。

14. 胡书东：《经济发展中的中央与地方关系——中国财政制度变迁研究》，上海三联书店、上海人民出版社 2006 年版。

15. 胡伟：《政府过程》，浙江人民出版社 1998 年版。

16. 黄玉生等编著：《西藏地方与中央政府关系史》，西藏人民出版社 1995 年版。

17. 黄子毅主编：《中央和地方职权划分的法律问题》，中共中央党校出版社 1998 年版。

18. 季卫东：《法治秩序的建构》，中国政法大学出版社 1999 年版。

19. 金太军、赵晖等：《中央与地方政府关系建构与调谐》，广东人民出版社 2005 年版。

20. 李治安：《唐宋元明清中央与地方关系研究》，南开大学出版社 1996 年版。

21. 李治安主编：《中国五千年中央与地方关系》，人民出版社 2010 年版。

22. 林来梵：《从宪法规范到规范宪法——规范宪法学的一种前言》，法律出版社 2001 年版。

23. 林来梵主编：《宪法审查的原理与技术》，法律出版社 2009 年版。

24. 林尚立:《国内政府间关系》,浙江人民出版社 1998 年版。

25. 刘海波:《政体初论》,北京大学出版社 2005 年版。

26. 刘剑文等:《中央与地方财政分权法律问题研究》,人民出版社 2009 年版。

27. 刘伟:《晚清督抚政治——中央与地方关系研究》,湖北教育出版社 2003 年版。

28. 石泰峰等:《走出沼泽地——关于法治的思考》,中共中央党校出版社 1998 年版。

29. 宋小庄:《论"一国两制"下中央和香港特区的关系》,中国人民大学出版社 2003 年版。

30. 苏力:《道路通向城市:转型中国的法治》,法律出版社 2004 年版。

31. 田芳:《地方自治法律制度研究》,法律出版社 2008 年版。

32. 童之伟:《法权与宪政》,山东人民出版社 2001 年版。

33. 童之伟:《国家结构形式论》,武汉大学出版社 1997 年版。

34. 王建学:《作为基本权利的地方自治》,厦门大学出版社 2010 年版。

35. 王丽萍:《联邦制与世界秩序》,北京大学出版社 2000 年版。

36. 王绍光:《分权的底线》,中国计划出版社 1997 年版。

37. 王绍光、胡鞍钢:《中国:不平衡发展的政治经济学》,中国计划出版社 1999 年版。

38. 王振民:《中央与特别行政区关系:一种法治结构的解析》,清华大学出版社 2002 年版。

39. 文政:《中央与地方事权划分》,中国经济出版社 2008 年版。

40. 辛向阳:《大国诸侯:中国中央与地方关系之结》,中国社会出版社 2010 年版。

41. 辛向阳:《百年博弈:中国中央与地方关系 100 年》,山东人民出版社 2000 年版。

42. 熊文钊:《大国地方:中国中央与地方关系宪政研究》,北京大学出版社 2005 年版。

43. 杨宏山:《府际关系论》,中国社会科学出版社 2005 年版。

44. 杨小云:《新中国中央与地方关系沿革》,世界知识出版社 2011 年版。

45. 叶必丰、何渊主编:《区域合作协议汇编》,法律出版社 2011 年版。

46. 叶必丰、何渊、李煜兴、徐健:《行政协议——区域政府间合作机制研究》,法律出版社 2010 年版。

47. 张千帆:《美国联邦宪法》,法律出版社 2011 年版。

48. 张千帆:《权利平等与地方差异》,中国民主法制出版社 2011 年版。

49. 张文山等:《自治权理论与自治条例研究》,法律出版社 2005 年版。

50. 郑贤君:《地方制度论》,首都师范大学出版社 2000 年版。

51. 中国(海南)改革发展研究院编:《中国公共服务体制:中央与地方》,中国经济出版社 2006 年版。

52. 朱光磊:《当代中国政府过程》,天津人民出版社 2008 年版。

53. 朱红琼:《中央与地方财政关系及其变迁史》,经济科学出版社 2008 年版。

(二)中文论文

1. 傅成双:《试析加拿大地方主义经久不衰的机制性原因》,载《国际论坛》2002 年第 4 期。

2. 郝铁川:《论良性违宪》,载《法学研究》1996 年第 4 期。

3. 胡玉鸿:《关于"利益衡量"的几个法理问题》,载《现代法学》2001 年第 4 期。

4. 梁上上:《利益的层次结构与利益衡量的展开——兼评加藤一郎的利益衡量论》,载《法学研究》2002 年第 1 期。

5. 梁上上:《利益衡量的界碑》,载《政法论坛》2006 年第 5 期。

6. 刘海波:《中央与地方政府间关系的司法调节》,载《法学研究》2004 年第 5 期。

7. 强世功:《联邦主权与州主权的迷思》,载《中国法学》2006 年第 4 期。

8. 苏力:《当代中国的中央与地方分权——重读毛泽东〈论十大关系〉第五节》,载《中国社会科学》2004 年第 2 期。

9. 童之伟:《单一制、联邦制的理论评价与实践选择》,载《法学研究》1996 年第 3 期。

10. 王玉明:《转型时期中央与地方关系论纲》,载《南京社会科学》1999 年第 7 期。

11. 熊文钊:《行政区划——国家结构和体制的基本问题》,载《宪政的理想与现实》,中国人事出版社 1995 年版。

12. 许安标:《关于中央与地方立法权限的划分》,载《中国法学》1996 年第 1 期。

13. 杨利敏:《关于联邦制分权结构的比较研究》,载《北大法律评论》2002 年(第 5 卷)第 1 辑。

14. 杨小云:《论新中国建立以来中国共产党处理中央与地方关系的历史经验》,载《政治学研究》2001 年第 2 期。

15. 杨小云:《论我国中央与地方关系的改革》,载《政治学研究》1997 年第 3 期。

16. 张千帆:《主权与分权——中央与地方关系的基本理论》,载《国家检察官学院学报》2011 年第 2 期。

17. 张千帆:《宪法变通与地方试验》,载《法学研究》2007 年第 1 期。

18. 张千帆:《流浪乞讨与管制——从贫困救助看中央与地方权限的界定》,载《法学研究》2004 年第 3 期。

19. 张千帆:《美国联邦政府对州际贸易的调控》,载《南京大学学报》

2001 年第 2 期。

20. 周永坤：《权力结构模式与宪政》，载《中国法学》2005 年第 6 期。

（三）博士论文

1. 陈建平：《湖南省宪研究》，西南政法大学 2009 年博士学位论文。

2. 陈正华：《中央与地方分权的法律经济学研究》，中央民族大学 2007 年博士学位论文。

3. 刘志欣：《中央与地方行政权力配置研究》，华东政法大学 2009 年博士学位论文。

4. 任广浩：《当代中国国家权力纵向配置问题研究》，河北师范大学 2009 年博士学位论文。

5. 容志：《政策变迁中的中央与地方博弈——以中国土地调控政策为例（1978—2007）》，复旦大学 2009 年博士学位论文。

6. 石磊：《中国转型中的财政分权与公共品供给激励》，复旦大学 2009 年博士学位论文。

7. 王宇：《我国中央与地方间财政关系变迁研究——一个基于集权与分权矛盾的分析》，西北大学 2003 年博士学位论文。

8. 文政：《基于中央与地方政府间关系的财政支出事权划分模式研究》，重庆大学 2009 年博士学位论文。

9. 杨梅：《晚清中央与地方财政关系研究》，中国政法大学 2008 年博士学位论文。

10. 杨山鸽：《后福利国家背景下的中央与地方关系》，复旦大学 2007 年博士学位论文。

11. 杨伟红：《分散与重构：中央与地方关系的制度化研究》，复旦大学 2007 年博士学位论文。

12. 杨樱：《我国区域发展模式的比较与评价研究》，中国科技大学 2008

年博士学位论文。

13. 殷洁:《区域经济法论纲》,华东政法大学 2009 年博士学位论文。

14. 张海廷:《20 世纪末英国地方分权改革研究——英国具有联邦色彩的单一制实践》,北京大学 2002 年博士学位论文。

15. 张元军:《政府间税收竞争问题研究》,东北财经大学 2008 年博士学位论文。

16. 赵伟:《中国特色国家结构形式研究》,吉林大学 2009 年博士学位论文。

(四)国外译著

1. [德]马克斯·韦伯:《论经济与社会中的法律》,[英]埃德华·希尔斯、[英]马克斯·莱因斯坦英、张乃根译,中国大百科全书出版社 1998 年版。

2. [法]孟德斯鸠:《罗马盛衰原因论》,婉玲译,商务印书馆 1997 年版。

3. [法]让·玛丽·蓬蒂埃:《集权或分权:法国的选择与地方分权改革》,朱国斌编译,载《中国行政管理》1994 年第 5 期。

4. [法]若埃尔·伯努瓦、德·奥诺里奥:《加拿大和魁北克之间的宪法争端》,辜勤华译,载《外国法译丛》1985 年第 4 期。

5. [法]托克维尔:《论美国的民主》(上、下),董果良译,商务印书馆 1988 年版。

6. [美]保罗·肯尼迪:《大国的兴衰》,蒋葆英等译,世界知识出版社 1990 年版。

7. [美]亚历山大·汉密尔顿、[美]约翰·杰伊、[美]詹姆斯·麦迪逊:《联邦论》,尹宣译,译林出版社 2010 年版。

8. [英]惠尔:《联邦政府》,傅曾仁等译,商务印书馆(香港)公司 1991 年版。

9. [英]维尔:《宪政与分权》,苏力译,三联书店 1997 年版。

(五)外文文献

1. IvoD. Duchacek, *Comparative Federalism*: *The Territorial dimension of Politics*, Lanham, Md. University Press of America 1987.

2. Jae Ho Chung, "Studies of Central – provincial relations in the PRC: a mid – term appraisal", *the China Quarterly*, 1995.

3. Maddick, H, Democracy, *Decentralization and Development*, New York, Asia Publishing House, 1963.

4. Roderick M. Hills, Jr., "The Political Economy of Cooperative Federalism: Why State Autonomy make sense and 'Dual Sovereignty' doesn't", 96 *Mich. L. Rev*. 813, 1998.

后　记

水木清华可能是我这辈子驻足徜徉（或“赖着不走”）时间最长的校园了。论文没有写完，盼着早点写完；答辩没有开始，盼着早点答辩。但等到毕业钟声快要响起，心底却对校园和课堂充满了留恋。因为读了二十多年的书，无论身在何方、身处何位，骨子里还是觉得自己是个读书人，还保有一点理想主义的情结，对“自由之精神、独立之思想”的大学校园始终念兹在兹。曾担任阿根廷国立图书馆馆长的博尔赫斯说，如果有天堂，天堂应该是图书馆的模样。借用一下大师的话，我想说，如果有天堂，天堂就应该是大学校园的模样。

从七岁入小学启蒙到三十二岁博士论文答辩，二十五年间大多数的人生岁月，不是在读书，就是在为了读书而考试。从朝阳小学、建湖中学，到华东政法、中国政法，再到香港大学、清华大学，辗转四地求学；从中考、高考、考研、考博，到雅思、托福，再到公考、司考，身经百场考试。回想起来，不觉心酸——人生竟然是可以用考试来刻度和标尺的。我天生是个不爱考试的人，因为不喜欢把有限的时间用来记忆有限的知识，更愿意自由地探索、自在地发挥。因为每次考试特别是大考之前，总有一段被憋得喘不过气来的时光——考试永远是一场考生与考官之间信息不对称、力量不对等的战争,明知必输无疑,却不得不勉力前行。为了能够读自己喜欢的书,却不得不去读自己不喜欢的书、准备自己不喜欢的考试——宿命也好,悖论也罢,这是绝大多数中国学生不得不面对的现实。所以,2010 年 3 月 13 日,我坐在六教考场里,在奋笔疾书宪法学论述题"论全国人大常委会之宪法监督"的空隙,突然脑子短路,看着窗外飞舞的雪花发起了呆——我想起了过去二十几年考过的那些试,以及一起同过窗、考过试的那些人,并默默对自己说:这次要是考不上,明年就不考了;书就算读到头了,这辈子再也不考试了。感谢导师王振民教授,一个月后,他不仅圆了我读博的梦想,同时也成为我此生考试生涯的"终结者"和"拯救者"。

作为 1982 年宪法的同龄人,有幸成为宪法学专业的博士生,并与宪法一同身处这个泱泱大国波澜壮阔的改革进程。虽是一介书生、不谙世事,但也或远或近、或深或浅,亲眼目睹或亲身经历了价格闯关、国企改制、港澳回归、高考扩招、中国"入世"、SARS 危机、金融危机、打"虎"灭"蝇"、法治勃兴等"大事"——你我都深深镶嵌在这个世界中,无论是一字千金的宪法文本,还是大时代下的小人物,都不可避免地会与国家的发展、社会的脉动杂糅相间,挣脱不了。跟随王振民老师研读几年宪法后,我更加深刻地感受到,宪法作为国家的底线和全民的共识,既是治国安邦的总章程,也是人民命运的晴雨书。如果说,现行宪法于 1988 年、1993 年、1999 年、2004 年、2018 年的五次修改,是宪法应对纷繁复杂的中国国情和快速变化的社会现实,对改革开放这一国家"大考"交出的答卷。那么,于小小的我而言,这些年除了应付那些书面的考试,不也是人在旅途、摸摸索索、爬沟过坎,努力向人生的一次次考试交出自认为满意的答卷吗?

所以,"考试"就是人生的宿命,如影随形。面对一场接一场的"考试",不得不逼着自己快快长大、成熟,然后老成、持重甚至圆滑、世故。但内心深处总有一个声音在提醒自己:不要走得太快了,总得要让灵魂跟上你的脚步。所以,夜深人静时,我有时也会扪心自问:究竟是现实在支撑你的梦想,还是应该用你的梦想去引领现实?你所期待的究竟是什么?仅仅是丰厚的薪水,轻松的工作,小康的生活,美满的家庭吗?难道除此之外,你不希望这个社会更加公正一些,这个国家更加和谐一些,这个世界更加文明一些吗?

说起这些“高大上”的梦想是不是有点可笑?或许是吧。但是,匆匆与生活讲和,岂不负了少年?我们或许只是体制内一个无足轻重的“螺丝钉”,社会上一个行色匆匆的上班族,有时,也会感到无助,也会彷徨犹豫;但我们还有梦想,我们不是还在期待诚实、自由、平等、尊严这些美好的东西吗?这或许就是读书的价值,也是清华这几年教给我的——人应该有更加远大的志向、更加长远的眼光、更加高尚的追求——不忘初心,方得始终;知行合一,行胜于言。

“板凳坐得十年冷,文章不著一字空”,这是不少师长所叮嘱的,虽未能至,心向往之。感谢法律出版社的肯定和支持,特别是王政君、袁方、易明群、高山、邓颖君等编辑的热情鼓励和精心指点,让我在博士毕业五年多以后有机会静下心来,重读并修订博士论文。撰写博士论文之时,恰逢孩子出生、工作吃劲的那段时光,真可谓“兵荒马乱”“焦头烂额”,“痛并快乐着”——有的写于出差路上,有的写于午间工休,还有的写于老婆孩子熟睡后的深夜,字里行间有时还能依稀听到汽车的鸣笛、办公的电话、美妙的鼾声。博士毕业后的这几年,幸逢改革高歌猛进、法治日益彰显的时期,身处特殊岗位,有幸亲眼目睹、亲身经历诸多关键时刻,在丰富阅历和淬炼自我的同时,也对当年读过的书籍、信过的学说、写过的文章做了些理性的反思。

特别是近几年,从京津冀协调发展、粤港澳大湾区建设、长江经济带建设、长三角区域一体化,到“老少边穷”地区脱贫攻坚,再到自由贸易区、自由贸易港推动先行先试形成可复制可推广的经验,最高层推动国家区域协调发展的谋划高屋建瓴、举措务实高效,对央地关系、地区平等产生了深刻影响。同时,也为我修订博士论文提供了丰富的材料和鲜活的实例。特别是在2019年年底、2020年年初,我国遭遇新冠肺炎疫情。各省(自治区、直辖市)同舟共济、共克时艰,心手相连、守望相助,奋力驰援疫情最严重的湖北省武汉市。这充分体现了中国共产党领导和中国特色社会主义制度的优越性。同时也让我深刻体会到,推动地区平等,促进区域平衡,形成有向心力、凝聚力,又富有活力的央地关系,对于中国这样一个大国的繁荣稳定、长治久安至关重要。当然,限于个人视野和水平,这本以博士论文为基础加以补充和完善所形成的专著,仍然不够成熟,观点不免稚嫩,论证有待推敲,文字还须考究,仅仅是研究央地关系和地区平等的起点。

博士论文成书之际,回望来时路,有人谆谆教诲,有人一路陪伴,有人加油打气,有人倾力相助——值得庆幸,更要感恩。感谢朝阳小学的刘必同老师、建湖中学的熊爱涛老师,作为启蒙老师,他们从不吝啬对我的肯定和鼓励,同时对我的缺点和不足也毫不留情地指出,让我自小就明白"忠言逆耳利于行"的道理,从此终生受益。感谢"神仙眷侣"孙潮、徐向华两位教授,一直鼓励我以立法为业,他们的理想主义情怀、乐观主义精神,深深感染着我、激励着我,使我永不停息地朝着"法治顺潮、民主向华"的目标而努力。感谢何勤华教授、李秀清教授,虽然我放弃留校读研、离沪赴京工作,但他们始终视我为华政外法史专业的一员,一直关注我、关心我,总在紧要关头为我答疑解惑、指点迷津。感谢华东政法大学的黄长根、王月明、罗培新、曲玉梁、栾军、孙颖、练育强、朱晓喆、韩强、刘俊、汤君、陆利平、陈赛金等老师,他们亦师亦友,始终是我学习的楷模。

感谢香港大学法律学院的张建初、陈弘毅、傅华伶、Rick Glofcheski、赵云、郑建韩等教授,带我领略普通法的繁杂和精妙;感谢香港终审法院陈兆凯法官、香港律政司曾宪薇专员、香港立法会副总法律顾问李裕生等前辈,在我实习期间亲力指点、关爱有加,帮助我加深对香港法治运作的理解。感谢我曾经实习或短暂工作的建湖县人民法院、上海市委宣传部、上海中信正义律师事务所、上海市公安局法制办、广西百色那坡县委组织部的各位同事,在大江南北与你们短暂邂逅,结下了友情,充实了自我,丰富了人生,成为一生念念不忘的留恋。

感谢供职单位领导、同事的理解与支持。这里是最高权力机关的立法工作机构,也是一个甘居幕后、默默无闻的“苦力班子”。这里有时为修改宪法、推进民主、配置公权、保护私权等“大事”戒慎恐惧、辗转反侧,有时也为一句话、一个字甚至一个标点等“小事”字斟句酌、争论不休。这里民主的氛围、包容的环境、专业的操守、法治的信仰,始终是我宝贵的精神家园。

感谢清华法学院以及宪法学与行政法学专业这个“往返于书斋与学堂,出没于理想与现实”的温暖小集体。林来梵教授、余凌云教授、何海波教授、程洁教授的言传身教,巫玉芳、潘耀华等老师不厌其烦的无私帮助,各位同学的互相启发和鼓励,使我终生受益。

感谢导师王振民教授对我学业的精心指导,以及对我工作和生活无微不至的关心。博士论文从选题开题到收集资料、提炼观点、谋篇布局再到形成初稿、打磨文字,都凝聚着导师的心血。

感谢家人的无私奉献。父母、岳父母年愈六旬,至今仍在勤勤恳恳地劳作。妻子马腾作为一名“博士后”(站在博士生后面的人),在我读博期间,以不屈不挠的斗志和坚韧不拔的毅力,考出了 CFA、读完了 MBA,完成行业转型,生了孩子,自学钢琴、古建筑、古典音乐,以自己永无止境的好奇心探索着神奇的世界。这几年,她把做投资工作的钻研精神和热情投入到成本高、周期长、见效慢、收益低的育儿大业中,无怨无悔,乐在其中。儿子胡舜骐在我撰写博士论文时刚满一岁半,活力充沛、精灵可爱,给全家人带来无尽欢乐。为了“配合”我“早出晚归”的作息时间和“白天上班、晚上写作”的日程安排,他每天早上五点多就起床,陪我玩耍遛弯一个多小时,再目送我上班;每天晚上等我回家才洗澡,拉着我的手喝完奶、听完故事,就笑眯眯地进入梦乡,为我读书、写作留下充裕的时间和安静的空间。准备修订出版博士论文时,他已是6岁的小男孩,会插科打诨,会胡搅蛮缠,已经可以和我们探讨“人为什么要守法”“雍和宫为什么是喇嘛庙”“木星上有没有生命”“崇祯皇帝为什么不相信袁崇焕”“当官的宋江为什么也会上梁山”等五花八门的问题。鉴于我的知识储备最多只能再应付他两三年,我一直寻思着,以后要不要鼓动他也去读个博士。当然,最好不要念法学院的。

博士读完、论文出版,也算完成人生一个“小目标”。但漫漫人生路,还要且行且珍惜。毕竟,生活中除了读书和考试,还有诗和远方。

2015 年 3 月 25 日 初稿于北京东花市

2019 年 10 月 5 日 修订于建湖西塘河

2020 年 3 月 18 日定稿于西交民巷

图书在版编目(CIP)数据

地区平等问题研究：中央与地方关系的视角 / 胡健著. -- 北京：法律出版社，2020
ISBN 978 -7 -5197 -4692 -6

Ⅰ. ①地… Ⅱ. ①胡… Ⅲ. ①宪法学-研究②中央与地方的关系-研究 Ⅳ. ①D911.01②D035.1

中国版本图书馆 CIP 数据核字(2020)第 113644 号

地区平等问题研究:中央与地方关系的视角
DIQU PINGDENG WENTI YANJIU:
ZHONGYANG YU DIFANG GUANXI DE SHIJIAO

胡 健 著

责任编辑 高 山 曲 杰
装帧设计 李 瞻

出版 法律出版社
总发行 中国法律图书有限公司
经销 新华书店
印刷 天津嘉恒印务有限公司
责任校对 郭艳萍
责任印制 陶 松
编辑统筹 学术·对外合作出版分社
开本 710 毫米×1000 毫米 1/16
印张 21.5
字数 279 千
版本 2020 年 8 月第 1 版
印次 2020 年 8 月第 1 次印刷

法律出版社/北京市丰台区莲花池西里 7 号(100073)
网址/www.lawpress.com.cn
投稿邮箱/info@lawpress.com.cn
举报维权邮箱/jbwq@lawpress.com.cn
销售热线/400-660-8393
咨询电话/010-63939796

中国法律图书有限公司/北京市丰台区莲花池西里 7 号(100073)
全国各地中法图分、子公司销售电话:
统一销售客服/400-660-8393/6393
第一法律书店/010-83938432/8433 西安分公司/029-85330678 重庆分公司/023-67453036
上海分公司/021-62071010/1636 深圳分公司/0755-83072995

书号:ISBN 978-7-5197-4692-6 **定价**:88.00 元